Die D&O-Versicherung des Aufsichtsrats

Europäische Hochschulschriften Recht

European University Studies in Law

Publications Universitaires Européennes de Droit

Band/Volume 6194

Franziska E. Höhne

Die D&O-Versicherung des Aufsichtsrats

PETER LANG

Bibliografische Information der Deutschen Nationalbibliothek
Die Deutsche Nationalbibliothek verzeichnet diese Publikation in der Deutschen Nationalbibliografie; detaillierte bibliografische Daten sind im Internet über http://dnb.d-nb.de abrufbar.

Zugl.: Freiburg (Breisgau), Univ., Diss., 2020.

Gedruckt auf alterungsbeständigem, säurefreiem Papier.
Druck und Bindung: CPI books GmbH, Leck

D 25
ISBN 978-3-631-83122-9 (Print)
E-ISBN 978-3-631-83412-1 (E-PDF)
E-ISBN 978-3-631-83413-8 (EPUB)
E-ISBN 978-3-631-83414-5 (MOBI)
DOI 10.3726/17529

Diese Publikation wurde begutachtet.

www.peterlang.com

Danksagung

Im Oktober 2019 wurde die vorliegende Arbeit als Dissertation an der Albert-Ludwigs-Universität in Freiburg eingereicht. Zuallererst danke ich meinem Doktorvater, Herrn Prof. Dr. Lieder, für seine Betreuung und seine Bereitschaft mich jederzeit während des Verfassens dieser Arbeit zu unterstützen. Herrn Prof. Dr. Merkt danke ich für die zügige Fertigung des Zweitgutachtens. Ein großer Dank gilt auch dem Peter Lang Verlag, der mir bereitwillig ermöglichte, meine Arbeit in einer seiner juristischen Schriftenreihen zu veröffentlichen.

Ohne die Vorarbeit durch die vielen Aufsätze von Herrn Dr. Fassbach zu einem Teil meiner Themen wäre die Arbeit in dieser Form nicht möglich gewesen. Durch seine Veröffentlichungen wurde nämlich erst meine Neugier für die D&O-Versicherung speziell des Aufsichtsrats und ihres Konfliktpotentials geweckt. Bei diesen Veröffentlichungen möchte ich auch Herrn Dr. Wettich nicht vergessen.

Auch mein Vater hat mit seiner Ideengebung, seiner Bereitschaft mit mir jederzeit über das Thema zu diskutieren, jeden Abschnitt mehrmals auf Rechtschreibung zu korrigieren und überhaupt seiner inspirierenden Art einen maßgeblichen Beitrag zu dieser Arbeit geleistet. Danke Papa!

Neben meiner Spezialisierung auf die D&O-Versicherung hat mir das Thema zu einer ganz besonderen Anwaltsstation bei Clyde & Co in Düsseldorf verholfen. Für seine Hilfsbereitschaft und seinen Glauben an mich, möchte ich deshalb Herrn Dr. Schaloske danken.

Vielen Dank auch an meine Ansprechpartner bei den großen Versicherern, namentlich Zurich, AIG, AXA, AGCS und HDI. Die direkte Bereitschaft zur gemeinsamen Kommunikation hat der Arbeit zu mehr Praxisbezug verholfen. In diesem Zug möchte ich auch Howden/hendricks danken.

Abschließend gilt der größte Dank meiner geliebten Familie, ohne die ich niemals so weit gekommen wäre. Für das wunderbare Verhältnis zu meinen Großeltern und das Korrekturlesen meines Großvaters möchte ich hier meine Dankbarkeit aussprechen. Meine Eltern und mein Bruder haben immer an mich geglaubt, sodass ich, trotz all der Anforderungen und Mühe, nie den Spaß an der juristischen Arbeit verloren habe oder ihn zumindest schnell wiederfinden konnte. Ohne die selbstlose Unterstützung meiner Eltern wäre ich jetzt nicht an diesem Punkt. Deshalb widme ich diese Arbeit meinen Eltern.

Gliederung

A. Einführung

I. Einleitung

1. Allgemein

Vorstand und Aufsichtsrat sind zwei Organe, welche wir dem dualistischen System zu verdanken haben. Wenn es um Wirtschaftsskandale und Unternehmenskrisen ging, stand lange Zeit der Vorstand im Fokus der Aufmerksamkeit. Was das angeht, führte der Aufsichtsrat dagegen ein „Schattendasein". In den letzten Jahren ist der Aufsichtsrat aber immer mehr in das Licht der Öffentlichkeit gerückt. Verantwortlich dafür ist unter anderem, dass dem Aufsichtsrat immer größerer Einfluss zugesprochen wird. Die tradierte Machtverteilung verschiebt sich immer weiter zugunsten des Aufsichtsrats.[1] Aber ist das wirklich zu seinen Gunsten? Zwar steigt sein Einfluss auf das Unternehmen, aber damit erhöht sich gleichzeitig sein Haftungsrisiko. „Jede Pflichtverletzung eines Vorstandsmitglieds ist eine potenzielle Pflichtverletzung des Aufsichtsrats."[2] Die Mitglieder des Aufsichtsrats sollten sich bei der Mandatsübernahme und Ausübung der Tätigkeit dieser Gefahr bewusst sein. Allerdings können sie ihr begegnen, indem sie sich – neben der verantwortungsbewussten Wahrnehmung ihrer Aufgaben – mit den notwendigen Details ihres Versicherungsschutzes beschäftigen.

Dem dualistischen System wird zwar der Nachteil zugesprochen, dass der Aufsichtsrat zu wenig Einfluss auf Entscheidungsprozesse der Geschäftsführung, mangelnde Sachnähe und Informationslücken im Vergleich zum Vorstand hat. Allerdings ist der Gesetzgeber dieser Kritik mit einer stärkeren „Einbindung des Aufsichtsrats in die Verwaltung der Gesellschaft begegnet". *Wiesner* zieht daraus sogar den Schluss, dass sich das dualistische System damit immer weiter in Richtung des monistischen Systems bewegt.[3] Hand in Hand mit dieser Entwicklung geht die „Professionalisierung des Aufsichtsrats"[4] einher, wonach die Anforderungen an den Aufsichtsrat und seine Tätigkeit immer komplexer werden. Seit Jahren lässt sich eine „Tendenz zur generellen Aufwertung der Stellung

---

1 So auch beispielsweise *Seibt*, Manager Magazin 6/2018, S. 75; *Freund*, NZG 2018, 1361, 1362.

2 *v. Schenk*, NZG 2015, 494, 497.

3 *Wiesner*, in: Münch. Hdb. GsR, IV, § 19 Rn 3.

4 *Lutter*, NJW 1995, 1133.

des Aufsichtsrats in der Aktiengesellschaft" erkennen.[5] Damit untrennbar verbunden ist wiederum ein erhöhtes Haftungsrisiko der Aufsichtsratsmitglieder.[6]

Ist der Verdacht einer fehlerhaften Entscheidung des Vorstands gegeben, so kann der Aufsichtsrat inzwischen nicht mehr nur darauf verweisen, dass der Vorstand allein die Geschäftsführung zu vertreten hat und für den Aufsichtsrat höchstens eine Verletzung der Überwachungspflicht in Betracht kommt. Vielmehr sollte die Geschäftsleitung des Vorstands nicht getrennt von der Überwachung und Beratung durch den Aufsichtsrat betrachtet werden.[7] Der Aufsichtsrat kann als „mit-unternehmerisches Organ der Gesellschaft"[8] beziehungsweise „Kontrolleur *und* Mit-Unternehmer"[9] bezeichnet werden.

2. Dieselskandal

Den Anlass zu dem Beginn der Recherche dieser Arbeit gab der Dieselskandal, welcher maßgeblich durch den Volkswagen (VW) Konzern verursacht wurde[10]. Denn dieser Skandal zeigte einmal mehr, dass auf der Suche nach den Verantwortlichen natürlich als Erstes Vorwürfe in Richtung der Führungsebene erhoben werden. Dabei stand im Mittelpunkt der medialen und ermittelnden Aufmerksamkeit vorrangig der Vorstand. Doch da der Aufsichtsrat zur Prüfung der Schadensersatzansprüche der Gesellschaft gegen den Vorstand verpflichtet ist, kann auch er sich einer gewissen Aufmerksamkeit sicher sein.[11] Außerdem steigern

---

5 OLG Stuttgart, NZG 2006, 472, 475; *Brauer/Linz* stellen in FAZ v. 20.05.2019, S. 16 fest, dass die wachsende Digitalisierung mit der steigenden Bedeutung des Aufsichtsrats einhergeht.

6 Dazu *Lutter*, DB 2009, 775, 779; so auch FAZ v. 30.08.2019, https://www.faz.net/aktuell/wirtschaft/moderner-aufsichtsrat-fehler-von-mandatstraeger-schaedigt-den-ruf-16358595.html?premium=0x13ddec66e3a1fd22a12403fe0ec8eeea&GEPC=s5.

7 Vgl. *Freund*, NZG 2018, 1361, 1363; *Habersack*, MüKo AktG, § 111 Rn 13.

8 *Habersack*, MüKo AktG, § 111 Rn 13.

9 *Lutter*, FS Albach 2001, 225, 233.

10 Dazu auch *Witt*, NJW 2017, 3681.

11 Becklink 2009825, 07.05.2018, https://beck-online.beck.de/Dokument?vpath=bibdata%2Freddok%2Fbecklink%2F2009825.htm&anchor=Y-300-Z-BECKLINK-N-2009825; Managermagazin, 25.09.2015, http://www.manager-magazin.de/unternehmen/autoindustrie/abgasskandal-warum-der-vw-vorstand-haftbar-ist-a-1054753.html; LTO, 24.05.2016, https://www.lto.de/recht/hintergruende/h/vw-abgasaffaere-haftung-vorstand-dieselgate-verantwortung/; (Abruf 20.05.2020 – das Abrufdatum bezieht sich, soweit nicht anders vermerkt, auch auf alle nachfolgenden Internetseiten und Links).

sich in der Situation einer Unternehmenskrise die Überwachungspflichten des Aufsichtsrats.[12]

Der Dieselskandal hat die deutsche Automobilindustrie und damit den Eckpfeiler der deutschen Wirtschaft bis ins Mark erschüttert. Trotz der Aufarbeitung seit 2015 schafft er es immer noch nicht, aus dem Fokus der Presse zu gelangen, und seine Auswirkungen werden noch lange anhalten. Die ungeklärten Fragen scheinen nicht enden zu wollen. Außerdem bietet der VW Konzern reichlich „Futter" für die Darlegung von Haftungsbeispielen im Zusammenhang mit Aufsichtsratsmitgliedern, insbesondere in Verbindung mit Porsche. In dieser Arbeit soll allerdings keine Aufarbeitung des Dieselskandals oder der Presse rund um den VW Konzern erfolgen. Stattdessen soll aufgezeigt werden, dass ein solches Großereignis nicht nur negative Folgen mit sich bringt, sondern vielmehr der Rechtsentwicklung und dem Fortschritt dienen kann. Dies ergibt sich daraus, dass entweder Rechtsfragen zum ersten Mal aufgeworfen werden oder bereits vorhandene Lösungsmöglichkeiten weiterentwickelt werden können.[13]

Durch einen solchen Skandal wird nämlich oft erst das Interesse der Allgemeinheit geweckt, sodass eine öffentliche Auseinandersetzung erfolgen und die Bedeutung von ungelösten Problemen in das Bewusstsein gerufen werden kann. Der Dieselskandal brachte beispielsweise erst die Einführung der Musterfeststellungsklage ins Rollen.[14] Durch die Vielzahl an geschädigten Verbrauchern und die damit verbundene Aufarbeitung gleichgelagerter Schadensfälle erlangen außerdem die Möglichkeiten durch Legal-Tech immer mehr an Bedeutung, wodurch deren Weiterentwicklung voranschreitet.[15] Das Legal-Tech Start-up

---

12 *Habersack*, MüKo AktG, § 111 Rn 56; so auch FAZ v. 30.08.2019, https://www.faz.net/aktuell/wirtschaft/moderner-aufsichtsrat-fehler-von-mandatstraeger-schaedigt-den-ruf-16358595.html?premium=0x13ddec66e3a1fd22a12403fe0ec8eeea&GEPC=s5.

13 Näher dazu *Fleischer*, NZG 2018, 241 ff.

14 FAZ, 16.10.2018 https://www.faz.net/aktuell/finanzen/meine-finanzen/geld-ausgeben/diesel-skandal-dieselbesitzer-sollen-gegen-vw-klagen-15840693.html; *Merkt/Zimmermann*, VuR 2018, 363; dagegen Stadler, VuR 2018, 83: „Wer gehofft hatte, der VW-Dieselskandal hätte wenigstens eine gute Seite, nämlich das langjährige politische Tauziehen um einen besseren kollektiven Rechtsschutz in Deutschland endlich in Reformen münden zu lassen, sieht sich herb enttäuscht.".

15 Legal Tech Verzeichnis, https://legal-tech-verzeichnis.de/anwaelte-rechnen-bei-der-abgasaffaere-mit-zehntausenden-klaegern-gegen-vw/; myRight, https://blog.myright.de/abgasskandal/kritik-an-musterfeststellungsklage-vom-schummel-diesel-zur-mogel-klage/; *Fries*, ZRP 2018, 161, 162.

myRight hatte zum Beispiel die erste Musterklage gegen VW eingereicht, bevor die Musterfeststellungsklage möglich war.[16]

Im Rahmen der Einführung soll erst kurz der Dieselskandal zusammengefasst werden:

> Alles begann 2015 damit, dass in den USA durch eine Umweltbehörde die Manipulation bei Diesel-Fahrzeugen von VW durch eine Abschalteinrichtung entdeckt wurde. Diese Abschalteinrichtung sorgte dafür, dass außerhalb der erkannten Prüfungssituation auf dem Motorprüfstand die Abgasreinigungsanlage des Motors abgeschaltet wurde, sodass die Grenzwerte der Abgasemissionen nur während der Prüfung eingehalten und außerhalb der Prüfung während des normalen Fahrbetriebs eklatant überschritten wurden. Der Grund dafür war die Vermeidung höherer Kosten und eines höheren Verbrauchs.[17] Nicht nur VW, auch die Konzerntöchter, insbesondere Audi, waren davon betroffen. Außerdem rückte die Porsche Automobil Holding SE (Porsche SE) in den Vordergrund des Geschehens, da sie mit 52,2 % der Stammaktien an der VW Aktiengesellschaft (AG) beteiligt ist, „über 90 % ihrer Bilanzsumme in die Beteiligung an“ der VW AG investiert hat und damit wirtschaftlich abhängig von der VW AG ist.[18]

Die Frage ist nun, wer für den Schaden geradestehen muss.[19] Einerseits klagen die Käufer auf Schadensersatz mit teilweisem Erfolg gegen die VW AG selbst als Hersteller[20], andererseits rückt die Frage in den Vordergrund, ob auch Vorstand und Aufsichtsrat persönlich gegenüber der Gesellschaft, den Kunden oder den Aktionären haften. Bis kurz vor Veröffentlichung der Arbeit stand beispielsweise das KapMuG-Musterverfahren beim OLG Braunschweig gegen die Volkswagen AG und die Porsche SE noch aus.[21] Inzwischen wurde die Klage zurückgenommen nachdem sich auf einen umfangreichen Rahmenvergleich geeinigt wurde.[22] Jüngst hat der BGH mit seinem Urteil von Ende Mai 2020 festgestellt, dass einem

---

16 Spiegel Online, 03.01.2017, http://www.spiegel.de/wirtschaft/unternehmen/volkswagen-erste-musterklage-in-abgasaffaere-bringt-vw-in-die-klemme-a-1128382.html.

17 LG Stuttgart, NZG 2018, 665, 666; ZEIT Online, 21.09.2015, https://www.zeit.de/wirtschaft/2015-09/vw-abgase-manipulation-faq; LG Hildesheim, zfs 2017, 323, 325 f.

18 LG Stuttgart, NZG 2018, 665, 670, 671.

19 So auch WirtschaftsWoche v. 21. 10. 2015, https://www.wiwo.de/erfolg/management/managerhaftung-wer-haftet-im-schadensfall/12478404.html.

20 LG Offenburg, BB 2017, 1282.

21 (Stand Oktober 2019) siehe OLG Braunschweig, Hinweisbeschluss v. 15.06.2018, 3 Kap 1/16.

22 Pressemitteilung des OLG Braunschweig v. 30.04.2020, https://oberlandesgericht-braunschweig.niedersachsen.de/startseite/aktuelles/presseinformationen/ende-eines-mammutprozesses-verbraucherzentrale-bundesverband-e-v-nimmt-musterfeststellungsklage-zuruck-187945.html.

VW-Käufer ein Schadensersatzanspruch gem. §§ 826, 31 BGB wegen vorsätzlicher sittenwidriger Schädigung gegen VW als Hersteller zusteht.[23]

Wie bereits angedeutet, konzentriert sich diese Arbeit auf die Haftung des Aufsichtsrats und es soll insbesondere die Begrenzung der Haftung durch die Directors' and Officers' Liability Insurance – sogenannte D&O-Versicherung – näher beleuchtet werden. Der Dieselskandal kann dabei teilweise als praktisches Beispiel für die Haftungsfrage herangezogen werden. Gegen VW wurde beispielsweise wegen des Dieselskandals ein Bußgeld von einer Milliarde Euro verhängt. Deshalb stellt sich die Frage, ob die Gesellschaft sich zumindest einen Anteil einer solch hohen Schadenssumme von den verantwortlichen Organmitgliedern zurückholen darf.[24] Schutz gegen die persönliche Haftung können sich die Manager nur von der teilweise als „Manager-Haftpflichtversicherung"[25] bezeichneten D&O-Versicherung erhoffen, denn VW hat die verantwortlichen D&O-Versicherer bereits informiert[26]. Die Versicherung kann die Organmitglieder im Rahmen einer Rechtsabwehr unterstützen und die Kosten können von der Versicherungssumme gedeckt werden. Inwiefern ein D&O-Versicherungsfall realistisch ist und ob die die Versicherungssumme die Organmitglieder wirklich ausreichend vor einer Haftung schützen kann, wird im Laufe der Arbeit herausgearbeitet.

II. Problemaufriss

Um die Problematik der D&O-Versicherung rund um den Aufsichtsrat zu verstehen, muss der Ursprung der D&O-Versicherung betrachtet werden. Die heutige deutsche D&O-Versicherung wurde ursprünglich für das amerikanische System entwickelt und genau hier liegt ein „Geburtsfehler" der deutschen D&O-Versicherung.[27] Durch die unterschiedlichen Aktienrechtssysteme kommt es zu einer grundlegenden Transferproblematik.[28] Grund dafür ist, dass das deutsche

---

23 BGH, Urteil vom 25.05.2020 – VI ZR 252/19, wonach eine bewusste und gewollte Täuschung aufgrund einer grundlegenden strategischen Entscheidung des Konzerns herbeigeführt wurde. Die verantwortlichen vormaligen Vorstände des Konzerns hätten diese Entscheidung zumindest gekannt und gebilligt.

24 Vgl. *Baumeier*, DVS 7/2018, 6.

25 *Pant*, in: Hauschka/Moosmayer/Lösler, Corporate Compliance, 1. Abschnitt § 8 Rn 34; *Lohr*, NZG 2000, 1204, 1208.

26 So *Lutter* zitiert im Artikel von *Votsmeier*, Handelsblatt, Wochenende 08./09./10.09.2017, S. 22.

27 *Peltzer*, FS Westermann 2008, 1257, 1258.

28 Vgl. *Peltzer*, FS Westermann 2008, 1257, 1277.

Aktienrecht auf dem dualistischen System, auch „Two-Tier Board System" genannt, beruht. Dieses sieht eine Trennung von Geschäftsführung durch den Vorstand und Überwachung durch den Aufsichtsrat vor. Dem gegenüber steht das international vorherrschende monistische Board System, bei dem Geschäftsführung und Überwachung von nur einem Organ übernommen werden, dem „board of directors".[29] Die sich daraus ergebende Transferproblematik beruht auf der Tatsache, dass trotz der Trennung von Vorstand und Aufsichtsrat beide Organe regelmäßig mit nur einer gemeinsamen Deckungssumme versichert sind. Wenn nun der Vorstand zuerst in Anspruch genommen wird, besteht für den Aufsichtsrat die Gefahr, dass die Versicherungssumme bereits verbraucht und damit für seine Anspruchsabwehr nichts mehr übrig ist.[30] Deshalb wird sich die Arbeit als erstem Problemschwerpunkt der Frage widmen, ob die D&O-Versicherungen von Vorstand und Aufsichtsrat für einen besseren Schutz des Aufsichtsrats getrennt werden sollten.[31]

Zuvor muss aber geklärt werden, wann die Aufsichtsratsmitglieder in der Theorie haften und wie die tatsächliche Aufsichtsratshaftung sowie der Schutz durch die D&O-Versicherung in der Praxis aussehen.

Vor dem Hintergrund der Professionalisierung des Aufsichtsrats und der steigenden Haftungsrisiken für Manager im Allgemeinen in den letzten Jahren[32] kommt der Möglichkeit einer Haftungsbegrenzung durch die D&O-Versicherung immer mehr Bedeutung zu.[33] Denn das Risiko der persönlichen Haftung der Organe senkt die Attraktivität der Topmanager-Positionen.[34] Man kann sogar so weit gehen zu sagen, dass „[w]enn insbesondere die Aufsichtsräte wüssten, wofür sie haften, würden viele von ihnen ihr Mandat niederlegen"[35]. Dies kann nicht vollständig durch ein hohes Gehalt beziehungsweise eine hohe Vergütung ausgeglichen werden, sondern nur durch eine schützende Absicherung in Form einer möglichst umfassenden und konfliktfreien D&O-Versicherung.

---

29 Dazu *Pfitzer/Oser/Orth*, Deutscher Corporate Governance Kodex, S. 74; *Spindler*, MüKo AktG, § 76 Rn 2.

30 Vgl. *v. Schenk*, NZG 2015, 494, 495; *Fassbach/Wettich*, KSzW 2016, 269; *Fassbach/Wettich*, GWR 2016, 199; *Armbrüster*, NJW 2016, 897, 898.

31 Siehe Kapitel B. IV. der Arbeit.

32 Beispielhaft kann das Siemens/Neubürger-Urteil, LG München I, NZG 2014, 345 oder das Arcandor-Urteil, LG Essen, NZG 2012, 1307 angeführt werden.

33 So auch *Freund*, NZG 2018, 1361, 1368

34 OLG München, VersR 2005, 540, 542.

35 *Ihlas*, D&O, S. 45.

Dass die D&O-Versicherung aber durchaus Lücken und Konflikte aufweist und wie man diesen begegnen kann, wird Teil dieser Arbeit sein.

Mit dem Ziel einer möglichst umfassenden D&O-Versicherung für den Aufsichtsrat wird deshalb ein besonderes Augenmerk auf die weitere Versicherung ausgeschiedener Manager gelegt. Im Hinblick auf die Einflussnahme des Aufsichtsrats auf die Ausgestaltung und den Abschluss der D&O-Versicherung wird die Frage der Abschlusskompetenz der D&O-Versicherung besprochen. Durch zwei aktuelle Entscheidungen des BGH ist die Abtretung des Freistellungsanspruchs von der Rechtsprechung als zulässig anerkannt worden, woraus sich einige Folgefragen für die D&O-Versicherung ergeben, für welche die Arbeit Empfehlungen zur Lösung geben wird. Die Frage, ob der Selbstbehalt des Aufsichtsrats sinnvoll ist und inwiefern der Selbstbehalt im Rahmen einer D&O-Versicherung den Sinn und Zweck der Organhaftung sicherstellen soll, wird aufgearbeitet und beantwortet. Der vorletzte Problemschwerpunkt der unzureichenden Versicherungssumme bei Großschadensfällen stellt wiederum die D&O-Versicherung selbst in Frage, weshalb das darauf folgende, abschließende Kapitel die Sinnhaftigkeit der D&O-Versicherung allgemein behandelt.

III. Ausblick

Ziel der vorliegenden Arbeit ist es, dem Leser ein tiefergehendes Verständnis der aktuellen Problematik rund um die D&O-Versicherung des Aufsichtsrats nahezubringen. Hierbei wird neben der rechtlichen Einordnung das Augenmerk auf die praxisrelevanten Bereiche, insbesondere für das Aufsichtsratsmitglied selbst im Vergleich zum Vorstand, gelegt. Dafür beginnt der Hauptteil mit allgemeinen Erläuterungen und Beispielen zur Aufsichtsratshaftung, der Darstellung der D&O-Versicherung sowie der Einführung in die amerikanische Form der Aktiengesellschaft. Dem folgend soll aufgeschlüsselt werden, welche offenen Rechtsfragen und gegenwärtigen Konfliktpotentiale hinsichtlich der D&O-Versicherung des Aufsichtsrats bestehen und auf welchen Ursachen sie beruhen. Am Ende jedes Problemschwerpunkts soll nicht nur eine Aufarbeitung der Problemfelder stehen, sondern auch ein Ausblick auf die sinnvollsten Lösungsmöglichkeiten gegeben werden. Die Zusammenfassung der Probleme und die damit korrespondierenden Lösungsvorschläge werden die Lektüre in Form von Thesen abschließen.

B. Hauptteil

I. Erstes Kapitel: Die Haftung des Aufsichtsrats

Zunächst soll erläutert werden, wie die Haftung des Aufsichtsrats überhaupt aussehen kann. Der Aufsichtsrat kann sich bei Pflichtverletzungen schadensersatzpflichtig machen nach §§ 116 S. 1, 93 AktG.[36] Dies wird als Innenhaftung bezeichnet und umfasst die Haftung der Organmitglieder gegenüber der Gesellschaft.[37] Sie wird unterschieden von der Außenhaftung, welche die Haftung der Organmitglieder gegenüber Dritten regelt.[38] In diesem Kapitel soll herausgearbeitet werden, welches die größten Haftungsrisiken für den Aufsichtsrat sind und inwieweit die Haftungsgefahr des Aufsichtsratsmitglieds mit der des Vorstandsmitglieds verglichen werden kann.

1. Innenhaftung

a. Allgemeines

Die Innenhaftung richtet sich hauptsächlich nach § 116 S. 1 AktG, welcher auf § 93 AktG verweist. Somit haftet der Aufsichtsrat „sinngemäß" nach der gleichen Vorschrift wie der Vorstand.[39] Danach hat das Aufsichtsratsmitglied mit der „Sorgfalt eines ordentlichen und gewissenhaften Aufsichtsratsmitglieds"[40] zu handeln. Dies stellt den Sorgfaltsmaßstab dar.

---

36 *Lutter/Krieger/Verse*, Rechte und Pflichten des Aufsichtsrats, Rn 982; *Habersack*, MüKo AktG, § 116 Rn 1.

37 Vgl. *Peltzer*, in: Wellhöfer/Peltzer/Müller, Die Haftung von Vorstand Aufsichtsrat Wirtschaftsprüfer, § 16 Rn 1; *v. Schenk*, in: Semler/v. Schenk, Der Aufsichtsrat, § 116 Rn 27; *Loritz/Wagner*, DStR 2012, 2189.

38 Vgl. *Peltzer*, in: Wellhöfer/Peltzer/Müller, Die Haftung von Vorstand Aufsichtsrat Wirtschaftsprüfer, § 1 Rn 35, 36; *v. Schenk*, in: Semler/v. Schenk, Der Aufsichtsrat, § 116 Rn 27; *Loritz/Wagner*, DStR 2012, 2189, 2192.

39 *Habersack*, MüKo AktG, § 116 Rn 1; *Peltzer*, in: Wellhöfer/Peltzer/Müller, Die Haftung von Vorstand Aufsichtsrat Wirtschaftsprüfer, § 16 Rn 3.

40 *Lutter/Krieger/Verse*, Rechte und Pflichten des Aufsichtsrats, Rn 982.

b. Pflichtverletzung

aa. Überwachungspflichten

Als Pflichtverletzung kommt insbesondere die Verletzung der Überwachungspflicht des Aufsichtsrats gegenüber dem Vorstand gem. § 111 AktG in Betracht.[41] Ein häufiger Haftungsgrund ist eine Pflichtverletzung des Vorstands, die grundsätzlich zur parallelen Pflichtverletzung des Aufsichtsrats führt, da dieser durch die Überwachung des Vorstands die Pflichtverletzung möglicherweise hätte verhindern können. Daher stellt die Verletzung der Überwachungspflicht das größte Haftungsrisiko für den Aufsichtsrat dar, denn die meisten Gesellschaftsschäden beruhen auf den Handlungen oder Unterlassungen des Vorstands, sodass sich immer die Frage eines Überwachungsfehlers aufseiten des Aufsichtsrats stellt.[42] Zu beachten ist dabei allerdings, dass der Aufsichtsrat nicht für die Überwachung des normalen Tagesgeschäfts zuständig ist, sondern dass die Überwachung insbesondere die über das Tagesgeschäft hinausgehenden Führungsentscheidungen betrifft. Schließlich trifft sich der Aufsichtsrat regelmäßig nur viermal im Jahr.[43]

Es stellt sich die Frage, wie festgelegt wird, was zu den Führungsentscheidungen gehört und was nicht mehr überwacht werden muss. Hier genaue Grenzen zu ziehen, ist schwierig. In jedem Fall gehören zur Überwachung die Berichtspflichten des Vorstands an den Aufsichtsrat gem. § 90 Abs. 1 AktG.[44] Der Aufsichtsrat muss sich dabei auf die Zuverlässigkeit des von ihm bestellten Vorstands und die Richtigkeit seiner Berichte verlassen können.[45] In einer Unternehmenskrise steigern sich die Überwachungspflichten des Aufsichtsrats.[46] Diese Steigerung kann zum Beispiel durch eine vermehrte Sitzungs- und Berichtsanzahl erreicht werden oder durch die Einschaltung eines Sachverständigen. In Betracht kommt auch eine größere Vorsicht bei vorheriger unzureichender Berichterstattung des

---

41 *Spindler*, in: Spindler/Stilz, AktG, § 116 Rn 128; *Lutter/Krieger/Verse*, Rechte und Pflichten des Aufsichtsrats, Rn 984.

42 *Peltzer*, in: Wellhöfer/Peltzer/Müller, Die Haftung von Vorstand Aufsichtsrat Wirtschaftsprüfer, § 17 Rn 1 f.; *Fassbach/Wettich*, KSzW 2016, 269.

43 Näher dazu *Habersack*, MüKo AktG, § 111 Rn 19 f.; *Peltzer*, in: Wellhöfer/Peltzer/Müller, Die Haftung von Vorstand Aufsichtsrat Wirtschaftsprüfer, § 17 Rn 3.

44 *Lutter/Krieger/Verse*, Rechte und Pflichten des Aufsichtsrats, Rn 66.

45 *Peltzer*, in: Wellhöfer/Peltzer/Müller, Die Haftung von Vorstand Aufsichtsrat Wirtschaftsprüfer, § 17 Rn 3.

46 Vgl. *Habersack*, MüKo AktG, § 111 Rn 56.

Vorstands und gegebenenfalls Überprüfung durch Ausübung der eigenen Einsichtsmöglichkeiten.[47]

Zu beachten ist in jedem Fall, dass die Überwachung nicht nur eine einfache Kontrolle darstellt, sondern auch zu einem unternehmerischen Tätigwerden führen kann. Dies kann als „präventiv-strategische" Überwachung bezeichnet werden. Durch die stetig wachsende Professionalisierung und Bedeutung des Aufsichtsratsorgans wird dieser Aufgabenbereich immer wichtiger. Dies führt zu einer stärkeren Teilnahme des Aufsichtsrats an unternehmerischen Entscheidungen.[48] Im Ergebnis verbessert sich dadurch nicht nur das Informationsniveau, sondern es erhöht sich auch das Haftungsrisiko der Aufsichtsratsmitglieder.

bb. Beratungspflichten

Zu den Pflichten des Aufsichtsratsmitglieds gehört nach der herrschenden Meinung nicht nur die Überwachung, sondern auch die präventive Beratung des Vorstands.[49] Insbesondere empfiehlt zudem der DCGK in Ziffer 5.1.1 die Beratung des Vorstands bei der Leitung des Unternehmens. Die Beratungspflicht ist allerdings keine eigenständige Pflicht, sondern steht immer im Zusammenhang mit der Überwachungspflicht.[50] Häufig kann für die Beratung auf die speziellen Fachkenntnisse der Aufsichtsratsmitglieder zurückgegriffen werden, denn der Aufsichtsrat ist oft mit qualifizierten Berufsbildern, wie Rechtsanwälten, Steuerberatern oder Wirtschaftsprüfern, besetzt.[51] Zu unterscheiden ist diese Beratung von der Beratung im Rahmen von Beratungsverträgen nach § 114 AktG.[52]

cc. ARAG/Garmenbeck-Entscheidung

Eine weitere Haftungsmöglichkeit des Aufsichtsrats besteht nach der ARAG/ Garmenbeck-Entscheidung (im Weiteren als ARAG-Entscheidung abgekürzt) des BGH. Danach ist der Aufsichtsrat zur Prüfung und Verfolgung möglicher Schadensersatzansprüche der Gesellschaft gegen den Vorstand verpflichtet. Eine

---

47 Vgl. *Lutter/Krieger/Verse*, Rechte und Pflichten des Aufsichtsrats, Rn 990; ausführlich zu den Pflichten des Aufsichtsrats in der Unternehmenskrise *Hasselbach*, NZG 2012, 41 f.

48 *Lieder*, ZGR 2018, 523, 524.

49 BGHZ 114, 127, 130; *Spindler*, in: Spindler/Stilz, AktG, § 111 Rn 10; *Lutter/Drygala*, FS Ulmer 2003, 381.

50 *Spindler*, in: Spindler/Stilz, AktG, § 111 Rn 11.

51 Vgl. OLG Frankfurt a. M., NZG 2006, 29, 30; *Lutter/Drygala*, FS Ulmer 2003, 381; *Müller*, NZG 2002, 797, 798.

52 Dazu näher *Lutter*, FS Westermann 2008, 1171, 1175 f.

Ausnahme von der Verfolgungspflicht besteht nur bei besonderen Umständen im Einzelfall, wie zum Beispiel, wenn starke Zweifel hinsichtlich der Erfolgsaussichten des Anspruchs bestehen.[53] Die Konsequenz daraus ist, dass der Aufsichtsrat bei Nichtverfolgung des Anspruchs selbst pflichtwidrig handelt und sich somit haftbar macht, wenn kein solcher Ausnahmefall besteht.[54]

Die Prüfungs- und Verfolgungspflicht des Aufsichtsrats verpflichtet ihn zu einer eigenverantwortlichen Prüfung des Bestehens von Schadensersatzansprüchen des Unternehmens gegen den Vorstand. Der unternehmerische Handlungsspielraum der Geschäftsleitung darf dabei aber nicht außer Acht gelassen werden. Wenn der Aufsichtsrat am Ende der Prüfung eine Schadensersatzpflicht des Vorstands als gegeben ansieht, „muss er aufgrund einer sorgfältigen und sachgerecht durchzuführenden Risikoanalyse abschätzen", inwieweit ein Schadensausgleich durch die prozessuale Verfolgung möglich ist. Wenn nach dieser Prüfung durchsetzbare Schadensersatzansprüche der Gesellschaft bestehen, so hat der Aufsichtsrat die Pflicht, diese zu verfolgen. Von dieser Verfolgungspflicht kann nur eine Ausnahme gemacht werden, „wenn gewichtige Gründe des Gesellschaftswohls dagegensprechen und diese Umstände die Gründe, die für eine Rechtsverfolgung sprechen, überwiegen oder ihnen zumindest gleichwertig sind". Nur ausnahmsweise dürfen auch persönliche Gründe, die das Vorstandsmitglied betreffen, beachtet werden.[55] Diese Grundsatzentscheidung[56] ist von großer Bedeutung für die D&O-Versicherung des Aufsichtsrats, wie sich im Laufe der Arbeit zeigen wird.

dd. Persönliche Pflichtverletzung

Eine Pflichtverletzung des Aufsichtsrats geht nicht automatisch mit einer Pflichtverletzung des einzelnen Aufsichtsratsmitglieds einher. Erforderlich ist eine eigene Pflichtverletzung des jeweiligen Mitglieds.[57] Die Mitglieder des Aufsichtsrats haben ihren Organpflichten nachzugehen und diese ausreichend zu verwirklichen. Dazu gehören Pflichten wie die Beteiligung an der Realisierung der Organfunktion des Aufsichtsrats oder die Durchsetzung einer gesetzmäßigen

53 BGHZ 135, 244, 255 f.; *Lutter/Krieger/Verse*, Rechte und Pflichten des Aufsichtsrats, Rn 994.

54 *Mertens*, FS K. Schmidt, 2009, 1183, 1194; *Lutter/Krieger/Verse*, Rechte und Pflichten des Aufsichtsrats, Rn 994.

55 BGHZ 135, 244.

56 Vgl. *Lange*, D&O-Versicherung und Managerhaftung, § 1 Rn 50.

57 *Lutter/Krieger/Verse*, Rechte und Pflichten des Aufsichtsrats, Rn 997; *Spindler*, in: Spindler/Stilz, AktG, § 116 Rn 19.

Praxis des Organs.[58] Eine einfache Stimmenthaltung im Falle einer nicht zu vertretenden Beschlussfassung ist nicht ausreichend, um sich von einer Verantwortung zu entlasten.[59]

ee. Treuepflicht und Verschwiegenheitspflicht

Des Weiteren gilt für den Aufsichtsrat die Treuepflicht, also die Pflicht, nach dem Unternehmenswohl zu handeln.[60] Zu unterscheiden ist dabei zwischen den Treuepflichten bei Amtsausübung und denen außerhalb der Amtsausübung. Bei Ausübung der Aufsichtsratstätigkeit ist die Treuepflicht schrankenlos zu beachten, während sie außerhalb der Organtätigkeit nur eine „allgemeine Rücksichtnahmepflicht" darstellt.[61] Außerdem ist die Verschwiegenheitspflicht zu beachten, welche die Mitglieder des Aufsichtsrats dazu verpflichtet, über die ihnen als Mitglieder zugeflossenen vertraulichen Informationen über das Unternehmen Stillschweigen zu bewahren.[62]

c. Vertretenmüssen

Das Aufsichtsratsmitglied muss die Pflichtverletzung vorsätzlich oder fahrlässig begangen haben.[63] Der Sorgfaltsmaßstab ist der eines „ordentlichen und gewissenhaften Aufsichtsratsmitglieds"[64]. Wer diesen Maßstab nicht einhält, hat nicht nur eine Pflichtverletzung begangen, sondern hat diese auch zu vertreten. Der Maßstab ist als objektiviert zu betrachten.[65] Die speziellen Kenntnisse und Fähigkeiten der jeweiligen Mitglieder können dadurch Berücksichtigung finden, dass die Arbeitseinteilung innerhalb des Aufsichtsrats und die sich daraus ergebende Teilbereichsverantwortung beachtet wird.[66]

---

58 Vgl. *Mertens/Cahn*, Kölner Kommentar, AktG, § 116 Rn 10.

59 *Mertens/Cahn*, Kölner Kommentar, AktG, § 116 Rn 11; ausführlich dazu *Spindler*, in: Spindler/Stilz, AktG, § 116 Rn 51.

60 *Peltzer*, in: Wellhöfer/Peltzer/Müller, Die Haftung von Vorstand Aufsichtsrat Wirtschaftsprüfer, § 17 Rn 16; *v. Schenk*, in: Semler/v. Schenk, Der Aufsichtsrat, § 116 Rn 177 ff.

61 *Mertens/Cahn*, Kölner Kommentar, AktG, § 116 Rn 24 f.

62 Vgl. *Lutter/Krieger/Verse*, Rechte und Pflichten des Aufsichtsrats, Rn 1008; ausführlich dazu *Reichard*, GWR 2017, 72.

63 *Spindler*, in: Spindler/Stilz, AktG, § 116 Rn 132.

64 *Lutter/Krieger/Verse*, Rechte und Pflichten des Aufsichtsrats, Rn 1009.

65 Vgl. *Lutter/Krieger/Verse*, Rechte und Pflichten des Aufsichtsrats, Rn 1009; *Habersack*, MüKo AktG, § 116 Rn 75; *Spindler*, in: Spindler/Stilz, AktG, § 116 Rn 132.

66 *Lutter/Krieger/Verse*, Rechte und Pflichten des Aufsichtsrats, Rn 1010.

Es ist möglich, dass ein Mitglied eine besondere Funktion übernimmt und damit einem strengeren Maßstab unterliegt.[67] Außerdem geht die herrschende Meinung davon aus, dass besondere Kenntnisse und Fähigkeiten des jeweiligen Aufsichtsratsmitglieds den Verschuldensmaßstab für dieses Mitglied erhöhen.[68]

Fehlt dem Aufsichtsratsmitglied das Bewusstsein der Pflichtwidrigkeit seiner Handlungen, so scheidet der Vorsatz aus. Allerdings kann dann von einem fahrlässigen Handeln ausgegangen werden, wenn der Sorgfaltsmaßstab als Überwachungsorgan nicht eingehalten wurde. Ein Bewusstsein hinsichtlich des schädigenden Charakters der Handlung bedarf es nicht, da sich das Vertretenmüssen allein auf die Pflichtverletzung bezieht.[69]

Eine Verschuldenszurechnung für die Pflichtverletzungen anderer Aufsichtsratsmitglieder ist nicht möglich. Das Aufsichtsratsmitglied muss die Pflichtverletzung selbst zu vertreten haben.[70]

d. Beweislastumkehr

Durch den Verweis des § 116 S. 1 AktG gilt die Beweislastumkehr gem. § 93 Abs. 2 S. 2 AktG hinsichtlich der Pflichtverletzung und des Vertretenmüssens, sodass das Aufsichtsratsmitglied selbst beweisen muss, dass es den Sorgfaltsmaßstab eingehalten hat.[71]

e. Kausalität

Die Beweislast für das Vorliegen eines durch die Pflichtverletzung kausalen Schadens liegt bei der Gesellschaft.[72] Macht ein Aufsichtsratsmitglied geltend, dass der Schaden auch bei pflichtmäßigem Verhalten eingetreten wäre, ist dies nur entlastend, wenn das Aufsichtsratsmitglied dies nachweisen kann.[73] Haben

---

67 *Spindler*, in: Spindler/Stilz, AktG, § 116 Rn 16.

68 BGH, NZG 2011, 1271, 1274; *Habersack*, MüKo AktG, § 116 Rn 75; *Lutter/Krieger/Verse*, Rechte und Pflichten des Aufsichtsrats, Rn 1011; a.A.: *Koch*, in: Hüffer/Koch, AktG, § 116 Rn 4; *Selter*, AG 2012, 11, 19.

69 Vgl. *Spindler*, in: Spindler/Stilz, AktG, § 116 Rn 133.

70 *v. Schenk*, in: Semler/v. Schenk, Der Aufsichtsrat, § 116 Rn 559; *Spindler*, in: Spindler/Stilz, AktG, § 116 Rn 134.

71 *Peltzer*, in: Wellhöfer/Peltzer/Müller, Die Haftung von Vorstand Aufsichtsrat Wirtschaftsprüfer, § 16 Rn 13; *Lutter/Krieger/Verse*, Rechte und Pflichten des Aufsichtsrats, Rn 1021.

72 *v. Schenk*, in: Semler/v. Schenk, Der Aufsichtsrat, § 116 Rn 561; *Mertens/Cahn*, Kölner Kommentar, AktG, § 116 Rn 66.

73 *Habersack*, MüKo AktG, § 116 Rn 74.

mehrere Mitglieder eine kausale Handlung begangen, so entlastet es dennoch kein Mitglied, dass der Schaden auch bei Hinwegdenken ihrer Handlung jeweils eingetreten wäre. Dasselbe gilt auch, wenn das Verhalten nur aus einer pflichtwidrigen Duldung pflichtwidriger Handlungen anderer Organmitglieder besteht. Damit ist die pflichtwidrige Duldung von Pflichtverletzungen des Vorstands ausreichend für einen kausalen Tatbeitrag.[74]

f. Schaden

Es muss ein kausaler Schaden nach §§ 249 ff. BGB vorliegen.[75] Dieser muss der Gesellschaft durch die Pflichtverletzung entstanden sein.[76] Wenn das Gesetz den Schaden der Gesellschaftsgläubiger dem Gesellschaftsschaden gleichstellt, wie in §§ 116 S. 1, 93 Abs. 3 Nr. 6 AktG, so fällt auch dieser unter den Schadensbegriff.[77] Unbeachtlich ist allerdings, ob sich der Aktienwert des Unternehmens verringert hat, denn das Gesellschaftsvermögen muss vom Aktionärsvermögen getrennt betrachtet werden. Unerheblich ist ebenso, ob die Vermögensminderung dem Gesellschaftszweck widerspricht oder nicht.[78]

g. Business Judgement Rule

Durch den Verweis des § 116 S. 1 AktG auf § 93 Abs. 1 S. 2 AktG gilt die Business Judgement Rule auch für den Aufsichtsrat, sofern deren Voraussetzungen vorliegen.[79] Für deren Anwendung muss eine „unternehmerische Entscheidung" vorliegen. Dazu zählen beispielsweise Zustimmungsentscheidungen bei Vorliegen eines Zustimmungsvorbehalts oder Personalentscheidungen bei der Auswahl des Vorstands.[80]

Die Anwendung der Business Judgement Rule auf den Aufsichtsrat ist für ihn von besonderer Bedeutung hinsichtlich seiner Aufgaben aus der

74 *Mertens/Cahn*, Kölner Kommentar, AktG, § 116 Rn 66.

75 Vgl. *Habersack*, MüKo AktG, § 116 Rn 74; *Spindler*, in: Spindler/Stilz, AktG, § 116 Rn 129.

76 *Spindler*, in: Spindler/Stilz, AktG, § 116 Rn 129; *v. Schenk*, in: Semler/v. Schenk, Der Aufsichtsrat, § 116 Rn 533.

77 Vgl. *Mertens/Cahn*, Kölner Kommentar, AktG, § 116 Rn 66.

78 *Spindler*, in: Spindler/Stilz, AktG, § 116 Rn 129; *v. Schenk*, in: Semler/v. Schenk, Der Aufsichtsrat, § 116 Rn 541.

79 Ausführlich dazu *v. Schenk*, in: Semler/v. Schenk, Der Aufsichtsrat, § 116 Rn 299 ff.; *Mertens/Cahn*, Kölner Kommentar, AktG, § 116 Rn 67 ff.

80 *Mertens/Cahn*, Kölner Kommentar, AktG, § 116 Rn 68; *Peltzer*, in: Wellhöfer/Peltzer/Müller, Die Haftung von Vorstand Aufsichtsrat Wirtschaftsprüfer, § 16 Rn 7 f.

„strategisch-präventiven Überwachung". Der Aufsichtsrat entscheidet nämlich gerade in diesem Rahmen unternehmerisch, weshalb ihm dabei die Haftungsprivilegierung der Business Judgement Rule von Nutzen ist.[81]

h. Gesamtschuldnerische Haftung

Die Mitglieder von Aufsichtsrat und Vorstand haften gesamtschuldnerisch nach §§ 421 ff. BGB. Haben die einen Organmitglieder die unmittelbare Pflichtverletzung begangen und die anderen nur ihre Überwachungspflichten verletzt, so ändert dies nichts an der gesamtschuldnerischen Haftung. Allerdings kann dies beim Ausgleich im Innenverhältnis gem. § 426 Abs. 1 BGB berücksichtigt werden, denn hier kann § 254 BGB entsprechend angewendet werden, sodass die Unmittelbarkeit der Verantwortung zu einer abgestuften Haftung führt.[82]

Hat ein Gesamtschuldner einen Anspruch gegen einen anderen Gesamtschuldner, so ist ihm die Streitverkündung nach § 72 ZPO möglich. Ein Aufsichtsratsmitglied kann einem Vorstandsmitglied den Streit verkünden und umgekehrt. Zwar steht der Streitverkündung des Vorstandsmitglieds gegenüber einem Aufsichtsratsmitglied nicht entgegen, dass der Aufsichtsrat in dem Prozess die Gesellschaft vertritt. Wer allerdings sodann dem Rechtsstreit aufseiten des beklagten Vorstandsmitglieds beitritt, kann die Gesellschaft in dem Prozess nicht mehr vertreten.[83] Daraus können sich gewisse Interessenkonflikte ergeben, die im Folgenden näher beleuchtet werden. Auf die Gesamtschuldnerschaft in diesem Zusammenhang wird später noch genauer eingegangen.[84]

i. Vertretung der Gesellschaft und Streitverkündung

Nach § 112 AktG vertritt der Aufsichtsrat die Gesellschaft gerichtlich und außergerichtlich gegenüber dem Vorstand.[85] Wie bereits angedeutet, kann ein Organmitglied, welches dem Rechtsstreit aufseiten des beklagten Vorstandsmitglieds aufgrund einer Streitverkündung beitritt, die Gesellschaft im Prozess nicht mehr vertreten. Wie dieser Interessenkonflikt zu behandeln ist, wird nach einer kurzen Einführung zur Streitverkündung vertieft.

---

81 *Lieder*, ZGR 2018, 523, 580.

82 Vgl. *Mertens/Cahn*, Kölner Kommentar, AktG, § 93 Rn 50; *Spindler*, in: Spindler/Stilz, AktG, § 116 Rn 134.

83 *Mertens/Cahn*, Kölner Kommentar, AktG, § 93 Rn 53.

84 Siehe Kapitel B. II. 11. c. der Arbeit.

85 *Strassner*, Der Aufsichtsrat 04/2015, 52; *Habersack*, MüKo AktG, § 112 Rn 1.

aa. Streitverkündung

Die Streitverkündung ist in §§ 72 ff. ZPO geregelt. Verkündet eine Prozesspartei einem nicht beteiligten Dritten den Streit, so teilt sie ihm dadurch „förmlich mit, dass ein Rechtsstreit anhängig ist und er in diesen miteinbezogen werden soll."[86] Gleichzeitig mit der Streitverkündung wird der Dritte im Regelfall dazu aufgefordert, dass er dem Rechtsstreit aufseiten des Streitverkünders beitreten soll. Der Dritte kann sich entscheiden, ob er dieser Aufforderung nachkommt oder aufseiten des Prozessgegners beitritt oder dem Rechtsstreit überhaupt nicht beitritt. Kommt es zu seinem Beitritt, so wird er Streithelfer oder Nebenintervenient genannt. Die Streitverkündung dient der „Ankündigung und Vorbereitung einer eventuellen künftigen Inanspruchnahme" des Dritten. Sie führt gem. § 74 Abs. 3 in Verbindung mit § 68 ZPO zu einer Interventionswirkung, sodass bestimmte Tatsachen des Vorprozesses, in welchem der Streit verkündet wurde, im Folgeprozess, in welchem der Streitverkünder den Streitverkündeten in Anspruch nimmt, als festgestellt gelten.[87]

bb. Interessenkonflikt

Tritt das Aufsichtsratsmitglied infolge der Streitverkündung dem Rechtsstreit aufseiten des beklagten Vorstandsmitglieds bei[88], so kann dieses Aufsichtsratsmitglied die Gesellschaft nicht mehr in dem entsprechenden Rechtsstreit vertreten. Dafür können die übrigen Aufsichtsratsmitglieder weiterhin die Gesellschaft vertreten. Zwar kann das dem Prozess beigetretene Aufsichtsratsmitglied wiederum gegenüber den übrigen Aufsichtsratsmitgliedern den Streit verkünden. Das Risiko einer solchen Streitverkündung durch den Beitritt des Aufsichtsratsmitglieds wirkt sich jedoch kaum weiter auf die von dem übrigen Aufsichtsrat zu führende Anspruchsdurchsetzung aus. Denn der mögliche Interessenkonflikt, in dem sich der Aufsichtsrat befinden kann, weil er einerseits die Anspruchsdurchsetzung bestmöglich verfolgen muss, aber auf der anderen Seite dadurch die Gefahr einer möglichen eigenen Haftung gegenüber der Gesellschaft erhöhen kann, besteht durch das Instrument der Streitverkündung ohnehin. Ob das

---

86 *Krüger/Rahlmeyer*, JA 2014, 202

87 *Krüger/Rahlmeyer*, JA 2014, 202; *Schultes*, in: MüKo ZPO, § 72 Rn 15 f.; *Kocher/v. Falkenhausen*, AG 2016, 848 f.; *Schäfer*, Nebenintervention und Streitverkündung, S. 93 f.; ausführlich zur Streitverkündung *Hoppe*, Die Streitverkündung als Instrument gesellschaftsrechtlicher Prozessführung, S. 19 ff.

88 Zu der Frage nach dem Beitritt aufseiten der Gesellschaft vgl. *Kocher/v. Falkenhausen*, AG 2016, 848, 850; *Freund*, NZG 2018, 1361, 1367.

beklagte Vorstandsmitglied oder das beigetretene Aufsichtsratsmitglied den Streit verkündet, ist für das Risiko unerheblich.[89] Der soeben beschriebene Interessenkonflikt des Aufsichtsratsmitglieds wird im Zusammenhang mit der Frage nach einer von der des Vorstands unabhängigen D&O-Versicherung später weiter ausgeführt.[90] Auf die Möglichkeit der Vertretung der Gesellschaft durch den Aufsichtsrat hat er keine weitere Auswirkung. Selbst wenn alle Aufsichtsratsmitglieder dem Prozess beitreten und die Vertretung der Gesellschaft durch den Aufsichtsrat dadurch nicht mehr möglich ist, so ist die Vertretung der Gesellschaft über eine entsprechende Anwendung von § 29 BGB sichergestellt und das Gericht kann in diesem Fall die erforderlichen Organmitglieder bestellen.[91]

j. Zuständigkeit der Anspruchsdurchsetzung

aa. Anspruchsverfolgung durch den Vorstand

Grundsätzlich ist der Vorstand für die Geltendmachung von Schadensersatzansprüchen der Gesellschaft gegen den Aufsichtsrat nach § 78 AktG zuständig. Die in der ARAG-Entscheidung festgelegte Verfolgungspflicht des Aufsichtsrats bei Schadensersatzansprüchen der Gesellschaft gegen den Vorstand gilt umgekehrt genauso für den Vorstand. Deshalb ist der Vorstand nach diesen Grundsätzen zur Verfolgung verpflichtet.[92] Da die Pflichtverletzung eines Aufsichtsratsmitglieds aber im Normalfall auf einer Pflichtverletzung eines Vorstandsmitglieds beruht, kommt es zu einem Interessenkonflikt[93], der für die späteren Erläuterungen noch von Bedeutung sein wird.[94]

bb. Anspruchsverfolgung durch die Hauptversammlung oder eine Aktionärsminderheit

Aufgrund des oben genannten Interessenkonflikts ist eine Anspruchsverfolgung durch den Vorstand nicht mit Sicherheit zu gewährleisten. Allerdings kann nach § 147 Abs. 1 S. 1 AktG die Hauptversammlung mit einfacher Mehrheit die Geltendmachung des Anspruchs beschließen und für die Verfolgung nach § 147

---

89 Vgl. dazu *Mertens/Cahn*, Kölner Kommentar, AktG, § 93 Rn 53; *Kocher/v. Falkenhausen*, AG 2016, 848.

90 Siehe Kapitel B. IV. der Arbeit.

91 Dazu näher *Mertens/Cahn*, Kölner Kommentar, AktG, § 93 Rn 53.

92 *Habersack*, MüKo AktG, § 116 Rn 8; *Lutter/Krieger/Verse*, Rechte und Pflichten des Aufsichtsrats, Rn 1025.

93 So auch *Habersack*, MüKo AktG, § 116 Rn 8.

94 Insbesondere in Kapitel B. IV. der Arbeit.

Abs. 2 S. 1 AktG besondere Vertreter bestellen. Außerdem kann eine Aktionärsminderheit nach § 147 Abs. 2 S. 2 AktG einen Antrag bei Gericht stellen, um andere Vertreter zur Geltendmachung zu bestellen.[95]

§ 148 AktG gibt einer qualifizierten Aktionärsminderheit die Möglichkeit eines Klagezulassungsverfahrens und damit die Ersatzansprüche der Gesellschaft im eigenen Namen, aber gerichtet auf die Zahlung an das Unternehmen, geltend zu machen. Das ist nur unter den besonderen Voraussetzungen des § 148 Abs. 1 S. 2 AktG möglich.[96] Diese beschränkte Klagebefugnis gibt es erst seit 2005 infolge der Neuerungen des AktG durch das „Gesetz zur Unternehmensintegrität und Modernisierung des Anfechtungsrechts“ (UMAG).[97] Eine solche Geltendmachung ist, von vereinzelten Ausnahmen abgesehen, bis dato aber ausgeblieben.[98]

k. *Verjährung*

aa. *Allgemeines*

Der Schadensersatzanspruch der Gesellschaft gegen die Aufsichtsratsmitglieder verjährt gem. §§ 93 Abs. 6, 116 AktG bei einer börsennotierten Gesellschaft innerhalb von zehn Jahren und bei den übrigen Gesellschaften innerhalb von fünf Jahren. Für den Verjährungsbeginn muss der Anspruch entstanden sein. Dafür reicht nach der herrschenden Meinung aus, dass die Möglichkeit der Geltendmachung des Anspruchs durch eine Feststellungsklage besteht. Der Schadensersatzanspruch muss noch nicht bezifferbar sein. Einer subjektiven Komponente in Form der Kenntnis des Anspruchsgläubigers, wie von § 199 Abs. 1 Nr. 2 BGB gefordert, bedarf es nicht.[99]

bb. *Aktuelle BGH-Entscheidung zum „Verjährungskarussell“ im Organhaftungsrecht*[100]

Nun hat der BGH in einem aktuellen Urteil entschieden, dass die Verjährung eines Schadensersatzanspruchs der Gesellschaft gegen ein Aufsichtsratsmitglied

---

95 *Lutter/Krieger/Verse*, Rechte und Pflichten des Aufsichtsrats, Rn 1026.

96 *Hirschmann*, in: Hölters, AktG, § 148 Rn 5; *Lutter/Krieger/Verse*, Rechte und Pflichten des Aufsichtsrats, Rn 1027.

97 *Thümmel*, Haftung von Managern und Aufsichtsräten, Rn 453.

98 Vgl. *Habersack*, MüKo AktG, § 116 Rn 8; *Habersack*, ZHR 177, 782, 790.

99 *Peltzer*, in: Wellhöfer/Peltzer/Müller, Die Haftung von Vorstand Aufsichtsrat Wirtschaftsprüfer, § 16 Rn 33, 34; *Loritz/Wagner*, DStR 2012, 2189, 2190.

100 BGH, NZG 2018, 1301.

wegen Verjährenlassens eines Schadensersatzanspruchs der Gesellschaft gegen ein Vorstandsmitglied nicht mit der pflichtverletzenden Organhandlung beginnt, sondern erst mit dem Zeitpunkt der Verjährung des gesellschaftlichen Schadensersatzanspruchs gegen das Vorstandsmitglied.[101]

In dem hiesigen Fall ist der Aufsichtsrat seiner Pflicht aus der ARAG-Entscheidung zur Verfolgung von Schadensersatzansprüchen gegen Mitglieder des Vorstands nicht nachgekommen. Der daraus resultierende Schadensersatzanspruch der Aktiengesellschaft gegen das Aufsichtsratsmitglied beginnt nach den allgemeinen Grundsätzen gem. § 200 S. 1 BGB mit der Anspruchsentstehung, was nach der aktuellen BGH-Entscheidung der Zeitpunkt ist, in dem mögliche Schadensersatzansprüche gegen Mitglieder des Vorstands verjährt sind. Als Pflichtverletzung ist hier keine Handlung des Aufsichtsratsmitglieds gegeben, sondern ein Unterlassen. Es handelt sich nicht um ein einmaliges Unterlassen, sondern die Unterlassung dauerte fort. Deshalb muss unterschieden werden zwischen dem fortdauernden Unterlassen als „einheitliche Dauerhandlung“ oder als „sich wiederholende neue Eingriffe“. Während die Verjährung bei der einheitlichen Dauerhandlung erst beginnt, wenn der Eingriff beendet ist, beginnt die Verjährung bei sich wiederholenden Eingriffen für jeden Schaden jeweils einzeln.[102]

In der hiesigen Entscheidung war die Einteilung aber unerheblich, da der BGH den Verjährungsbeginn bei beiden Optionen erst mit Verjährung der Schadensersatzansprüche gegen die Vorstandsmitglieder sah. Eine einheitliche Dauerhandlung wäre erst mit der Verjährung der Ansprüche gegen den Vorstand beendet, sodass die Verjährung der Ansprüche gegen den Aufsichtsrat auch erst dann beginnen würde. Bei wiederholter Unterlassung kommt man zum gleichen Ergebnis, da der Schaden endgültig erst durch das Verstreichenlassen der letzten verjährungshemmenden Geltendmachungsmöglichkeit nach § 200 BGB S. 1 entstanden ist.[103]

Zwar mag häufig eine wirtschaftliche Identität des Schadens hinsichtlich des Schadens durch das Verjährenlassen des Schadensersatzanspruchs gegen den Vorstand und des Schadens durch die eigentliche pflichtverletzende Handlung des Vorstandsmitglieds bestehen. Allerdings würde die für den Aufsichtsrat im Rahmen seiner Überwachungsfunktion bestehende Anspruchsverfolgungspflicht nach § 111 Abs. 1 AktG und Vertretereigenschaft gegenüber

---

101 BGH, NZG 2018, 1301, 1302.
102 BGH, NZG 2018, 1301, 1302.
103 BGH, NZG 2018, 1301, 1302.

Vorstandsmitgliedern nach § 112 AktG aus der ARAG-Entscheidung weitgehend leerlaufen, wenn man aufgrund dieser wirtschaftlichen Identität die Verjährung des Anspruchs gegen den Aufsichtsrat schon mit der pflichtverletzenden Vorstandshandlung beginnen lassen würde. Vielmehr muss es also darauf ankommen, wann die Pflichtverletzung hinsichtlich der Anspruchsverfolgung selbst einen Schaden verursacht hat. Wenn der Schaden darin besteht, dass die Gesellschaft ihren Schadensersatzanspruch gegen das Vorstandsmitglied wegen Verjährung nicht mehr durchsetzen kann, beginnt die Verjährung hinsichtlich der Aufsichtsratshaftung auch erst mit Verjährungseintritt.[104]

Die Verfolgungspflicht des Aufsichtsrats aus der ARAG-Entscheidung und die präventive Verhinderungspflicht des Aufsichtsrats hinsichtlich Pflichtverletzungen nach § 93 Abs. 2 und Abs. 3 AktG sind verschieden. Sie unterscheiden sich in Sachverhalt, Aufgabe und Inhalt. Insbesondere besteht bei der Verfolgungspflicht ein vorgegebenes Konzept der stufenweisen Prüfung. Daher stellt die Verfolgungspflicht eine eigene Pflicht mit gesondertem Prüfungsumfang dar und knüpft an die vorherige Verhinderungspflicht an. Sie führt somit zu einem „selbstständig verjährenden Schadensersatzanspruch". Eine andere Behandlung würde zu dem inakzeptablen Ergebnis führen, dass ein Aufsichtsratsmitglied, dem neben der Verletzung der Verfolgungspflicht auch die Verletzung der Verhinderungspflicht vorgeworfen wird, aufgrund der früheren Verjährung besser gestellt wäre, als ein Mitglied, dem nur die Verletzung der Verfolgungspflicht vorgeworfen wird.[105]

cc. Fazit

Mit der aktuellen Entscheidung hat der BGH die Pflichten aus der ARAG-Entscheidung nicht nur erneut bestätigt, sondern deren Durchsetzbarkeit gegenüber den Mitgliedern des Aufsichtsrats noch weiter verstärkt. Die Verjährung eines Schadensersatzanspruchs hinsichtlich der Verfolgungspflicht der Aufsichtsratsmitglieder wird im Gegensatz zu den übrigen Pflichten des Aufsichtsrats quasi „verlängert", da sie von der Verjährung des Schadensersatzanspruchs gegen die Vorstandsmitglieder abhängig gemacht wird. Dies führt dazu, dass die zeitliche Komponente, und damit der Schutz der Einrede der Verjährung, für das Aufsichtsratsmitglied geschwächt wird. Im Ergebnis hat dies ein höheres Haftungsrisiko der Aufsichtsratsmitglieder hinsichtlich ihrer Verfolgungspflicht

104 BGH, NZG 2018, 1301, 1303.
105 BGH, NZG 2018, 1301, 1303.

zur Folge. Damit steigt die Bedeutsamkeit einer sicheren D&O-Versicherung für den Aufsichtsrat.

2. Außenhaftung

Die Außenhaftung regelt, wie bereits erwähnt, die Schadensersatzhaftung der Mitglieder gegenüber Dritten. Als Dritte zählen beispielsweise Aktionäre oder Gesellschaftsgläubiger.[106] Für die Außenhaftung gibt es nicht die eine umfassende Rechtsnorm. Die in Frage kommenden Anspruchsgrundlagen sind vielmehr über einige Rechtsgebiete verstreut.[107] Auch Aufsichtsratsmitglieder sind von der Außenhaftung betroffen, selbst wenn ihr Mandat sich hauptsächlich „nach innen", zum Vorstand, richtet.[108]

Die AG haftet für ihre Organmitglieder analog § 31 BGB, sodass regelmäßig gegen die finanzstärkere Gesellschaft vorgegangen wird, anstatt direkt gegen ein Organmitglied. Logische Konsequenz daraus ist aber, dass besonders die Insolvenz ein hohes Außenhaftungsrisiko für die Organmitglieder birgt.[109] Allerdings sind Ansprüche der Außenhaftung schwerer durchzusetzen als Innenhaftungsansprüche, da beispielsweise nicht die einfache Fahrlässigkeit im Zusammenspiel mit der Beweislastumkehr aus § 93 Abs. 2 S. 2 AktG genügt, sondern häufig zumindest ein bedingter Vorsatz hinsichtlich Pflichtverletzung und Verschulden vorliegen muss.[110]

a. Außenhaftung als Ausnahme?

Die Außenhaftung wird von den überwiegenden Stimmen in der Literatur eher als Ausnahmefall im Vergleich zur Innenhaftung angesehen.[111] Auch die Allianz

---

106 *Lutter/Krieger/Verse*, Rechte und Pflichten des Aufsichtsrats, Rn 1030; *Sieg*, in: Höra, Münchener Anwaltshandbuch Versicherungsrecht, § 17 Rn 10.

107 Vgl. *Peltzer*, in: Wellhöfer/Peltzer/Müller, Die Haftung von Vorstand Aufsichtsrat Wirtschaftsprüfer, § 20 Rn 162.

108 *Henzler*, in: Großkomm VVG, AVB-AVG 2011/2013 Anh Ziff. 1, Rn 73; *Peltzer*, in: Wellhöfer/Peltzer/Müller, Die Haftung von Vorstand Aufsichtsrat Wirtschaftsprüfer, § 20 Rn 164.

109 *Peltzer*, in: Wellhöfer/Peltzer/Müller, Die Haftung von Vorstand Aufsichtsrat Wirtschaftsprüfer, § 20 Rn 163; *Sieg*, in: Höra, Münchener Anwaltshandbuch Versicherungsrecht, § 17 Rn 10.

110 Vgl. *Peltzer*, in: Wellhöfer/Peltzer/Müller, Die Haftung von Vorstand Aufsichtsrat Wirtschaftsprüfer, § 20 Rn 165.

111 So bezieht *Peltzer*, in: Wellhöfer/Peltzer/Müller, Die Haftung von Vorstand Aufsichtsrat Wirtschaftsprüfer, § 16 Rn 1 das auf den Aufsichtsrat, aber weist in FN 1 auf die relative Betrachtung dieser Aussage hin, da die Zahl der öffentlichen Haftungsfälle so

stellt in ihrem Report 2010 die Außenhaftung in Deutschland verglichen mit den USA als Ausnahme dar und schätzt das Verhältnis auf 80 zu 20.[112] *Dreher* macht gleichfalls geltend, dass es in den meisten Fällen nur zu einer Innenhaftung kommt und dies bei Klagen gegen Mitglieder des Aufsichtsrats nahezu ausschließlich der Fall ist.[113] Dagegen gibt es andere Ansätze, die ein Überwiegen oder zumindest eine Zunahme von Außenhaftungsfällen feststellen.[114]

Es besteht also Uneinigkeit über das Verhältnis von Außen- und Innenhaftungsfällen. Damit ist auch unklar, wo das höhere Risiko für das Aufsichtsratsmitglied liegt. Zumindest kann davon ausgegangen werden, dass das Haftungsrecht der Organmitglieder „in Deutschland so angelegt ist, dass die Innenhaftung den Normalfall bildet".[115] In letzter Zeit häufen sich aber die Außenhaftungsfälle, sodass insbesondere im Hinblick auf Insolvenzfälle und Haftungsfälle nach ausländischem Recht[116] die Außenhaftung nicht mehr als Ausnahme angesehen

---

gering ist; ebenso *Fassbach/Wettich*, KSzW 2016, 269, 274 hinsichtlich der Haftung des Aufsichtsrats; *Baumann*, in: Großkomm VVG, AVB-AVG 2011/2013 Ziff. 1, Rn 64 bezieht das auf die Organhaftung allgemein und nicht nur auf den Aufsichtsrat; bei *Warning*, Manager mit beschränkter Haftung, S. 13 f. finden sich Statistiken für die häufigsten Pflichtverletzungen bezüglich des Vorstands und sie sieht die Innenhaftung als Regelfall; *Muschner*, in: Rüffer/Halbach/Schimikowski, VVG, § 43 Rn 22 und *v. Schenk*, NZG 2015, 494, 495 erachten die Innenhaftung ebenfalls als Regelfall.

112 Allianz Global Corporate & Specialty, Introduction to D&O-Insurance 2010, S. 9, abrufbar über die Homepage: https://www.agcs.allianz.com/news-and-insights/reports/introduction-to-d-o-insurance.html.

113 *Dreher*, FS Baums 2017, 325, 336.

114 So im Ergebnis *Ihlas*, D&O, S. 488 im Rahmen einer Auswertung von Gerichtsurteilen bis 1996, aber mit dem Hinweis, dass dies an der hohen Zahl von Insolvenzfällen liegt. Anhand der Urteile zeichnete sich „ein Verhältnis der Schadensfälle im Innen- und Außenverhältnis von 21 % zu 79 % ab". Dagegen stellt *Ihlas*, D&O, S. 489 im Gegenzug jedoch auch eine Unternehmens-Umfrage von vorwiegend solventen Unternehmen vor, bei der die Außenhaftungsfälle bei einem Prozentsatz von 33 % und die Innenhaftungsfälle bei 62 % liegen. Die restlichen 5 % gaben keine Angaben. *Hoffmann*, NJW 2012, 1393, 1394 stellt fest, dass die Zahl der möglichen Anspruchssteller im Rahmen der Außenhaftung parallel zur steigenden Anzahl an Schutzgesetzen im Sinne des § 823 Abs. 2 BGB wächst; ebenfalls zur Ausweitung der Außenhaftung *Möritz*, Haftung des Managements und Drittschutz, S. 288 f.

115 So das OLG München, VersR 2005, 540, 541; vgl. auch *Sieg*, in: Höra, Münchener Anwaltshandbuch Versicherungsrecht, § 17 Rn 13.

116 Vgl. *Sieg*, in: Krieger/Schneider, Handbuch Managerhaftung, Rn 18.63 mit den Nachweisen dazu passender Gerichtsurteile; ähnlich *Paetzmann*, ZVersWiss 2008, 177, 182; vgl. *Seibt/Saame*, AG 2006, 901, 904.

werden kann. Vielmehr stellt die Außenhaftung für das Organmitglied neben der Innenhaftung ein ernst zunehmendes Risiko dar.

b. Haftung gegenüber Aktionären

Für die Schadensersatzhaftung gegenüber den Aktionären kommen vor allem die deliktischen Ansprüche in Betracht. Möglich ist eine Haftung gem. § 823 Abs. 1 BGB „wegen eines Eingriffs in die Mitgliedschaft der Aktionäre“[117], da die Mitgliedschaft als absolutes Recht anzusehen ist. Dafür genügt nicht die Schädigung des Unternehmens und eine daraus nur mittelbar folgende, mögliche Minderung des Aktienwerts, vielmehr bedarf es eines unmittelbaren Eingriffs. Ein solcher liegt beispielsweise vor, wenn der Aufsichtsrat einer Maßnahme des Vorstands nach § 111 Abs. 4 S. 2 AktG zugestimmt oder sie nicht verhindert hat, die zu einer Umstrukturierung ohne Beachtung der Mitentscheidungsbefugnis der Hauptversammlung führt.[118]

Außerdem ist eine Schadensersatzhaftung nach § 117 Abs. 1 S. 2, Abs. 2 S. 1 AktG möglich, wenn eine vorsätzliche schädigende Beeinflussung der Gesellschaft nicht ausgeschlossen erscheint.[119]

Eine Haftung wegen unzureichender oder unterlassener Kapitalmarktinformationen nach §§ 97, 98 WpHG kommt für die Aufsichtsratsmitglieder wohl eher selten in Frage, da die Vorstandsmitglieder für die Kommunikation hinsichtlich des Kapitalmarkts zuständig sind. Allein eine Haftung der Aufsichtsratsmitglieder aufgrund mangelnder Erfüllung der Überwachungspflichten erscheint hier möglich.[120]

Eine weitere Außenhaftungsmöglichkeit ist die Haftung aus culpa in contrahendo gem. §§ 280, 311 BGB gegenüber den Anlegern. Dafür kommt die Sachwalterhaftung aus § 311 Abs. 3 BGB in Betracht. Der Vorstand kann danach wegen unmittelbarer wirtschaftlicher Eigeninteressen haften.[121] Für ein solches

---

117 *Habersack*, MüKo AktG, § 116 Rn 83.

118 *Spindler*, in: Spindler/Stilz, AktG, § 116 Rn 213; *Habersack*, MüKo AktG, § 116 Rn 83; *Lutter/Krieger/Verse*, Rechte und Pflichten des Aufsichtsrats, Rn 1031.

119 *Habersack*, MüKo AktG, § 116 Rn 82; *Lutter/Krieger/Verse*, Rechte und Pflichten des Aufsichtsrats, Rn 1033.

120 *Habersack*, MüKo AktG, § 116 Rn 85; *Peltzer*, in: Wellhöfer/Peltzer/Müller, Die Haftung von Vorstand Aufsichtsrat Wirtschaftsprüfer, § 20 Rn 169 – bis zum 03.01.2018 waren diese Schadensersatzregeln in §§ 37b, c WpHG a.F. geregelt, zur Reform *Kumpan*, in: Baumbach/Hopt, HGB, WpHG § 97 Rn 9; zur Prospekthaftung von Aufsichtsratsmitgliedern siehe *v. Schenk*, in: Semler/v. Schenk, Der Aufsichtsrat, § 116 Rn 746.

121 Vgl. KG, AG 2003, 324, 325; *Dogan*, Ad-hoc-Publizitätshaftung.

Interesse reicht nicht das nur mittelbare Interesse des Vorstandsmitglieds an dem Erfolg seines Unternehmens oder die Aussicht auf ein Entgelt in Form von Aktienoptionen beziehungsweise auf eine Tantieme.[122] Vielmehr bedarf es dem Tätigwerden in eigener Sache mit der bereits zu Beginn bestehenden Absicht, die Gegenleistung für eigene Zwecke zu verwenden und nicht ordnungsgemäß an das vertretene Unternehmen weiterzuleiten.[123]

Außerdem ist die persönliche Teilnahme des Dritten an den Vertragsverhandlungen, sowie die persönliche Verhandlungsführung Voraussetzung für die Haftung.[124] Nimmt also bei solchen Vertragsverhandlungen neben dem Vorstand auch ein Aufsichtsratsmitglied teil, so kommt diese Form der Außenhaftung auch für den Aufsichtsrat in Betracht. Eine solche Konstellation kommt insbesondere im Hinblick auf die Beratungspflicht des Aufsichtsrats infrage. Oft werden die Aufsichtsratsmitglieder nämlich gerade wegen ihrer besonderen persönlichen Qualifikation, zum Beispiel als Rechtsanwalt, in ihre Position gewählt.[125] Deshalb ist eine Teilnahme an den Vertragsverhandlungen im Rahmen ihrer Beratungspflicht nicht ausgeschlossen.

Die Haftung wegen Inanspruchnahme besonderen persönlichen Vertrauens gem. §§ 280, 311 Abs. 3 S. 2 BGB könnte hinsichtlich der Erklärungspflicht von Vorstand und Aufsichtsrat aus § 161 AktG bestehen. Durch die Erklärung über ihre eigenen Geschäftsleitungs- beziehungsweise Überwachungstätigkeiten gegenüber dem Kapitalmarkt und möglichen Investoren wollen Vorstand und Aufsichtsrat bewusst und gewollt das Vertrauen der Investoren in ihre Tätigkeit stärken, „um so ein Engagement in der Gesellschaft zu erreichen".[126] Ob sie damit besonderes persönliche Vertrauen in der Form in Anspruch nehmen, dass sie über ihre Organstellung hinaus das Vertrauen auf ihre eigene Person beziehen, ist damit nicht geklärt. Allerdings ist auch hier ein persönlicher Kontakt mit dem Investor erforderlich. Bei einem Aktienerwerb kommt es aber nicht zu einem persönlichen Kontakt zwischen den Mitgliedern von Vorstand, Aufsichtsrat und dem Investor. Eine unmittelbare Außenhaftung nach §§ 280, 311 Abs. 3 S. 2 BGB scheidet daher aus.[127]

---

122 BGH, NJW 1990, 506; BGHZ 126, 181, 183; *Dogan*, Ad-hoc-Publizitätshaftung, S. 136.
123 BGHZ 126, 181, 185; *Dogan*, Ad-hoc-Publizitätshaftung, S. 136.
124 *Dogan*, Ad-hoc-Publizitätshaftung, S. 136.
125 *Ullrich*, GmbHR 2012, 1153, 1154 f.
126 *Lutter*, FS Druey 2002, 463, 472.
127 *Lutter*, FS Druey 2002, 463, 472; *Dogan*, Ad-hoc-Publizitätshaftung, S. 135.

c. *Haftung gegenüber Gläubigern*

Die Haftung der Aufsichtsratsmitglieder gegenüber Gläubigern der Gesellschaft kommt nur in Ausnahmefällen in Betracht. Ein solcher wäre die Haftung nach §§ 823 Abs. 2, 826, 830 BGB im Falle eines fehlenden Insolvenzantrags nach § 15a Abs. 1 InsO. Die Antragspflicht trifft allein den Vorstand, weshalb die Aufsichtsratsmitglieder nur als Anstifter oder Gehilfen im Sinne von § 830 Abs. 2 BGB in Betracht kommen.[128]

Weitere deliktische Haftungsansprüche in Verbindung mit Schutzgesetzen kommen bei einem Organisationsverschulden des Aufsichtsrats infrage. Dafür muss aber der Organisationsfehler gleichzeitig „eine Pflichtverletzung gegenüber einer bestimmten Personengruppe" darstellen.[129]

3. Beispiele der Aufsichtsratshaftung aus der Praxis

Während der Anfertigung dieser Dissertation kam von Praktikern immer wieder die Frage auf: „Wann haftet denn schon der Aufsichtsrat? Also ich kann mich an kaum einen Fall erinnern in Deutschland. Vorstand ja, aber Aufsichtsrat?"

Deshalb soll an dieser Stelle auf einige Beispiels-Fälle eingegangen werden, bei denen es zu einer Verurteilung oder zumindest zu einer Anklage hinsichtlich der persönlichen Haftung eines Aufsichtsratsmitglieds gekommen ist. *Ihlas* macht geltend, dass bei ca. 30 % der Organhaftungsfälle bei AG und e.G. nicht nur die Vorstands-, sondern auch die Aufsichtsratsmitglieder verklagt, mitverklagt oder ihnen zumindest der Streit verkündet wurde.[130]

Roth/Wörle gehen sogar so weit zu sagen, dass die großen Unternehmenskrisen der letzten Jahre zur Forderung einer besseren Unternehmenskontrolle geführt haben. Die Unternehmenskontrolle soll dabei nicht komplett auf den Aufsichtsrat abgewälzt werden, sondern zusätzlich die Kontrolle durch den Abschlussprüfer und die Selbstkontrolle durch den Vorstand erfassen. Auch wenn als Ursache der Unternehmenskrisen korrekterweise schwerwiegende Managementfehler oder strafbares Verhalten gesehen wurde, rückte die Frage in den Vordergrund, ob eine ordentliche Überwachung durch den Aufsichtsrat

---

128 Vgl. *Habersack*, MüKo AktG, § 116 Rn 84; *Lutter/Krieger/Verse*, Rechte und Pflichten des Aufsichtsrats, Rn 1035.

129 Dazu näher *Peltzer*, in: Wellhöfer/Peltzer/Müller, Die Haftung von Vorstand Aufsichtsrat Wirtschaftsprüfer, § 20 Rn 179.

130 *Ihlas*, in: Langheid/Wandt, MüKo VVG, D&O, Rn 94.

die Probleme oder Betrügereien nicht hätte abwenden können. Dafür steht richtungsweisend der Balsam/Procedo-Fall.[131]

a. Balsam/Procedo

Das LG Bielefeld hat ein Mitglied des Aufsichtsrats zur Zahlung von Schadensersatz in Höhe von 5 Mio. DM gem. §§ 116, 93 Abs. 2 S. 1, 111 Abs. 1 AktG an die insolvente Gesellschaft verurteilt. Das Urteil behandelt also einen Fall der Innenhaftung. Vertreten wurde die Gesellschaft dabei von dem Insolvenzverwalter. Dem Aufsichtsratsmitglied wurde vorgeworfen, seine Überwachungspflichten hinsichtlich des Vorstands nicht mit der erforderlichen ordentlichen Sorgfalt erfüllt zu haben. Den Aufsichtsrat treffe laut Gericht schon bei vagen Gerüchten über die „unseriösen und unkorrekten" Geschäfte des Vorstands mit existenzbedrohender Bedeutung für die Gesellschaft die Pflicht, weitere Prüfungen vorzunehmen. Außerdem sei er dazu verpflichtet, bei Anhaltspunkten bezüglich einer mangelnden Offenheit des Vorstands, einen Zustimmungsvorbehalt gem. § 111 Abs. 4 S. 2 AktG anzuordnen.[132]

Dabei war das Verschulden des Aufsichtsratsmitglieds minimal, denn eine Aufsichtsratssitzung wäre sowieso bald anberaumt gewesen, bei der das Mitglied die Anhaltspunkte ansprechen wollte. Weiterhin war die Staatsanwaltschaft nicht auf eine Strafanzeige gegen das Verhalten des Vorstands mit genauen Erläuterungen hinsichtlich des strafrechtlich relevanten Verhaltens eingegangen. Die Staatsanwaltschaft hielt diese Vorwürfe nämlich für erfunden. Wäre es durch die Anzeige zu einer Aufdeckung gekommen, so wäre der Schaden deutlich niedriger ausgefallen.[133]

b. Rhein Grund Capital AG (heute Aufina Holding AG)

Das OLG Düsseldorf verurteilte 2008 den Aufsichtsratsvorsitzenden der Düsseldorfer Rhein Grund Capital AG (heute Aufina Holding AG) zu einer Schadensersatzzahlung an den klagenden Aktionär.[134] Die Höhe des Schadensersatzes betrug dabei 38.819,27 Euro und war von Aufsichtsratsvorsitzendem und Vorstandsvorsitzendem als Gesamtschuldner zu zahlen. Klingt der Betrag im ersten Moment möglicherweise nicht besonders hoch, so ist aber zu beachten, dass

---

131 *Roth/Wörle*, ZGR 2004, 565, 569.

132 LG Bielefeld, BB 1999, 2630 ff.

133 Dazu *Peltzer*, in: Wellhöfer/Peltzer/Müller, Die Haftung von Vorstand Aufsichtsrat Wirtschaftsprüfer, § 17 Rn 6.

134 OLG Düsseldorf, Urteil vom 23.06.2008 – I-9 U 14/08.

dieser Betrag die Schadensersatzforderung von nur einem einzelnen Aktionär betrifft. Bei Klagen von mehreren Aktionären würde die Summe sofort in die Höhe schießen.

Das Urteil behandelt einen Fall der Außenhaftung mit § 826 BGB als Anspruchsgrundlage. Der Aufsichtsratsvorsitzende wurde hier nach § 830 Abs. 2 BGB in Form der Beihilfe zur Haupttat des Vorstands tätig. Haupttat des Vorstands waren die von ihm initiierten sittenwidrigen und betrügerischen Kapitalerhöhungen.[135]

c. *DM Beteiligungen AG*

Das OLG Düsseldorf hat in einem aktuelleren Fall ein ehemaliges Aufsichtsratsmitglied zur Zahlung von Schadensersatz in Höhe von 200.000 Euro gem. §§ 116, 93 Abs. 2 S. 1 AktG an die insolvente Gesellschaft verurteilt.[136] Das Urteil behandelt somit einen Fall der Innenhaftung. Die Aktiengesellschaft hatte überteuerte Anteile an einer Gesellschaft mit beschränkter Haftung (GmbH) gekauft. Der damalige Aufsichtsrat sprach sich für eine Rückgängigmachung des Kaufs aus, wegen der schlechten wirtschaftlichen Lage des Unternehmens. Als dies nicht geschah, legte der gesamte Aufsichtsrat sein Mandat nieder. Der neue Aufsichtsrat, darunter der Beklagte, überprüfte die ihnen vorgelegten Jahresabschlüsse nicht, sondern übertrug diese zur Feststellung an die Hauptversammlung. Daraufhin kaufte die AG von der gleichen GmbH weitere überteuerte Anteile. Letztendlich kam es zur Insolvenz beider Gesellschaften. Kläger war also der Insolvenzverwalter.

Das OLG stellte zwei Pflichtverletzungen fest. Nämlich die Verletzung der Pflicht zur Überprüfung des Jahresabschlusses, und außerdem hätte der Aufsichtsrat parallel zur Mandatsübernahme einen Bericht des Vorstands fordern müssen hinsichtlich der wirtschaftlichen Lage der Gesellschaft und der Handlungen des bisherigen Aufsichtsrats. Diese Pflicht folge insbesondere aus der Tatsache, dass der Aufsichtsrat geschlossen sein Mandat niedergelegt hat. Das beklagte Aufsichtsratsmitglied konnte nicht beweisen, dass sein Verhalten ordnungsgemäß war oder dass es auch bei pflichtgemäßem Verhalten zum Schaden gekommen wäre.[137]

---

135 OLG Düsseldorf, Urteil vom 23.06.2008 – I-9 U 14/08.
136 OLG Düsseldorf, ZIP 2015, 1586.
137 OLG Düsseldorf, ZIP 2015, 1586 ff.

d. ISION

Der BGH hat im Jahre 2011 der insolventen ISION Internet AG einen Schadensersatzanspruch gegen ein Aufsichtsratsmitglied und zwei Vorstände zur Zahlung eines Teilbetrags von 10.000.000 Euro zugesprochen. Kläger war also erneut der Insolvenzverwalter. Das Aufsichtsratsmitglied war gleichzeitig Partner einer Rechtsanwaltskanzlei, die ständige Beraterin der Schuldnerin war.[138] Der Vorstand hatte auf den Anspruch auf Rückerstattung von darlehensweise an die Gesellschaft überlassenen Aktien verzichtet, was aus Sicht des Gerichts der Einbringung eigener Aktien der Gesellschaft als Sacheinlage gleichstehe und einen Haftungsgrund gem. § 93 Abs. 3 Nr. 4 AktG darstelle. Der Vorstand könne sich nicht durch Berufung auf die unzutreffende Beratung des Aufsichtsratsmitglieds innerhalb seiner Aufsichtsratstätigkeit entlasten, denn die Pflichten des Vorstands bestehe neben denen des Aufsichtsrats (vgl. § 93 Abs. 4 S. 2 AktG). Auch die eventuell gutachterliche Beratung durch die Kanzlei des Aufsichtsratsmitglieds könne den Vorstand nicht entlasten, da diese dem notwendigen Umfang nicht genügt und insofern auch keine Plausibilitätskontrolle ermöglicht hätte.[139]

Das betroffene Aufsichtsratsmitglied haftet gem. §§ 116 S. 1, 93 Abs. 2, Abs. 3 Nr. 4 AktG, womit es sich um einen Fall der Innenhaftung handelt. Seine Pflichtverletzung liege laut dem OLG darin, dass das Mitglied den Vorstand entsprechend beraten hat, eine untaugliche Sacheinlage festzusetzen und dagegen nicht nur nicht eingeschritten ist, sondern dieser fehlerhaften Festsetzung auch noch zugestimmt hat. Angesichts der eindeutigen Rechtslage könne sich das Aufsichtsratsmitglied als Rechtsanwalt nicht auf einen unverschuldeten Rechtsirrtum berufen. Hier gelte vielmehr ein strengerer Sorgfaltsmaßstab in der Hinsicht, dass seine Spezialkenntnisse zu berücksichtigen sind.[140]

e. BGH, Urteil vom 16. 3. 2009 – II ZR 280/07

Der BGH hat in einem Urteil aus dem Jahr 2009 einen Aufsichtsratsvorsitzenden zu einer Zahlung von Schadensersatz gem. §§ 116, 93 Abs. 2 S. 1 AktG in Höhe von 153.387,56 Euro an die insolvente AG verurteilt.[141] Insofern handelt es sich erneut um einen Fall der Innenhaftung und eine Klage des Insolvenzverwalters. Der Aufsichtsrat hätte laut BGH nach Feststellung der Insolvenzreife

---

138 BGH, NZG 2011, 1271.

139 BGH, NZG 2011, 1271, 1273 f.

140 BGH, NZG 2011, 1271 ff.

141 BGH, NZG 2009, 550.

der Gesellschaft dafür sorgen müssen, dass der Vorstand rechtzeitig einen Insolvenzantrag stellt. Er hätte außerdem versuchen müssen zu verhindern, dass der Vorstand Zahlungen leistet, die gegen die Massesicherungspflicht aus § 92 Abs. 2 AktG verstoßen. Diese Pflichten hat das Aufsichtsratsmitglied schuldhaft verletzt.[142]

Der Senat ist in diesem Urteil auf eine mögliche D&O-Versicherung des Aufsichtsratsmitglieds eingegangen. Die Frage, ob die Gesellschaft nach Treu und Glauben vorrangig den D&O-Versicherer in Anspruch nehmen muss, könne offenbleiben, da das Vorliegen einer solchen Versicherung nicht feststellbar ist. Selbst wenn der Aufsichtsrat den Vorstand zum Abschluss einer D&O-Versicherung beauftragt hätte und dieser dem Auftrag nicht nachgekommen sei, bestehe keine Schadensersatzpflicht der Gesellschaft. Ob der Vorstand überhaupt für den Abschluss der D&O-Versicherung des Aufsichtsrats zuständig sei, sei fraglich.[143] Auf das Problem der Zuständigkeit wird im Laufe der Arbeit noch näher eingegangen.[144] Der BGH stellt abschließend fest, dass in jedem Fall keine Pflicht der Gesellschaft zum Abschluss einer solchen Versicherung bestehe, wenn diese nicht satzungsrechtlich vereinbart wurde.[145]

f. Arcandor

Der Insolvenzverwalter der Arcandor AG hatte gegen die Organe der Arcandor AG Schadensersatzansprüche geltend gemacht. Die Schadensersatzansprüche gegen die Organe wegen des Abschlusses von möglicherweise schädigenden Verträgen waren verjährt. Der Insolvenzverwalter warf den Organen deshalb im Wesentlichen Unterlassen vor. Die Organe hätten die Schadensersatzansprüche gegen die Vorstands- beziehungsweise Aufsichtsratsmitglieder rechtzeitig, also vor Verjährung, geltend machen müssen. Der Insolvenzverwalter warf ihnen vor, den Abschluss der Verträge sogar initiiert, aber zumindest nicht verhindert zu haben. Er machte jeweils Ansprüche in sechsstelliger Höhe geltend. Das Gericht stellte allerdings fest, dass eine Verjährung der Schadensersatzansprüche im Zeitpunkt der Klageerhebung noch gar nicht eingetreten war. Deshalb wurden die Aufsichtsräte nicht zur Zahlung eines Schadensersatzes wegen Unterlassens verurteilt.[146]

---

142 BGH, NZG 2009, 550, 551.
143 BGH, NZG 2009, 550, 551 f.
144 Siehe Kapitel B. VI. der Arbeit.
145 BGH, NZG 2009, 550, 552.
146 LG Essen, NZG 2012, 1307.

g. Bayern LB

Der neue Vorstand der Bayern LB erhob 2011 ohne Erfolg gegen den früheren Verwaltungsratsvorsitzenden, welcher damals bayerischer Finanzminister war, und seinen Stellvertreter, der damals Sparkassenpräsident war, Schadensersatzansprüche der Gesellschaft in geschätzter Millionenhöhe. Vorwurf war, dass vor der Unterzeichnung des Kaufvertrags über den Kauf der Hypo Alpe Adria keine Verwaltungsratssitzung zur Überprüfung mehr einberufen worden war. Der Kauf stellte sich im Nachhinein als großes Verlustgeschäft heraus.[147] Die Deckungssumme der D&O-Versicherung des Verwaltungsrats wurde auf 100 Millionen Euro geschätzt.[148] Inzwischen führt das Aufsichtsgremium der Bayern LB nicht mehr den Namen Verwaltungsrat, sondern Aufsichtsrat.[149]

h. ApoBank

Ein weiterer Bankenfall sorgte 2014 für Aufregung. Das LG Düsseldorf[150] wies im April 2014 die Klage auf Schadensersatz gegen die zwischenzeitlich ausgeschiedenen Vorstandsmitglieder der ApoBank ab. Der Vorstand hatte nämlich kurz vor der Finanzkrise in Finanzprodukte investiert, die zu diesem Zeitpunkt zwar noch als sicher und ertragreich galten, aber durch die Finanzkrise unmittelbar wertlos wurden. Den dadurch entstandenen Millionenschaden forderte die Bank im Rahmen der Schadensersatzklage ohne Erfolg gegen die Vorstandsmitglieder ein.[151]

Interessant ist dieser Schadensfall deshalb, weil die Vorstandsmitglieder im Laufe des Verfahrens gegenüber den Aufsichtsratsmitgliedern den Streit verkündeten.[152] Dies unterstützt die bereits dargestellte These, dass jede Pflichtverletzung des Vorstands das Risiko einer Pflichtverletzung des Aufsichtsrats in sich bergen kann. Da die Vorstandsmitglieder aus Gründen des Selbstschutzes regelmäßig versuchen werden, den Schaden möglichst auf andere, mitverantwortliche

---

147 FAZ v. 15.03.2011, https://www.faz.net/aktuell/wirtschaft/unternehmen/fruehere-verwaltungsratschefs-bayern-lb-fordert-schadenersatz-1609702.html; *Lange*, D&O-Versicherung und Managerhaftung, § 2 Rn 390.

148 FAZ v. 15.03.2011, https://www.faz.net/aktuell/wirtschaft/unternehmen/fruehere-verwaltungsratschefs-bayern-lb-fordert-schadenersatz-1609702.html.

149 *Heidebach*, Die Verwaltung 2014, 493, 496.

150 LG Düsseldorf, Urteil vom 25.04.2014 – 39 O 36/11.

151 Vgl. *Bachmann*, BB 2014, 2388.

152 Management-Blog der Wirtschaftswoche v. 03.06.2013, https://blog.wiwo.de/management/2013/07/03/die-verlorene-ehre-der-aufsichtsrate/.

Organmitglieder abzuwälzen, ist die Gefahr einer Streitverkündung des Vorstands gegenüber dem Aufsichtsrat für die Aufsichtsratsmitglieder allgegenwärtig.[153]

i. *Gagfah*

Der Konzern Gagfah erhob 2011 erfolglos gegen ein Aufsichtsratsmitglied, den damaligen Finanzbürgermeister von Dresden, eine Schadensersatzklage. Grund dafür war, dass das Aufsichtsratsmitglied an einer Klage der Stadt gegen den Konzern teilgenommen und dadurch seine Aufsichtsratspflichten verletzt haben soll.[154]

j. *VW/Porsche*

aa. *Allgemeines*

Um die Haftung und Sachverhalte rund um den VW Konzern besser verstehen zu können, soll an dieser Stelle auf dessen Entwicklung und Struktur eingegangen werden. Das Unternehmen hat eine lange deutsche Geschichte. Es hat als eines der größten und bekanntesten deutschen Wirtschaftsunternehmen eine wichtige Repräsentationsfunktion für Deutschland. Der Name VW entstand durch das Projekt „Volkswagen", welches von Hitler unterstützt wurde.[155] Die Gesellschaft wurde 1937 gegründet. Entwickelt wurde das erste Fahrzeug von Ferdinand Porsche.[156] In der Nachkriegszeit übernahm das Land Niedersachsen die Kontrolle über das Unternehmen[157] und hält bis heute noch 20 Prozent der Stimmrechte[158].

Für VW gibt es sogar ein eigenes Gesetz, das VW-Gesetz von 1960.[159] Es wurde im Rahmen der Privatisierung als AG der vormals bundeseigenen Volkswerke-GmbH geschaffen und begrenzte das Stimmrecht auf 20 Prozent des Grundkapitals.[160] 2007 stellte der EuGH fest, dass diese Gesetzesfassung gegen Europarecht

153 So auch *Fassbach/Wettich*, KSzW 2016, 269; vgl. *v. Schenk*, NZG 2015, 494, 497; ausführlich dazu *Kocher/v. Falkenhausen*, AG 2016, 848; vgl. *Koch*, in: Hüffer/Koch, AktG, § 116 Rn 1 m.w.N.

154 Vgl. Spiegel Online, 14.06.2011, http://www.spiegel.de/wirtschaft/unternehmen/rechtsstreit-mit-dresden-immobiliengigant-gagfah-klagt-zurueck-a-768319.html; *Lange*, D&O-Versicherung und Managerhaftung, § 2 Rn 391.

155 *Schneider*, Volkswagen, S. 35.

156 *Grieger/Gutzmann/Schlinkert*, Volkswagen Chronik, S. 8.

157 Dazu näher *Grieger/Gutzmann/Schlinkert*, Volkswagen Chronik, S. 28.

158 *Schneider*, Volkswagen, S. 63.

159 Vgl. *Schneider*, Volkswagen, S. 62.

160 *Krause*, NJW 2002, 2747, 2748.

verstößt.[161] Das Gesetz wurde daraufhin überarbeitet und trotz Beibehaltung der Sperrminorität von 20 Prozent vom EuGH 2013 für europarechtskonform erklärt.[162] Von besonderer Bedeutung war das Gesetz für den Übernahmeversuch von VW durch Porsche und die Porsche-Vorstandsmitglieder Wiedeking und Härter. Zur Übernahme hätte es eines Beherrschungsvertrags gem. § 291 AktG bedurft, welcher gem. § 293 AktG einen Hauptversammlungsbeschluss mit einer qualifizierten Stimmenmehrheit von 75 Prozent bedarf. Durch das VW-Gesetz hätte es für eine Übernahme aber zu einer Mehrheit von mehr als 80 Prozent der Stimmen kommen müssen. Die Porsche-Chefs rechneten fest mit der Unwirksamkeit des Gesetzes, zu der es aber nie kam.[163]

Seit 2005 übernahm die Porsche AG stetig weitere Anteile an VW. Später entstand aus der Porsche AG nach einer Aufspaltung die Porsche SE als Holding, der die VW-Aktien nun gehören. Anfang 2009 hatte die Porsche SE inzwischen 50,76 Prozent der VW-Aktien erworben, überwiegend finanziert mit Bankdarlehen. Allerdings geriet der weitere Erwerb durch die Finanzkrise ins Stocken. Kurze Zeit später musste Porsche die Übernahme aufgrund der finanziellen Lage aufgeben. Der Spieß drehte sich um, denn um Porsche vor der Insolvenz zu retten, übernahm VW 49,9 Prozent der Porsche AG. Im Ergebnis hält nun die Porsche SE weiterhin 50,7 Prozent der VW-Anteile, 17 Prozent gehören dem Emirat Katar, 20 Prozent dem Land Niedersachsen, die restlichen Anteile befinden sich im Streubesitz. Inzwischen ist VW 100-prozentige Mutter der Porsche AG. Seit 2013 gehört die Porsche SE zu 100 Prozent den Familien Porsche und Piëch.[164]

Der Dieselskandal schaffte es zwar, den Übernahmekampf an Brisanz noch zu übertrumpfen, dennoch sollten dieser Kampf und seine rechtlichen Folgen nicht in Vergessenheit geraten, denn zu einer Aufarbeitung ist es zum größten Teil noch nicht gekommen.[165] Zwar erhob die Staatsanwaltschaft Anklage gegen Wiedeking und Härter wegen Marktmanipulation, und auch gegen Wolfgang Porsche und Ferdinand Piëch[166] wurde wegen Beihilfe

161 EuGH, NZG 2007, 942.

162 EuGH, NZG 2013, 1308; *Schneider*, Volkswagen, S. 63, 64.

163 Dazu näher *Schneider*, Volkswagen, S. 247.

164 *Möllers*, NZG 2014, 361, 362.

165 So auch *Möllers*, NZG 2014, 361, 367.

166 Piëch ist inzwischen verstorben, FAZ v. 26.08.2019, https://www.faz.net/aktuell/wirtschaft/unternehmen/ferdinand-piech-im-portraet-das-abrupte-ende-einer-patriarchenkarriere-13559619.html; zum Erbe Piëchs SZ v. 27.08.2019, https://www.sueddeutsche.de/wirtschaft/piech-vw-erbe-1.4577719 und Focus v. 30.08.2019, https://www.focus.de/finanzen/boerse/ehemaliger-vw-chef-gestorben-seine-aktien-seine-macht-sein-erbe-wie-es-mit-dem-piech-clan-weitergeht_id_11075215.html.

ermittelt.[167] Allerdings wurden Wiedeking und Härter freigesprochen[168], und auch die Ermittlungen gegen Porsche und Piëch wurden eingestellt[169]. Es wurden zwar einige Klagen auf Schadensersatz teilweise in Milliardenhöhe gegen die Porsche SE erhoben, doch bis jetzt war keine davon erfolgreich. Ebenfalls wurde Klage auf Schadensersatz im Milliardenbereich gegen Porsche und Piëch als Mitglieder des Aufsichtsrats erhoben. Beachtlich ist außerdem noch, dass Piëch zur Zeit der Übernahme gleichzeitig Aufsichtsratsvorsitzender der VW AG und Aufsichtsratsmitglied der Porsche SE war, wodurch unausweichlich Interessenkonflikte entstehen mussten.[170]

bb. Piëchs Äußerungen und der Entlastungsbeschluss

Zur Schadensersatzhaftung eines Vorstands- oder Aufsichtsratsmitglieds im Rahmen des Dieselskandals ist es bis jetzt noch nicht gekommen. Erwähnenswert ist aber das Urteil des OLG Stuttgart, welches den VW Konzern und die Porsche SE betrifft.[171] Der einstige Porsche Chef Wiedeking hatte vergebens versucht, durch Aufstockung von Aktienoptionen den VW Konzern zu übernehmen. Die Hauptversammlung der Porsche SE beschloss 2009 die Entlastung von Vorstand und Aufsichtsrat. Gegen diesen Beschluss erhob eine Aktionärin die Anfechtungsklage. Der Beschluss behandelte insbesondere eine Äußerung des ehemaligen Porsche-Aufsichtsratsmitglieds und VW-Aufsichtsratsvorsitzenden Piëch. Dieser hatte sich im Mai 2009 gegenüber Journalisten folgendermaßen geäußert: Er wisse nicht, wie hoch die Risiken seien und es sei ihm auch nicht gelungen, sich über die Risiken aus den Optionsgeschäften Klarheit zu verschaffen.[172]

Das OLG Stuttgart sieht in seiner Entscheidung die Pflicht zur selbstständigen Risikoabschätzung als Teil der Überwachungspflicht des Aufsichtsrats an. Diese Pflicht intensiviere sich bei besonders riskanten oder wirtschaftlich besonders bedeutsamen Geschäften der Gesellschaft. Die Aufsichtsratsmitglieder seien in

167 *Möllers*, NZG 2014, 361, 363

168 FAZ v. 18.03.2016, http://www.faz.net/aktuell/wirtschaft/freispruch-fuer-ex-porsche-chef-wendelin-wiedeking-holger-haerter-14132360.html.

169 FAZ v. 13.08.2015, http://www.faz.net/aktuell/wirtschaft/unternehmen/ermittlungen-gegen-gesamten-porsche-aufsichtsrat-eingestellt-13749394.html.

170 *Möllers*, NZG 2014, 361, 364 ff.

171 OLG Stuttgart, ZIP 2012, 625.

172 OLG Stuttgart, ZIP 2012, 625, 626.

diesem Fall verpflichtet, weitere Informationen vom Vorstand einzuholen oder notfalls externe Berater heranzuziehen. Jedenfalls wäre Piëch dazu verpflichtet gewesen, gegen die Fortsetzung der Optionsgeschäfte einzuschreiten, sofern er diesen ohne Einhaltung der Pflicht zur Risikoabschätzung zuvor zugestimmt hatte. Bei der Verletzung der Pflicht zur selbstständigen Risikoabschätzung handele es sich um eine „schwerwiegende Pflichtverletzung". Durch die Äußerung habe Piëch seine Pflichtverletzung selbst eingestanden.[173]

Selbst wenn man die Äußerung Piëchs als „kritisch-pointierte Meinungsäußerung" interpretiere, liege dennoch eine schwerwiegende Pflichtverletzung vor. Denn in diesem Fall hätte er einen unternehmensinternen Konflikt an die Öffentlichkeit gebracht und dadurch die Kreditwürdigkeit der Gesellschaft folgenschwer geschädigt. Aufgrund der ohnehin bereits vorhandenen Spekulationen hinsichtlich der Optionsgeschäfte wiege die Aussage eines Aufsichtsrats in diesem Zusammenhang besonders schwer. Durch die Äußerung habe Piëch seine Treuepflicht gegenüber dem Unternehmen verletzt, indem er die Interessen der Gesellschaft gefährdete.[174] Aufgrund des Inhalts der Äußerung habe er bei Abgabe der Aussage in seiner Funktion als Aufsichtsratsmitglied gehandelt. Selbst wenn die Handlung außerhalb dieser Funktion gelegen habe, bestand die Treuepflichtverletzung gleichwohl. Das Schädigungsverbot des Aufsichtsrats bestehe nämlich auch außerhalb seiner Funktion als Aufsichtsratsmitglied. Im Ergebnis sei also eine schwerwiegende Pflichtverletzung in jedem Fall gegeben und der Entlastungsbeschluss der Hauptversammlung nichtig.[175] Der BGH bestätigte das Urteil durch die Zurückweisung der Nichtzulassung der Revision.[176]

Ob dies tatsächlich eine Haftungsgefahr für Piëch darstellt, ist fraglich. Der Entlastungsbeschluss umfasst nach § 120 Abs. 2 S. 2 AktG ohnehin keine Ersatzansprüche. Allerdings wurde eine Pflichtverletzung des Aufsichtsratsmitglieds eindeutig festgestellt. War diese schuldhaft, so ist eine Haftung zumindest möglich. Ob die Pflichtverletzung überhaupt zu einem Schaden der Gesellschaft führte, hat das OLG offengelassen. Die weiteren Entwicklungen sind abzuwarten. In jedem Fall zeigt das Urteil, was für eine Auswirkung und damit auch Gefahr allein schon eine öffentliche Äußerung für ein Aufsichtsratsmitglied darstellen kann.

173 OLG Stuttgart, ZIP 2012, 625, 627.
174 OLG Stuttgart, ZIP 2012, 625, 629.
175 OLG Stuttgart, ZIP 2012, 625, 630 f.
176 BGH, NZG 2013, 339.

cc. VW/Bundespräsident Wulff/Porsche/Piëch

Eine Aktionärsklage vor dem Landgericht Braunschweig gegen VW und Porsche selbst wurde 2011 auch auf ehemalige Aufsichtsratsmitglieder erweitert, darunter der damalige Bundespräsident Christian Wulff und Ferdinand Piëch. Die Klage wurde von rund 70 Banken, Versicherungen und Fonds erhoben und die Höhe des geforderten Schadensersatzes betrug circa 1,8 Milliarden Euro. Hintergrund war die versuchte Übernahme von VW durch Porsche von welcher Wulff als früherer Ministerpräsident von Niedersachsen und Mitglied des Aufsichtsrats schon vor der Veröffentlichung des Übernahmevorhabens gewusst haben soll, ohne die Aktionäre darüber informiert zu haben. Ihm wurde vorgeworfen, dass er nicht im Sinne der Aktionäre, sondern im Sinne der Porsche-, Piëch-Familien gehandelt und „schweigend und untätig zugesehen" haben soll, wie die Aktionäre durch den Kursverlust geschädigt wurden, während circa 5,4 Milliarden Euro Gewinn durch Kursspekulationen an Porsche gingen.[177]

Beim Landgericht Frankfurt soll von zwei Hedgefonds eine Klage auf Schadensersatz gegen Ferdinand Piëch und VW-Aufsichtsratsmitglied Wolfgang Porsche erhoben worden sein; ebenfalls im Hinblick auf die VW-Übernahme, welche die beiden heimlich vorbereitet und damit die Aktionäre getäuscht haben sollen. Ihnen soll der Verstoß gegen § 826 BGB vorgeworfen werden und die Höhe des Schadensersatzes soll rund 1,8 Milliarden Euro betragen.[178]

dd. Zukunftsaussicht

Zwar ist es bis dato noch nicht zu einer Verurteilung und damit tatsächlichen Haftung eines VW-Organs gekommen, aber dennoch lohnt sich ein Ausblick in die mögliche Zukunft. Ob es zu einer Geltendmachung von Schadensersatzansprüchen gegen die Organe seitens der Gesellschaft kommen wird, ist noch offen. *Prof. Marcus Lutter* beispielsweise macht geltend: „Der Vorstand von VW hat seine Pflichten fraglos verletzt". Der Aufsichtsrat hat aber noch keine Ansprüche gegen den Vorstand geltend gemacht. *Lutter* weiter: „Tut er das nicht,

---

177 Vgl. WirtschaftsWoche v. 06.01.2012, https://www.wiwo.de/politik/deutschland/volkswagen-was-wusste-wulff/6021414.html; Stuttgarter-Zeitung.de v. 06.01.2012 https://www.stuttgarter-zeitung.de/inhalt.ex-vw-aufsichtsrat-investoren-fordern-schadensersatz-von-wulff.8d2f0cd5-446a-4e46-b850-69bebeea519c.html; *Lange*, D&O-Versicherung und Managerhaftung, § 2 Rn 397.

178 Spiegel Online v. 02.02.2014, http://www.spiegel.de/wirtschaft/unternehmen/vw-porsche-piech-und-porsche-auf-schadensersatz-verklagt-a-950605.html.

macht er sich selbst haftbar". „Es ist ganz offensichtlich, dass sich Vorstand und Aufsichtsrat gegenseitig schonen. Das ist ein Unding".[179]

Woran liegt es, dass in dieser Form noch kein Organ von VW zur Verantwortung gezogen wurde? Ein Grund besteht in dem Risiko, dass eine Schadensersatzklage der Gesellschaft gegen die Organe eine Steilvorlage für Kunden wie Aktionäre wäre. Dies würde nämlich die Argumentation von VW in Frage stellen, laut der es zu keinem Betrug kam. Die Aktionäre bemängeln sowieso bereits, dass der Vorstand den Kapitalmarkt zu spät informiert hat. Erst die US-amerikanische Umweltbehörde sorgte für die Aufdeckung des Dieselskandals, woraufhin die VW-Aktie einbrach. Die Hemmung von VW hinsichtlich eines juristischen Vorgehens gegen seine Organe hat also nachvollziehbare Gründe, denn daraus könnten sich zusätzliche Milliardenrisiken ergeben. Deshalb wird der Aufsichtsrat vorerst wahrscheinlich keine weiteren Schritte einleiten.[180] Was das „mittlere Management" anbelangt, so hat VW allerdings inzwischen Schadensersatzanspruch in Höhe von 33 Milliarden Euro gegen eine ehemalige Mitarbeiterin geltend gemacht.[181] Ein solches Vorgehen zeigt, dass der Konzern durchaus gewillt ist, seine Mitarbeiter zur Verantwortung zu ziehen.

Nicht zu vergessen sind die geschädigten Aktionäre oder Gläubiger von VW, welche gegen die Organmitglieder insbesondere deliktische Haftungsansprüche im Rahmen der Außenhaftung erheben könnten. So hat der jetzige VW-Vorstandsvorsitzende Herbert Diess jüngst in einer Talkshow öffentlich einen Betrug zugegeben.[182] Möglich wäre daher insbesondere ein Schadensersatzanspruch

---

179 *Lutter* zitiert im Artikel von *Votsmeier*, Handelsblatt, Wochenende 08./09./10.09.2017, S. 22.

180 *Lutter* zitiert im Artikel von *Votsmeier*, Handelsblatt, Wochenende 08./09./10.09.2017, S. 22.

181 So berichtet *Budras* in der FAZ v. 21.07.2019, S. 23.

182 *Diess* sprach insbesondere von „wir" und hat sich somit selbst in diesen Betrugsvorwurf miteinbezogen: „Das, was wir gemacht haben, war Betrug, ja.", LTO v. 09.07.2019, https://www.lto.de/recht/hintergruende/h/lg-oldenburg-beschluss-abgasskandal-sekundaere-beweislast-substantiiert-bestreiten-betrug-herbert-diess-markus-lanz/. In den USA dagegen veröffentlichte das US-Justizministerium ein „Statement of Facts" von VW, indem der Ursprung der Manipulation nicht auf das Management, sondern auf die Ingenieurs- und Entwicklerebene zurückgeführt wird, Handelsblatt v. 12.01.2017, https://www.handelsblatt.com/unternehmen/industrie/volkswagen-und-dieselgate-chefs-in-wolfsburg-koennen-aufatmen/19243196.html. Das „Statement of Facts" ist über die Seite des US-Justizministeriums als „VW AG Plea Agreement" abrufbar: https://www.justice.gov/opa/pr/volkswagen-ag-agrees-plead-guilty-and-pay-43-billion-criminal-and-civil-penalties-six.

gem. § 823 Abs. 2 BGB in Verbindung mit § 263 StGB und § 826 BGB.[183] Schließlich hat der BGH jüngst in einer Entscheidung von Mai 2020 eine vorsätzliche sittenwidrige Schädigung seitens VW gem. §§ 826, 31 BGB angenommen und zumindest die Kenntnis sowie Billigung der verantwortlichen vormaligen Vorstände festgestellt.[184] Nach den Grundsätzen der ARAG-Entscheidung könnte sich der jetzige Aufsichtsrat des VW-Konzerns schadensersatzpflichtig machen, wenn er mögliche Schadensersatzansprüche der Gesellschaft gegen den Vorstand nicht prüft und gegebenenfalls verfolgt. Die Staatsanwaltschaft Braunschweig hatte sogar gegen den Aufsichtsratsvorsitzenden Hans Dieter Pötsch, neben dem Vorstandsvorsitzenden Herbert Diess und dem ehemaligen Vorstandsvorsitzenden Martin Winterkorn, Anklage wegen Marktmanipulation erhoben. Ihnen wurde vorgeworfen die Anleger „vorsätzlich zu spät" gewarnt zu haben.[185] Allerdings ist zu beachten, dass Vorsatz und wissentliche Pflichtverletzungen von dem Versicherungsschutz der D&O-Versicherung ausgeschlossen sind.[186] Darüber hinaus wurde das Strafverfahren gegen Herrn Pötsch und Herrn Diess mittlerweile gegen Auflagen in Höhe von insgesamt neun Millionen Euro vom LG Braunschweig eingestellt, während das Verfahren gegen Herrn Winterkorn weiterhin anhängig ist.[187]

In einem Urteil des LG Stuttgart von 2017 wurden die Entlastungsbeschlüsse der Hauptversammlung der Porsche Automobil Holding SE für nichtig erklärt, in denen der Vorstand und Aufsichtsrat der Gesellschaft für das Geschäftsjahr 2015 entlastet wurden.[188] Das Urteil betrifft den Dieselskandal. Darin werden „eindeutige und schwerwiegende Pflichtverletzungen von Vorstand und

---

183 Das LG Krefeld, ZIP 2017, 1671, 1674 ist beispielsweise davon überzeugt, dass der Vorstand von den Manipulationen gewusst hat.

184 BGH, Urteil vom 25.05.2020 – VI ZR 252/19.

185 FAZ v. 24.09.2019, https://www.faz.net/aktuell/wirtschaft/auto-verkehr/anklage-gegen-volkswagen-spitze-wegen-marktmanipulation-16400567.html; dagegen äußerte der VW-Aufsichtsrat, dass er keine Marktmanipulation erkennen kann, Zeit v. 25.09.2019, https://www.zeit.de/wirtschaft/unternehmen/2019-09/vw-volkswagen-herbert-diess-hans-dieter-poetsch-marktmanipulation.

186 *Kordes*, r+s 2019, 307.

187 Pressemitteilung des LG Braunschweig v. 20.05.2020, https://landgericht-braunschweig.niedersachsen.de/aktuelles/verdacht-der-marktmanipulation-strafverfahren-gegen-potsch-und-dr-diess-im-zwischenverfahren-eingestellt-188552.html; LTO v. 20.05.2020, https://www.lto.de/recht/kanzleien-unternehmen/k/lg-braunschweig-strafprozess-volkswagen-dieselskandal-herbert-diess-hans-dieter-poetsch-einstellung-auflagen-marktmanipulation-aktienkurs/.

188 LG Stuttgart, NZG 2018, 665.

Aufsichtsrat" der Porsche Automobil Holding SE und die personellen Verflechtungen der Porsche Automobil Holding SE und der VW AG festgestellt.[189] Diese Pflichtverletzungen könnten ebenfalls besonders im Rahmen der Außenhaftung für die Organmitglieder gefährlich werden, beispielsweise hinsichtlich fehlerhaftem Ad hoc-Meldeverhalten nach §§ 97, 98 WpHG[190]. Wahrscheinlicher ist, dass zuerst oder ausschließlich die Vorstandsmitglieder beziehungsweise ehemaligen Vorstandsmitglieder in Anspruch genommen werden und daraufhin den amtierenden oder ehemaligen Aufsichtsratsmitgliedern den Streit verkünden.

Es bleibt spannend und abzuwarten, denn die Ansprüche der Gesellschaft gegen ihre Organe verjähren gem. § 93 Abs. 6 AktG erst nach zehn Jahren, da es sich bei VW um ein börsennotiertes Unternehmen handelt. Was die Verjährung der Ansprüche gegen den Aufsichtsrat betrifft, so hat sich diese durch das aktuelle BGH-Urteil (Stichwort „Verjährungskarussel") weiter verlängert.[191]

Schließlich hat VW bereits die D&O-Versicherung informiert.[192] Vermutet wird eine Deckungssumme von insgesamt 500 Millionen Euro. Die Versicherung soll sich aus einem Pool von Versicherern zusammensetzen, darunter z.B. Allianz oder Zurich.[193] Demgegenüber stehen Schadensersatzforderungen gegen den Konzern selbst in Milliardenhöhe.[194] Warum eine Schadensersatzklage im Rahmen der Innenhaftung unwahrscheinlich ist, wurde bereits erläutert. Der Schadensersatz im Rahmen der Außenhaftung der Organe ist jedoch weiter möglich. Seitens der Rechtsprechung wurde bereits geltend gemacht, dass die Behauptung, nichts von den Vorkommnissen gewusst zu haben, nicht ansatzweise ausreicht. Es gebe keine tatsächlichen Anhaltspunkte dafür, dass der Vorstand nicht informiert wurde, sondern der Einbau der Software pflichtwidrig

---

189 LG Stuttgart, NZG 2018, 665, 676.

190 Siehe Kapitel B. I. 2. b. der Arbeit; zur Kapitalmarktinformationshaftung im Zusammenhang mit dem Dieselskandal siehe *Thomale*, NZG 2018, 1007 ff.

191 Siehe Kapitel B. I. 1. j. bb. der Arbeit.

192 *Lutter* zitiert im Artikel von *Votsmeier*, Handelsblatt, Wochenende 08./09./10.09.2017, S. 22.

193 Vgl. Handelsblatt v. 01.10.2015, https://www.handelsblatt.com/finanzen/banken-versicherungen/vw-und-die-haftung-manager-werden-persoenliche-versicherungen-abschliessen/12395668.html?ticket=ST-745125-AZhbkIrpASuijkYmCX96-ap2.

194 Berichtet beispielsweise die WirtschaftsWoche, 26.11.2018, https://www.wiwo.de/unternehmen/auto/dieselgate-das-sind-die-juristischen-fronten-von-vw/23682966.html.

von einzelnen Mitarbeitern beauftragt worden sei.[195] Dadurch kann im Endeffekt eine Haftung des Vorstands in Betracht gezogen werden, und damit auch eine mögliche Aufsichtsratshaftung.

ee. *Kritik/Vorwürfe*

Ein großer Kritikpunkt an dem VW Konzern und dessen Aufbau ist die mangelnde Unabhängigkeit des Aufsichtsrats. Im Jahr 2012 wurden fünf von zehn Aufsichtsratsmitgliedern, die die Arbeitgeber vertraten, von dem Familienklan um Porsche und Piëch gestellt und jeweils zwei Mitglieder von dem Bundesland Niedersachsen und dem Land Katar. Das zehnte Mitglied stand in Verbindung zu einer VW-Tochter. Im Ergebnis konnte man also keines der zehn Mitglieder als unabhängig bezeichnen.[196] Der DCGK empfiehlt in Ziffer 5.4.2 eine angemessene Anzahl unabhängiger Aufsichtsratsmitglieder. Ein Aufsichtsratsmitglied sei dann nicht mehr unabhängig, „wenn es in einer persönlichen oder geschäftlichen Beziehung zu der Gesellschaft, deren Organen, einem kontrollierenden Aktionär oder einem mit diesem verbundenen Unternehmen steht, die einen wesentlichen und nicht nur vorübergehenden Interessenkonflikt begründen kann".[197]

Sharpe sieht in der mangelnden Unabhängigkeit des VW-Aufsichtsrats zumindest ein Teilverschulden bezüglich des Dieselskandals.[198] Sie macht nämlich geltend, dass bei Einhaltung der im deutschen Gesellschaftsrecht vorgesehenen Standards der Skandal zumindest in dieser Form und Größe hätte verhindert werden können. Die Abweichung von der grundsätzlichen, deutschen dualen Struktur rührte aus dem Einfluss auf den Aufsichtsrat durch das teilweise familiengeführte Unternehmen und die partielle Staatlichkeit der Anteile.[199] *Sharpe* geht sogar so weit zu sagen, dass Piëch direkt oder indirekt durch Familienbindung und charismatische Geschäftsleitung jeden wichtigen Entscheidungsprozess der Gesellschaft traf.[200] Zwar gab es, nachdem der Dieselskandal an die Öffentlichkeit kam, einige Änderungen im Aufsichtsrat, wie zum Beispiel den Rücktritt Piëchs, aber gleichwohl blieb das Organ weiter abhängig.[201]

---

195 Vgl. LTO v. 25.01.2019, https://www.lto.de/recht/nachrichten/n/olg-koeln-18u7018-dieselskandal-schadensersatz-vorsaetzliche-sittenwidrige-schaedigung-vw/ zum Urteil des OLG Köln vom 03.01.2019 – 18 U 70/18.

196 *Möllers*, NZG 2014, 361, 366, 367.

197 Ziffer 5.4.2 DCGK.

198 *Sharpe*, 7 Mich. Bus. & Entrepreneurial L. Rev. 49 (2017), P. 49.

199 *Sharpe*, 7 Mich. Bus. & Entrepreneurial L. Rev. 49 (2017), P. 49, P. 68.

200 *Sharpe*, 7 Mich. Bus. & Entrepreneurial L. Rev. 49 (2017), P. 49, P. 69.

201 *Sharpe*, 7 Mich. Bus. & Entrepreneurial L. Rev. 49 (2017), P. 49, P. 72.

Normalerweise würde sich der Aufsichtsratsvorsitzende, hier bis 2015 Piëch, zuerst an die Aktionärsseite des Aufsichtsrats wenden. Bei VW wandte sich Piëch aber zuerst an die Arbeitnehmerseite.[202]

Der Aufsichtsrat funktionierte ähnlich wie ein Familienunternehmen, wobei sich der Großteil der Kontrolle auf den Porsche/Piëch-Klan und die Arbeitnehmervertreter konzentrierte. Der staatliche Einfluss der Landesregierung verhinderte durch das VW-Gesetz signifikante Änderungen. Ein ehemaliger Manager sagte, dass es kein anderes Unternehmen gäbe, in dem Gewerkschaft und Eigentümer so eng zusammenarbeiteten wie bei VW.[203]

Fordert der DCGK in Ziffer 5.4.1 die nötigen Kenntnisse der Aufsichtsratsmitglieder zur Erfüllung ihrer Aufgaben, so herrschte bei VW genau das umgekehrte Problem. Fast jedes Aufsichtsratsmitglied konnte als Insider bezeichnet werden.[204] Außerdem prangert *Sharpe* mangelndes technisches Verständnis[205] und mangelnde selbstständige Risikoanalyse der Aufsichtsratsmitglieder an.[206] Im Gegensatz zu seinem Auftrag war der Aufsichtsrat von VW nur passiver Empfänger der regelmäßigen Vorstandsberichte. Dabei sollte der Aufsichtsrat aktiv zur Risikominimierung beitragen. Somit hat der Aufsichtsrat bei seiner Aufgabe des unabhängigen Entscheidungsprozesses und der selbstständigen Risikoanalyse versagt.[207] Der VW-Aufsichtsrat habe wie eine Marionette des Vorstands seinen Stempel unter alles gesetzt, was ihm vorgelegt wurde. Der Vorstand hatte einen entscheidenden Wissens- und Informationsvorteil gegenüber dem Aufsichtsrat.[208] Der Aufsichtsrat ist immer abhängig von den Informationen, welche er vom Vorstand bekommt. Bei VW ging diese Informierung nicht über eine Pro-forma Berichterstattung hinaus. Als Ergebnis fehlten dem Aufsichtsrat die maßgeblichen Informationen, um informierte Entscheidungen zu ermöglichen. Somit hat der Aufsichtsrat zwei seiner Hauptaufgaben, Überwachung und Risikoanalyse, nicht konsequent erfüllt.[209]

Als Fazit schlussfolgert *Sharpe*, dass das deutsche Two-Tier Board System es nicht geschafft hat, den Dieselskandal um VW zu verhindern. Selbst wenn sich die deutschen Unternehmen an die Gesetzesbedingungen und

---

202 *Sharpe*, 7 Mich. Bus. & Entrepreneurial L. Rev. 49 (2017), P. 49, P. 74.
203 *Sharpe*, 7 Mich. Bus. & Entrepreneurial L. Rev. 49 (2017), P. 49, P. 75.
204 *Sharpe*, 7 Mich. Bus. & Entrepreneurial L. Rev. 49 (2017), P. 49, P. 75.
205 *Sharpe*, 7 Mich. Bus. & Entrepreneurial L. Rev. 49 (2017), P. 49, P. 76.
206 *Sharpe*, 7 Mich. Bus. & Entrepreneurial L. Rev. 49 (2017), P. 49, P. 81.
207 *Sharpe*, 7 Mich. Bus. & Entrepreneurial L. Rev. 49 (2017), P. 49, P. 82, P. 83.
208 *Sharpe*, 7 Mich. Bus. & Entrepreneurial L. Rev. 49 (2017), P. 49, P. 84.
209 *Sharpe*, 7 Mich. Bus. & Entrepreneurial L. Rev. 49 (2017), P. 49, P. 85.

Kodexempfehlungen halten, bedarf es mehr, um eine konsequente und aktive Mitbestimmung zu gewährleisten. Vielmehr erfordert es eine prozessorientierte Herangehensweise.[210]

4. Fazit

Die Auflistung der Beispiele für den Fall einer Aufsichtsratshaftung zeigen, dass der Aufsichtsrat in der Praxis durchaus für einen Schaden in Anspruch genommen wird und die Außenhaftung keine Ausnahme darstellt.

Es darf nicht außer Acht gelassen werden, dass solche Haftungsfälle meistens nicht publik werden.[211] Vielmehr wird seitens der Gesellschaft und seiner Organe wohl eher versucht, den Deckmantel der Verschwiegenheit zu wahren und die Öffentlichkeit nicht zu informieren, um den Ruf des Unternehmens beziehungsweise der Organe zu schützen. Wie die Mehrheit der Beispielsfälle zeigt, gelangt ein Haftungsfall häufig nur deshalb an die Öffentlichkeit, weil eine Person des öffentlichen Lebens verwickelt ist oder es sich um den Skandal eines bekannten Großkonzerns handelt. Diese Thematik wird auch von den Versicherern als problematisch angesehen, da so kein ausreichendes Risikobewusstsein der Organe hinsichtlich ihrer tatsächlichen Haftbarkeit entstehen kann.

Eine der größten Haftungsgefahren besteht für den Aufsichtsrat ersichtlich bei einer Insolvenz seines Unternehmens.[212] Der Insolvenzverwalter ist vorrangig den Gläubigern der Gesellschaft verpflichtet. Daher hat er die Aufgabe, die Insolvenzmasse bestmöglich zu verwerten, um die Gläubiger so weit wie möglich zu befriedigen.[213] Dazu gehört auch die Geltendmachung möglicher Schadensersatzansprüche gegen die verantwortlichen Organmitglieder.[214] In der Praxis verfolgt der Insolvenzverwalter die Schadensersatzansprüche „rigoros"[215] und häufig hochprofessionell mithilfe von spezialisierten Kanzleien. Das heißt, der Insolvenzverwalter versucht bei einer eventuellen Pflichtverletzung der Organe gegen alle möglichen Haftungsschuldner vorzugehen. Er beschränkt sich dabei nicht nur auf die Vorstandsebene, sondern macht von Anfang an auch gegen den

---

210 *Sharpe*, 7 Mich. Bus. & Entrepreneurial L. Rev. 49 (2017), P. 49, P. 87.

211 So auch *Ihlas*, D&O-Versicherung: Produkte, Markt, Erwartungen und Zufriedenheit, 2007, S. 51, S. 53, abrufbar unter: https://www.dr-ihlas.com/referenzen/.

212 Vgl. *Hagen*, Versicherungsmonitor v. 04.03.2019, https://versicherungsmonitor.de/2019/03/04/armon-versicherer-haben-deutlich-blut-gelassen/.

213 *Leithaus*, in: Andres/Leithaus, InsO, § 80 Rn 6.

214 *Ott/Vuia*, MüKo, InsO, § 80 Rn 52; *Freund*, NZG 2018, 1361, 1366.

215 *v. Schenk*, NZG 2015, 494, 495.

Aufsichtsrat Schadensersatzansprüche geltend, da er die Insolvenzmasse bestmöglich zu verwerten hat. Insbesondere wenn ein erhöhter Einfluss des Aufsichtsrats auf die Entscheidungsprozesse der Geschäftsführung vorgelegen hat, steigt die Gefahr für Aufsichtsratsmitglieder, nicht erst im Rahmen des Gesamtschuldnerausgleichs auf Regress, sondern vorrangig in Anspruch genommen zu werden. *Freund* appelliert an Aufsichtsräte, welche über einen solchen Einfluss verfügen, dass sie sich dieser Gefahr bewusst sein sollten.[216]

Generell gilt, dass jeder durch eine Pflichtverletzung des Vorstands herbeigeführte Schaden die Frage mit sich bringt, ob der Aufsichtsrat seine Tätigkeit ordnungsgemäß erfüllt hat, oder ob er die schadensbegründende Pflichtverletzung beziehungsweise zumindest den Schaden hätte verhindern können. Ein Haftungsrisiko des Aufsichtsrats ergibt sich dabei insbesondere durch das Verfahrensmittel der Streitverkündung von Vorstandsmitgliedern gegenüber Aufsichtsratsmitgliedern, wie beispielsweise der ApoBank-Fall gezeigt hat. Außerdem versucht eine geschädigte Gesellschaft heutzutage häufig „nahezu reflexartig“ durch die Erhöhung der Anzahl der potentiellen Haftungsschuldner den höchstmöglichen Regress zu erzielen und dem Verlust von Rückgriffsansprüchen durch Streitverkündungen – auch gegenüber Aufsichtsratsmitgliedern – entgegen zu wirken.[217]

Das erste Kapitel über die Haftung von Aufsichtsratsmitgliedern zeigt auf, dass der Aufsichtsrat die Haftungsrisiken auf keinen Fall unterschätzen darf und führt abschließend zu der Frage: Wie kann sich das einzelne Aufsichtsratsmitglied beziehungsweise der gesamte Aufsichtsrat gegen die Haftungsgefahr möglichst umfassend schützen?

II. Zweites Kapitel: Die Haftungsbegrenzung durch die D&O-Versicherung

Der Haftungsgefahr des Aufsichtsratsmitglieds kann durch die Möglichkeit der D&O-Versicherung begrenzt werden.[218] Im Folgenden wird die

216 *Freund*, NZG 2018, 1361, 1366.

217 *Berner/Wettich*, BOARD 3/2018, 96; beispielhaft hierfür der Bilfingerfall: „Der amtierende Vorstand der Bilfinger SE hat nun außerdem eine weitere Untersuchung in Auftrag gegeben. Untersucht werden soll, ob auch Aufsichtsratsmitglieder ihre Pflichten verletzt haben.“, LTO v. 21.02.2018, https://www.lto.de/recht/kanzleien-unternehmen/k/konzern-will-schadensersatz-von-ex-vorstaenden/.

218 Ob der Abschluss einer D&O-Versicherung überhaupt sinnvoll ist oder es bessere Alternativen gibt, wird zum Schluss in Kapitel B. X. der Arbeit beantwortet.

D&O-Versicherung mit ihrem Ursprung, der Entwicklung, den Rechtsgrundlagen und deren Anwendung in der Praxis aufgearbeitet.

1. Einführung

In der Praxis wird zur Begrenzung der Organhaftung von der Gesellschaft für die Organe eine Vermögensschadenshaftpflichtversicherung abgeschlossen, die sogenannte D&O-Versicherung.[219] Diese Versicherung hat sich bei börsennotierten Aktiengesellschaften als Standard etabliert. Gesetzlich festgeschrieben ist sie dagegen weder für den Aufsichtsrat noch für den Vorstand. Selbst im Deutschen Corporate Governance Kodex (DCGK) sucht man eine Empfehlung vergebens.[220] Allerdings ist sie durch die Selbstbehaltspflicht aus § 93 Abs. 2 S. 3 AktG zumindest vom Gesetzgeber anerkannt worden. Die früheren Bedenken wegen der vermeintlichen Torpedierung des Sinns und Zwecks der Vorstandshaftung sind damit veraltet.[221] Diesen Bedenken wurde durch die Einführung des Selbstbehalts genügend Beachtung geschenkt.[222] Ein solcher ist auf dem internationalen Markt jedoch unüblich.[223]

Zwar hat auch der BGH ausdrücklich entschieden, dass grundsätzlich für die AG keine Pflicht zum Abschluss einer D&O-Versicherung für die Aufsichtsratsmitglieder besteht[224], allerdings kann diese Pflicht vertraglich festgelegt werden. Eine solche kann als sogenannte Verschaffungsklausel aus dem Anstellungsvertrag des Organmitglieds folgen.[225]

---

219 *Bachmann*, in: Kremer/ Lutter/Werder/Bachmann, DCGK, Rn 672; *Lutter/Krieger/Verse*, Rechte und Pflichten des Aufsichtsrats, Rn 1036; *Muschner*, in: Rüffer/Halbach/Schimikowski, VVG, § 43 Rn 21.

220 Vgl. *Bachmann*, in: Kremer/ Lutter/Werder/Bachmann, DCGK, Rn 672.

221 Dazu näher *Fleischer*, in: Spindler/Stilz, AktG § 93 Rn 226; *Bachmann* in: Kremer/Lutter/Werder/Bachmann, DCGK, Rn 672.

222 Vgl. *Bachmann*, in: Kremer/ Lutter/Werder/Bachmann, DCGK, Rn 673; dazu später mehr in Kapitel B.VIII. der Arbeit.

223 *Bachmann*, in: Kremer/ Lutter/Werder/Bachmann, DCGK, Rn 674.

224 BGH NJW 2009, 2454, 2456.

225 *Baumann*, in: Großkomm VVG, AVB-AVG 2011/2013 Einf, Rn 7, 8.

2. Historische Entwicklung in Deutschland

Die Nachfrage nach einer Organ-Haftpflichtversicherung kam in Deutschland schon um 1900 auf.[226] Alles begann mit der Aufsichtsrat-Haftpflichtversicherung als möglichem ersten Versuch, die Haftungsrisiken von Organen zu begrenzen, welche in der Trennung von Geschäftsführung und Eigentum begründet sind. Die Aufsichtsrat-Haftpflichtversicherung war nicht nur auf den Aufsichtsrat beschränkt, sondern sollte auch die Geschäftsführer miteinschließen.[227] Bereits 1895 wurde über eine „Haftpflichtversicherung für Verwaltungs- und Aufsichtsräte, Directoren usw. von Actien-Gesellschaften, Erwerbs- und Wirtschaftsgenossenschaften und sonstigen Personenvereinen" diskutiert. Diese Versicherung sollte den Haftungsrisiken entgegenwirken, welche aus der Einführung des AktG von 1884, des GenG von 1889 und des GmbHG von 1892 herrührten.[228]

Der gewünschte Erfolg der Versicherung blieb aber aus unterschiedlichen Gründen aus. Erst das amerikanische Vorbild der D&O-Versicherung konnte sich durchsetzen.[229] Durch den Börsenkrach am 25.10.1929, auch bekannt als „schwarzer Freitag", und die darauffolgende gesetzliche Haftungsverschärfung, wurde in den USA und in Großbritannien über die Einführung einer Managerhaftpflichtversicherung nachgedacht. Die D&O-Versicherung entwickelte sich aufgrund der steigenden Zahl an Haftungsfällen zu einer Standardversicherung.[230] Die erste D&O-Versicherung wurde in Deutschland 1986 genehmigt.[231]

3. Entwicklung in Deutschland in Zahlen

Versucht man die Entwicklung der D&O-Versicherung in Deutschland in Zahlen darzustellen, so stößt man auf einige Schwierigkeiten. Nicht nur ist der Markt ein sehr erfinderischer und potenter, sondern es handelt sich auch um einen unbeständigen und dynamischen Markt, der einer dauernden Weiterentwicklung

---

226 *Pammler*, Die gesellschaftsfinanzierte D&O-Versicherung im Spannungsfeld des Aktienrechts, S. 23; *Wollny*, Die directors' and officers' liability insurance in den Vereinigten Staaten von Amerika (D&O-Versicherung), S. 382.

227 *Wollny*, Die directors' and officers' liability insurance in den Vereinigten Staaten von Amerika (D&O-Versicherung), S. 382, 383.

228 *Lange*, D&O-Versicherung und Managerhaftung, § 1 Rn 43.

229 *Thümmel*, Haftung von Managern und Aufsichtsräten, Rn 451; *Wollny*, Die directors' and officers' liability insurance in den Vereinigten Staaten von Amerika (D&O-Versicherung), S. 390.

230 *Lange*, D&O-Versicherung und Managerhaftung, § 1 Rn 44, 45.

231 *Baumann*, in: Großkomm VVG, AVB-AVG 2011/2013 Einf, Rn 1.

unterliegt. Allein dadurch ist eine einheitliche Aussage zu konkreten Zahlen im Bereich der D&O-Versicherung kaum möglich.[232] Hinzu kommt, dass es dem Markt an Transparenz mangelt. Es gibt zwar Versuche, Statistiken zu erstellen, allerdings scheitern diese regelmäßig an der fehlenden Bereitschaft der Offenlegung der Beteiligten.[233] Deshalb wird zwar auf die TP/IK Studie von 2007 verwiesen, welche zumindest einer grundlegenden Orientierung dienen könnte, allerdings mit den Vorbehalten der mangelnden Transparenz, des Alters der Studie und der Wandelbarkeit des D&O-Versicherungsmarktes.[234]

4. Rechtliche Struktur

Die D&O-Versicherung stellt eine Vermögensschadenshaftpflichtversicherung dar, auf die die §§ 74 ff. VVG als allgemeine Schadensversicherungsvorschriften und die §§ 100 ff. VVG als spezielle Haftpflichtversicherungsvorschriften anwendbar sind. Da die Versicherung üblicherweise von der Gesellschaft als Versicherungsnehmerin für die Mitglieder von Vorstand und Aufsichtsrat abgeschlossen wird, handelt es sich um eine Versicherung für fremde Rechnung nach §§ 43 ff. VVG und damit um einen Vertrag zugunsten Dritter.[235] Die drei Parteien sind die Gesellschaft als Versicherungsnehmerin, das Organmitglied als Versicherter und der Versicherer selbst.[236] Somit zahlt die Gesellschaft die Prämiensumme.[237]

Es besteht ein Regelwerk an allgemeinen Vertragsbedingungen, welches vom Gesamtverband der deutschen Versicherungswirtschaft (GDV) veröffentlicht wird, die sogenannten „Allgemeinen Versicherungsbedingungen für die

---

232 So auch *Ihlas*, D&O-Versicherung: Produkte, Markt, Erwartungen und Zufriedenheit, 2007, S. 51, S. 53, abrufbar unter: https://www.dr-ihlas.com/referenzen/; *Warning*, Manager mit beschränkter Haftung, S. 23 f.

233 Vgl. *Ihlas*, D&O-Versicherung: Produkte, Markt, Erwartungen und Zufriedenheit, 2007, S. 51, S. 53, abrufbar unter: https://www.dr-ihlas.com/referenzen/; *Lange*, D&O-Versicherung und Managerhaftung, § 1 Rn 62.

234 Towers Perrin/Ihlas&Köberich, Directors and Officers Liability, Erste D&O-Versicherungsstudie Deutschland 2007.

235 *Bachmann*, in: Kremer/ Lutter/Werder/Bachmann, DCGK, Rn 677; *Hemeling*, FS Hoffmann-Becking, 2013, 491, 493.

236 *Peltzer*, in: Wellhöfer/Peltzer/Müller, Die Haftung von Vorstand Aufsichtsrat Wirtschaftsprüfer, § 20 Rn 184; *Muschner*, in: Rüffer/Halbach/Schimikowski, VVG, § 43 Rn 21.

237 Vgl. *Habersack*, MüKo AktG, § 113 Rn 16; *Fleischer*, in: Spindler/Stilz, AktG, § 93 Rn 230.

Vermögensschaden-Haftpflichtversicherung von Aufsichtsräten, Vorständen und Geschäftsführern (AVB-AVG)".[238] Allerdings hat dieses nicht zu einer „Vereinheitlichung der Bedingungen"[239] geführt. Vielmehr haben die einzelnen Versicherungen jeweils eigene Versicherungsbedingungen entwickelt. Regelmäßig sind diese als allgemeine Geschäftsbedingungen (AGB) ausgestaltet, weshalb sie den AGB-Vorschriften nach §§ 305 ff. BGB unterliegen.[240]

Generell kann davon ausgegangen werden, dass das D&O-Versicherungsrecht zum Großteil vertragsrechtlich geregelt wird. Das Versicherungsrecht enthält keine besonderen Regelungen für die D&O-Versicherung. Vielmehr stellt die D&O-Versicherung „ein Produkt der Vertragsfreiheit" dar. Deshalb gibt es in der Praxis eine Vielzahl an allgemeinen und besonderen Versicherungsbedingungen oder speziellen Versicherungsvereinbarungen, um alle für den D&O-Versicherungsschutz relevanten Bereiche soweit wie möglich zu regeln und ausreichend Klarheit zu schaffen. Insbesondere das Lager der Kundenseite, zu der Versicherungsnehmer, Versicherter und Versicherungsmakler gehören, hat ein großes Interesse an sehr detaillierten Bedingungen, um die Voraussetzungen und Inhalte des Versicherungsschutzes genau festlegen zu können. Diesem Interesse entsprechen die Versicherer mit umfangreichen Versicherungsbedingungen, sogenannten „Wordings".[241] Auffallend ist außerdem ein gewisser Trend zur Individualisierung, so wird inzwischen beispielsweise angeboten, die Organe einzeln statt gemeinsam zu versichern.[242] Darauf wird später noch ausführlicher eingegangen.[243] In jedem Fall verbessern sich die Versicherungsbedingungen, abgesehen von dem Finanzdienstleistungsbereich, immer weiter zugunsten der versicherten Organe. Dies ist auf den starken Wettbewerb zwischen Versicherern und Versicherungsmaklern zurückzuführen.[244]

---

238 *Fleischer*, in: Spindler/Stilz, AktG, § 93 Rn 230; *Sieg*, in: Höra, Münchener Anwaltshandbuch Versicherungsrecht, § 17 Rn 5.

239 *Peltzer*, in: Wellhöfer/Peltzer/Müller, Die Haftung von Vorstand Aufsichtsrat Wirtschaftsprüfer, § 20 Rn 183.

240 So auch *Bachmann*, in: Kremer/ Lutter/Werder/Bachmann, DCGK, Rn 677.

241 *Lange*, in: Veith/Gräfe/Gebert, Der Versicherungsprozess, § 21 Rn 23.

242 *Sieg*, in: Höra, Münchener Anwaltshandbuch Versicherungsrecht, § 17 Rn 5; *Schilling*, VW 08/2014, 22, 23; *Lange*, in: Veith/Gräfe/Gebert, Der Versicherungsprozess, § 21 Rn 23.

243 Siehe Kapitel B. IV. der Arbeit.

244 Vgl. *Lange*, in: Veith/Gräfe/Gebert, Der Versicherungsprozess, § 21 Rn 25, 26.

5. Versicherungsfall (Claims-made-Prinzip)

Bei jeder Haftpflichtversicherung muss geprüft werden, welche Vorgänge innerhalb des Versicherungszeitraums liegen und wann der Versicherungsfall ausgelöst wird.[245] Es gilt das sogenannte claims-made-Prinzip, das heißt, der Geschädigte muss die Haftungsansprüche innerhalb des Versicherungszeitraums geltend machen.[246] Dies führt dazu, dass die Pflichtverletzung nicht innerhalb des Versicherungszeitraums liegen muss.[247] In den AVB-AVG wird dies folgendermaßen definiert:

> *„**2 Versicherungsfall (Claims-made-Prinzip)***
> *Versicherungsfall ist die erstmalige Geltendmachung eines Haftpflichtanspruchs gegen eine versicherte Person während der Dauer des Versicherungsvertrages. Im Sinne dieses Vertrages ist ein Haftpflichtanspruch geltend gemacht, wenn gegen eine versicherte Person ein Anspruch schriftlich erhoben wird oder ein Dritter der Versicherungsnehmerin, einer Tochtergesellschaft oder der versicherten Person schriftlich mitteilt, einen Anspruch gegen eine versicherte Person zu haben.*
>
> ***3 Rückwärtsdeckung, Nachmeldefrist, Meldung von Umständen, Insolvenz***
> *3.1 Rückwärtsdeckung für vorvertragliche Pflichtverletzungen*
> *Der Versicherungsschutz erstreckt sich auch auf Versicherungsfälle aufgrund von vor Vertragsbeginn begangenen Pflichtverletzungen. (…)*
> *3.2 Nachmeldefrist für Anspruchserhebungen nach Vertragsende*
> *Der Versicherungsschutz umfasst auch solche Ansprüche, die auf Pflichtverletzungen beruhen, die bis zum Ende des Versicherungsvertrages begangen und innerhalb eines Zeitraums von ... Jahren nach Ende des Versicherungsvertrages erhoben und dem Versicherer gemeldet worden sind. (…)“*[248]

Damit werden die eventuell aus dem claims-made-Prinzip herrührenden Nachteile des Versicherten durch die Möglichkeiten zum Beispiel in Form der Rückwärtsversicherung oder der Nachmeldefrist ausgeglichen, sodass das claims-made-Prinzip einer AGB-Kontrolle standhalten kann.[249] Definiert wird der Versicherungsfall, sodass zwischen den Beteiligten in den Bedingungen genau festgelegt wird, wann ein solcher vorliegt. Außerdem wird der vereinbarte

245 *Peltzer*, in: Wellhöfer/Peltzer/Müller, Die Haftung von Vorstand Aufsichtsrat Wirtschaftsprüfer, § 20 Rn 204.

246 *Bachmann* in: Kremer/ Lutter/Werder/Bachmann, DCGK, Rn 678; *Voit*, in: Prölss/ Martin, VVG, AVB-AVG Ziff. 2 Rn 1.

247 Vgl. *Thümmel*, Haftung von Managern und Aufsichtsräten, Rn 464.

248 Ziffer 2, 3 AVB/AVG.

249 OLG München, NZG 2009, 714; *Pant*, in: Hauschka/Mossmeyer/Lösler, Corporate Compliance, 1. Abschnitt § 8 Rn 13.

Versicherungszeitraum festgelegt, indem der Versicherungsfall eingetreten sein muss, um den Versicherungsschutz auszulösen.

6. Freundliche Inanspruchnahme

Bei der Geltendmachung von Ansprüchen der Innenhaftung besteht eine Missbrauchsgefahr. Möglich ist nämlich das gemeinsame, kollusive Agieren von Unternehmen und versichertem Organ, sodass ein nicht bestehender Versicherungsfall vorgespielt wird, sogenannte „freundliche Inanspruchnahme". Diese Möglichkeit zu nutzen ist für die versicherten Organe verhältnismäßig leicht, weil diese gem. § 93 Abs. 2 S. 2 AktG geltend für den Vorstand beziehungsweise gem. §§ 116, 93 Abs. 2 S. 2 AktG geltend für den Aufsichtsrat die Beweislast für das Bestehen einer Pflichtverletzung trifft. Sie haben also die Entlastung in der Hand und können damit steuern, ob die Haftung eintritt und damit ein möglicher Versicherungsfall.[250]

Dieses Risiko wurde auch vom BGH gesehen. Er weist es aber der Risikosphäre des Versicherers zu.[251] Zur Begrenzung dieses Risikos gibt es unterschiedliche Optionen. Zum Beispiel kann der Versicherungsschutz auf solche Innenhaftungsansprüche begrenzt werden, die mit Beteiligung von Aktionären oder Gesellschaftern geltend gemacht werden. Bei der GmbH ist diese Einschränkung wirkungslos, da es für die Anspruchserhebung ohnehin eines Gesellschafterbeschlusses bedarf. Bei der Aktiengesellschaft führt dies hingegen dazu, dass nur noch solche Ansprüche erfasst sind, die über §§ 147, 148 AktG erhoben werden. Ansprüche, welche von Vorstand oder Aufsichtsrat geltend gemacht werden, wären daher nicht versichert. Dies führt zu einem Interessenkonflikt, da die beiden Organe zur Anspruchsverfolgung verpflichtet sind und damit nicht abwarten dürfen.[252]

Zu beachten ist aber, dass der Vorstand auch bei Freistellung des Anspruchs durch die Versicherung gem. § 93 Abs. 2 S. 3 AktG mit einem Selbstbehalt von 10 Prozent haftet. Dies könnte zumindest einen gewissen Abschreckungseffekt hinsichtlich einer „freundlichen Inanspruchnahme" haben.

---

250 *Thümmel*, Haftung von Managern und Aufsichtsräten, Rn 470; *Melot de Beauregard/Gleich*, NJW 2013, 824, 829.

251 BGHZ 209, 373, 382 f.

252 Dazu näher *Thümmel*, Haftung von Managern und Aufsichtsräten, S. 471.

7. Sublimits

Es ist möglich die Deckungssumme durch sogenannte „Sublimits" aufzuspalten und zu begrenzen. Dabei handelt es sich um die Begrenzung auf eine Höchstsumme unterhalb der Deckungssumme, welche für gewisse Risiken oder bestimmte Versicherungsleistungen vereinbart wird.[253] Sobald das Sublimit ausgeschöpft ist, besteht für den Versicherer keine Leistungspflicht mehr. Allerdings nur für Versicherungsleistungen, welche unter dieses Sublimit fallen. Die Normen zur Deckungssumme gelten für Sublimits analog, insbesondere § 109 VVG.[254]

8. Ernstliche Inanspruchnahme

Der BGH hat in zwei neueren Entscheidungen über die Abtretbarkeit des D&O-Versicherungsanspruchs – dazu später mehr[255] – Stellung zur Forderung einer „ernstlichen Inanspruchnahme" genommen.[256] Eine solche wurde nämlich vom OLG Düsseldorf als Vorinstanz jeweils gefordert.[257] Das OLG Düsseldorf hatte eine fehlende „ernstliche Inanspruchnahme" mit der Begründung geltend gemacht, dass dies eine tatrichterliche Frage sei, welche von den Umständen des Einzelfalls abhänge. In dem Urteil wies das OLG darauf hin, dass es nicht von der Absicht des Versicherungsnehmers überzeugt sei, den Versicherten persönlich haften zu lassen. Vielmehr sehe das Gericht die Möglichkeit, dass es der Versicherungsnehmerin allein darum gehen könnte, den Versicherungsfall auszulösen.

Dagegen hat sich der BGH ausgesprochen. Der Senat stellte in seinen Urteilen fest, dass es keiner solchen „ernstlichen Inanspruchnahme" bedarf, sondern dass eine schriftliche Inanspruchnahme ausreichend ist.

Dem Geschädigten ist es im Rahmen eines Haftpflichtanspruchs grundsätzlich selbst überlassen, ob und wie er den Schädiger in Anspruch nimmt. Nimmt der Geschädigte den Schädiger nur in Anspruch, um den Freistellungsanspruch gegen die Versicherung durchsetzen zu können, ist dagegen nichts einzuwenden. Es kann nicht entgegengesetzt werden, dass der Schutzzweck der Versicherung nicht berührt ist, da der Schädiger durch die Versicherung vor der persönlichen Haftung geschützt werden soll und ihm gar kein Vermögensverlust drohe. Denn

253 *Lange*, D&O-Versicherung und Managerhaftung, § 15 Rn 14.

254 *Lange*, in: Veith/Gräfe/Gebert, Der Versicherungsprozess, § 21 Rn 335.

255 Siehe Kapitel B. VII. der Arbeit.

256 BGHZ 209, 373; BGH, Urteil vom 13.04.2016 – IV ZR 51/14, BeckRS 2016, 07881.

257 OLG Düsseldorf, Urteil vom 31.01.2014 – 4 U 176/11; OLG Düsseldorf, BB 2013, 2895.

der Freistellungsanspruch setzt keine vorrangige Inanspruchnahme des Versicherungsnehmers oder dessen Zahlung an den Geschädigten voraus. Außerdem ist der Schutz vor Vermögensverlusten aufgrund der persönlichen Haftung nicht der einzige Schutzzweck der privaten Haftpflichtversicherung. Sie soll auch dem Schutz des Geschädigten dienen, indem sie den Schadensersatzanspruch des Geschädigten sicherstellen soll, zum Beispiel bei mangelnder Zahlungsfähigkeit des Schädigers. Dies zeigt sich in §§ 108 bis 110 VVG. Diese Normen sollen die „Versicherungsleistung für den Geschädigten zur Realisierung seines Haftpflichtanspruchs als Befriedigungs- und Vollstreckungsobjekt" reservieren.[258]

Dafür spricht auch die von § 108 Abs. 2 VVG gesicherte Abtretungsmöglichkeit, dass der Freistellungsanspruch gegen den Versicherer an den Geschädigten abgetreten werden kann. Denn dies zeigt wiederum, dass es unerheblich ist, ob die Inanspruchnahme des Versicherten durch den Geschädigten nur auf die Vollstreckung des Freistellunganspruchs gerichtet ist.[259] Dem Gesetzgeber kam es gerade darauf an, dem Versicherungsnehmer eine Option zu eröffnen, dass er dem Geschädigten einen direkten Anspruch ermöglichen kann.[260] Diese Erwägungen führen im Ergebnis dazu, dass dem Anspruchsverlangen des Geschädigten gegen den Versicherer nicht entgegengehalten werden kann, dass es ihm gar nicht auf eine Inanspruchnahme des Schädigers ankommt, sondern er lediglich die Leistung der Haftpflichtversicherung erlangen möchte. Denn das Gesetz ist eben gerade auf den Zugriff der Leistung des Versicherers gerichtet. Es ist nicht ersichtlich, warum dies bei der Innenhaftung im Rahmen einer D&O-Versicherung anders gehandhabt werden sollte.[261]

Bei der D&O-Versicherung richtet sich der Eintritt des Versicherungsfalls nach dem claims-made-Prinzip, also kommt es auf die Geltendmachung des Schadensersatzanspruchs an, während der Versicherungsfall bei der allgemeinen Haftpflichtversicherung bereits durch haftungsbegründende Pflichtverletzung des Versicherten eintritt. Gleichwohl lässt sich daraus jedoch nicht der Schluss ziehen, dass bei der D&O-Versicherung höhere Voraussetzungen für die Inanspruchnahme gelten. Die Inanspruchnahme muss darauf gerichtet sein, dass der Geschädigte für den von dem Versicherten verursachten Schaden Ersatz bekommt. Wenn der D&O-Versicherer die Ernsthaftigkeit der

---

258 BGHZ 209, 373, 382.
259 BGHZ 209, 373, 382 f.
260 BT-Drs. 16/3945 S. 87; BGHZ 209, 373, 383.
261 BGHZ 209, 373, 383.

Inanspruchnahme anzweifelt, so muss er selbst darlegen und beweisen, dass die Voraussetzungen von §§ 116, 117 oder 118 BGB vorliegen.[262]

In dem Gerichtsverfahren hatte das Berufungsgericht argumentiert, dass die Versicherungsbedingungen die ungeschriebene Voraussetzung der Ernsthaftigkeit des Vorsatzes, den Schädiger in Anspruch nehmen zu wollen, erfordern. Diese Ernsthaftigkeit müsse der Versicherte oder nach Abtretung des Freistellungsanspruchs der Geschädigte darlegen und beweisen können.[263] Dem ist der BGH nicht gefolgt. Die Versicherungsbedingungen setzen nur die Schriftlichkeit der Inanspruchnahme voraus. Den Bedingungen ist dagegen keine erweiterte Voraussetzung an den Eintritt des Versicherungsfalls zu entnehmen, wie zum Beispiel die vorrangige Inanspruchnahme des Schädigers. Allein die Tatsache, dass die Voraussetzung der Ernsthaftigkeit den kollusiven Missbrauch und freundliche Inanspruchnahmen einschränken würde, reicht nicht für eine Zulässigkeit dieser Bedingungsinterpretation. Der BGH räumt zwar ein, dass der geschäftserfahrene Versicherungsnehmer diese Missbrauchsmöglichkeiten realisieren kann. Allerdings wird der Versicherungsnehmer diese Möglichkeit der Besonderheit der Versicherungsform zusprechen und dieses Risiko der Sphäre des Versicherers zuteilen. Er wird nicht als Konsequenz daraus ziehen, dass die Versicherungsbedingungen deshalb erhöhte Anforderungen an die Inanspruchnahme stellen.[264]

Weiterhin betont der BGH, dass der Vorsatz des Geschädigten durch die Inanspruchnahme direkt gegen den Versicherer vorgehen zu können, nicht gegen Treu und Glauben nach § 242 BGB verstößt und auch kein sittenwidriges Verhalten nach § 138 BGB darstellt. Denn ein Missbrauch der Versicherung durch kollusives Zusammenwirken ist erst dann gegeben, wenn der Schadensersatzanspruch in Wirklichkeit gar nicht oder nicht in der angegebenen Höhe besteht und dies den Zusammenwirkenden bewusst ist. Deshalb besteht nur eine Darlegungs- und Beweispflicht des Geschädigten hinsichtlich des Bestehens der Voraussetzungen des Schadensersatzanspruchs.[265]

262 BGHZ 209, 373, 383 f.

263 OLG Düsseldorf, BB 2013, 2895.

264 BGHZ 209, 373, 384 ff.

265 BGHZ 209, 373, 387.

9. Vergleich

Im Rahmen der Innenhaftung werden die D&O-Schadensfälle in der Praxis am häufigsten durch einen Vergleich abgeschlossen.[266] Woran liegt das?

a. Gründe, Sinn und Zweck von Vergleichen

Hendricks sieht den Ursprung der „Vergleichsleidenschaft" in der „Natur der Sache". Im Vergleich zu anderen Versicherungsbereichen ist meistens sogar bereits der genaue Sachverhalt unklar. Die konkreten Haftungsbedingungen und die verantwortliche Pflichtverletzung für den Eintritt des Schadens sind im Normalfall nicht eindeutig. Selbst der Eintritt und Umfang des Schadens kann bereits zweifelhaft sein. Daher ergeben sich die meisten Streitfragen nicht erst hinsichtlich des Deckungsschutzes, sondern schon bezüglich der Haftungsfrage.[267]

Die Schwierigkeit der Lösung der Haftungsfrage führt zu langwierigen und teuren Gerichtsprozessen im Bereich der D&O-Versicherung. Wird die Deckungssumme der Versicherung bereits durch den Gerichtsprozess verbraucht, ist keiner beteiligten Partei geholfen. Da der Prozessausgang meist unklar ist, herrscht bei allen Beteiligten eine gewisse Vergleichsbereitschaft. Sinn und Zweck des Vergleichs ist also unter anderem, den Verbrauch der Deckungssumme allein durch die Rechtsabwehrkosten zu verhindern sowie langjährigen Streitigkeiten zu entgehen. Da dies im Sinne aller Beteiligten ist, ist es nicht verwunderlich, dass der Vergleich den typischen Fall der Beendigung eines D&O-Versicherungsfalls darstellt. Der Versicherer agiert in der D&O-Praxis als eine Art Mediator, weil er mit beiden Parteien rechtlich verbunden ist. Er tritt

---

266 So *Lange*, D&O-Versicherung und Managerhaftung, § 19 Rn 1; *Lange*, r+s 2010, 92, 93 f.; *Lange*, in: Veith/Gräfe/Gebert, Der Versicherungsprozess, § 21 Rn 2 verweist in FN 5 auf entsprechende Urteile, die durch Vergleich beendet werden, wenn es zu einem seltenen Prozessfall kommt; *Fleischer*, AG 2015, 133; *Hendricks*, Versicherungsmonitor v. 18.04.16, https://versicherungsmonitor.de/2016/04/18/der-do-deckungsvergleich-und-breuers-rettung/; *Sieg*, in: Krieger/Schneider, Handbuch Managerhaftung, Rn 18.54; *Lansch*, VW 2010, 15118; *Kremer*, S. 8 in seiner Stellungnahme im Rahmen der öffentlichen Anhörung des Rechtsausschusses zum VorstAG am 25.05.2009, abrufbar über das Webarchiv des BT: https://www.bundestag.de/ausschuesse/a06_Recht/webarchiv-inhalt-539700; dagegen sieht *Nazaruk*, Der Aufsichtsrat 07-08/2015, 101, 102, den Vergleich bei komplexen Sachverhalten oder Großschadensfällen als „absolute Ausnahme" an.

267 *Hendricks*, Versicherungsmonitor v. 18.04.16, https://versicherungsmonitor.de/2016/04/18/der-do-deckungsvergleich-und-breuers-rettung/.

demnach schlichtend, vermittelnd und verhandlungsunterstützend zwischen Versicherungsnehmerin und versichertem Organ auf. Diese „Mediations-Funktion" des Versicherers ist eine weitere Ursache für die Vielzahl an Vergleichen im Rahmen von D&O-Versicherungen.[268]

b. Folgen

Folge der Vergleichspraxis ist, dass es nur wenig Rechtsprechung in diesem Bereich gibt, insbesondere was die Deckungsfrage, also den Deckungsprozess, betrifft. *Lange* macht geltend, dass es den Gerichten an der nötigen Sachkompetenz fehlt und diese aufgrund des Mangels an Verfahren auch keine Kompetenzen aufbauen und verbessern können. Daraus folge allerdings die Konsequenz, dass die Praxis geradezu Prozesse „vermeidet". Die sowieso schon vorhandene Unklarheit über den Prozessausgang wird durch den Mangel an Sachkompetenz nämlich noch gesteigert. *Lange* spricht deshalb von einem „gewissen Vergleichsdruck" der Beteiligten und sieht einen anhaltenden Trend der vergleichsweisen Erledigung von D&O-Versicherungsfällen.[269] Ähnlich äußert sich auch *Baumann*, der die „außergerichtliche Abwicklung im Vergleichswege im Vordergrund" sieht.[270]

c. Vergleichsmöglichkeiten

Zu unterscheiden ist zwischen dem Haftungsvergleich, dem Deckungsvergleich sowie dem Haftungs- und Deckungsvergleich.[271]

aa. Haftungsvergleich

Der Haftungsvergleich wird im Folgenden nur für die Innenhaftung erläutert, da er für diesen Bereich von höherer Relevanz ist als für den Bereich der Außenhaftung.[272] Er regelt allein die Frage der Haftpflicht. Inhalt ist im Wesentlichen die Vergleichszahlung des Organmitglieds an die Gesellschaft und der Teilerlass des Haftpflichtanspruchs der Gesellschaft gegen das Organmitglied.[273] Zusätzlich

---

268 *Lange*, r+s 2010, 92, 93 f.; Lange, D&O-Versicherung und Managerhaftung, § 1 Rn 25.

269 *Lange*, in: Veith/Gräfe/Gebert, Der Versicherungsprozess, § 21 Rn 2.

270 *Baumann*, in: Großkomm VVG, AVB-AVG 2011/2013 Einf Rn 59.

271 *Lange*, D&O-Versicherung und Managerhaftung, § 19 Rn 1.

272 Vgl. *Sieg*, in: Krieger/Schneider, Handbuch Managerhaftung, Rn 18.55; bei Vergleichen im Bereich der Außenhaftung ist zu beachten, dass diese nicht den Voraussetzungen des § 93 Abs. 4 S. 3 AktG entsprechen müssen.

273 Vgl. *Lange*, D&O-Versicherung und Managerhaftung, § 19 Rn 3 ff.

kann ein Regressverzicht des Organmitglieds vereinbart werden, sodass er wegen der von ihm gezahlten Vergleichssumme nicht gegen Dritte, zum Beispiel andere Mitglieder des Vorstands oder des Aufsichtsrats, vorgehen kann.[274] Im Gegenzug dafür stellt die Gesellschaft das Organmitglied von Forderungen bestimmter Dritter, zum Beispiel bei einem Konzern hinsichtlich verbundener Unternehmen, frei. Dafür kommt insbesondere in Betracht, dass eine Freistellungsverpflichtung vereinbart wird.[275] Zu beachten ist, dass der D&O-Versicherer nicht zwingend Vertragspartei des Haftungsvergleichs ist. Falls der Versicherer also nicht Teil der Vergleichsverhandlungen ist, ist dem Organmitglied anzuraten, die Zustimmung des Versicherers einzuholen. Denn ansonsten besteht die Gefahr, dass das Organmitglied den Versicherungsschutz verliert.[276] Behandelt der Vergleich einen Fall der Innenhaftung, so müssen die besonderen Voraussetzungen des § 93 Abs. 4 S. 3 AktG vorliegen.[277] Dem Organmitglied sollte bewusst sein, dass trotz des Vergleichs weiterhin ein Haftungsrisiko aus § 93 Abs. 5 S. 3 AktG bestehen kann.[278]

Möglich ist darüber hinaus ein Haftungsvergleich mit „Öffnungsklausel". In einer solchen Öffnungsklausel wird ein Erlass sämtlicher Haftpflichtforderungen der Gesellschaft gegen das Organmitglied vereinbart. Davon ausgenommen sind aber die „Ansprüche, für die der Versicherer eintrittspflichtig ist", für welche also Versicherungsschutz besteht. Dies wird auch als „relativer Haftungsverzicht" bezeichnet und ähnelt im Ergebnis der Situation einer Abtretung des Freistellungsanspruchs an Erfüllung statt des Versicherten an die geschädigte Gesellschaft.[279]

bb. Deckungsvergleich

Der Deckungsvergleich regelt allein die Deckungsfrage. Der Versicherer wird zur Zahlung einer Vergleichssumme an die Gesellschaft verpflichtet. Dafür gelten alle Deckungsansprüche des versicherten Organmitglieds und der Gesellschaft als abgegolten und endgültig erledigt.[280] Der Deckungsvergleich wird

---

274 *Lange*, D&O-Versicherung und Managerhaftung, § 19 Rn 24.

275 *Lange*, D&O-Versicherung und Managerhaftung, § 19 Rn 3, 20.

276 *Lange*, D&O-Versicherung und Managerhaftung, § 19 Rn 26; *Dietz-Vellmer*, NZG 2011, 248, 253.

277 *Sieg*, in: Krieger/Schneider, Handbuch Managerhaftung, Rn 18.55.

278 *Lange*, D&O-Versicherung und Managerhaftung, § 19 Rn 64.

279 *Lange*, D&O-Versicherung und Managerhaftung, § 19 Rn 76 ff.

280 *Lange*, D&O-Versicherung und Managerhaftung, § 19 Rn 85 ff.; *Sieg*, in: Krieger/Schneider, Handbuch Managerhaftung, Rn 18.57.

zwischen dem versicherten Organmitglied und dem Versicherer geschlossen.[281] Der Versicherer hat sich gegenüber dem Versicherten nach Treu und Glauben korrekt zu verhalten. Er darf insbesondere nicht den Mangel an Erfahrung und Kenntnissen des Versicherten zu dessen Ungunsten ausnutzen. Ansonsten kann sich der Versicherer nach § 242 BGB nicht auf den Vergleich berufen.[282]

Hinsichtlich der Vergleichswirkung gegenüber der geschädigten Gesellschaft ist § 108 Abs. 1 S. 1 VVG zu berücksichtigen. Dieser regelt zwar seinem Wortlaut nach Verfügungen des Versicherungsnehmers, allerdings ist die Vorschrift laut *Lange* hinsichtlich der Side-A-Deckung[283] der D&O-Versicherung als Fremdversicherung so zu verstehen, dass sie Verfügungen des Versicherten betreffen. Dies führt dazu, dass ein Deckungsvergleich ohne Einbeziehung des möglichen Geschädigten diesem gegenüber unwirksam ist. Somit sollte die Zustimmung der geschädigten Gesellschaft eingeholt werden.[284] Dagegen vertritt *Schimikowski* die Ansicht, dass § 108 Abs. 1 S. 1 VVG nicht auf den Versicherten übertragen werden kann, sondern ausdrücklich nur für Verfügungen des Versicherungsnehmers gelte.[285] Danach wäre also für die Wirksamkeit des Deckungsvergleichs keine Zustimmung der geschädigten Gesellschaft erforderlich.

Der Deckungsvergleich sollte weiterhin den Regress des Versicherers gegenüber Dritten und den Status des Versicherten innerhalb dieses Regresses regeln. Fehlt dies im Vergleich, so gilt laut *Lange* nämlich § 86 VVG. Er liest § 86 VVG erneut so, dass bei Anwendung der Vorschrift im Rahmen der D&O-Versicherung Ersatzansprüche des Versicherten und nicht des Versicherungsnehmers gemeint sind. Danach würden nach § 86 Abs. 1 S. 1 VVG die Ersatzansprüche des Versicherten gegen Dritte auf den Versicherer übergehen, soweit der Versicherer den Schaden ersetzt. Weiterhin wären die Voraussetzungen des § 86 Abs. 2 S. 1 VVG zu wahren.[286]

Liegt eine D&O-Versicherung mit einem Grundversicherer und einem beziehungsweise mehreren Exzedentenversicherern vor, so muss der Deckungsvergleich die Verteilung der Aufbringung der Vergleichssumme, sowie den Anteil des jeweiligen Layers an der Vergleichssumme regeln. Bei Vorliegen von Versicherungskonsortien ist zusätzlich die Verteilung der Vergleichssumme der

---

281 *Lange*, D&O-Versicherung und Managerhaftung, § 19 Rn 93; *Sieg*, in: Krieger/Schneider, Handbuch Managerhaftung, Rn 18.57.

282 *Lange*, D&O-Versicherung und Managerhaftung, § 19 Rn 94.

283 Siehe Kapitel B. II. 10. a. aa. der Arbeit.

284 *Lange*, D&O-Versicherung und Managerhaftung, § 19 Rn 95.

285 *Schimikowski*, in: Rüffer/Halbach/Schimikowski, VVG, § 108 Rn 3.

286 *Lange*, D&O-Versicherung und Managerhaftung, § 19 Rn 99.

Konsortien untereinander für den „auf ihren jeweiligen Layer entfallenden Betrag“ festzulegen.[287] Auf die Exzedentenversicherung und die Versicherungskonsortien wird im Laufe der Arbeit noch genauer eingegangen.[288]

cc. Haftungs- und Deckungsvergleich

Haftungs- und Deckungsvergleich können miteinander kombiniert werden, sodass der Vergleich umfassend die Deckungs- und die Haftungsfrage erledigt.[289] Weitestgehend entsprechend gelten die obigen Ausführungen zum Deckungsvergleich und zum Haftungsvergleich auch für den kombinierten Haftungs- und Deckungsvergleich. An dem Vergleich sind alle Parteien beteiligt, also Versicherer, versichertes Organmitglied und geschädigte Gesellschaft. Daher handelt es sich typischerweise um einen dreiseitigen Vertrag. Jedoch kann der Haftungs- und Deckungsvergleich auch als zweiseitiger Vertrag zugunsten Dritter – in diesem Fall zugunsten des Versicherten – zwischen Versicherer und geschädigter Gesellschaft geschlossen werden. Dies ist in der Praxis insbesondere bei einer Vielzahl von Versicherten der Regelfall.[290]

Inhaltlich wird die Zahlung einer Vergleichssumme des Versicherers an die geschädigte Gesellschaft und der Verzicht der Gesellschaft auf weiter gehende Haftpflichtforderungen vereinbart. Bei einem dreiseitigen Haftungs- und Deckungsvergleich wird darüber hinaus festgelegt, dass die versicherten Organmitglieder auf weitergehende Deckungsforderungen aus dem Versicherungsfall verzichten. Da die geschädigte Gesellschaft an dem Verzicht beteiligt ist, hat § 108 Abs. 1 S. 1 VVG auch laut *Lange* keinen Einfluss auf die Wirksamkeit des Vergleichs.[291]

Bei einem einfachen Deckungsvergleich wird eine individuelle Erschöpfung der Versicherungssumme zwischen einem versicherten Organmitglied und dem Versicherer vereinbart. Dagegen kann bei dem kombinierten Haftungs- und Deckungsvergleich „ein genereller Verbrauch der Versicherungssumme vereinbart werden“. Der Verbrauch der Versicherungssumme wird im Normalfall nur für die Versicherungsperiode vereinbart, in der der Versicherungsfall eingetreten ist. Eine solche Vereinbarung stellt zwar eine Vertragsänderung in

---

287 *Lange*, D&O-Versicherung und Managerhaftung, § 19 Rn 102, 103.

288 Siehe Kapitel B. IX. 1. der Arbeit.

289 *Dietz-Vellmer*, NZG 2011, 248, 253.

290 *Lange*, D&O-Versicherung und Managerhaftung, § 19 Rn 104 ff.; vgl. Beispiele bei *Sieg*, in: Krieger/Schneider, Handbuch Managerhaftung, Rn 18.58.

291 *Lange*, D&O-Versicherung und Managerhaftung, § 19 Rn 107 ff.

Form der Herabsetzung der Deckungssumme auf die Vergleichssumme dar. Allerdings handelt es sich dennoch nicht um einen unzulässigen Vertrag zu Lasten Dritter, da die versicherten Organmitglieder zum Zeitpunkt der Vereinbarung des Vergleichs noch gar keinen versicherungsvertraglichen Anspruch haben.[292] Diesen erlangen sie erst mit dem Eintritt des Versicherungsfalls, also wenn der Haftpflichtanspruch gegen sie geltend gemacht wird.[293] Somit kann der Vergleich auch nicht unzulässig in die Rechte der Organmitglieder eingreifen. Die Gesellschaft muss hingegen aufpassen, dass sie durch die Vereinbarung der „Versicherungssummenerschöpfung“ keine vertragliche Versicherungsverschaffungspflicht bezüglich künftiger Versicherungsfälle verletzt, da sie ansonsten schadensersatzpflichtig ist.[294]

Um sich komplett abzusichern, sollte der Versicherer eine Serienschadenklausel oder die Erledigung aller Haftpflichtansprüche aus demselben Sachverhalt vereinbaren.[295] Die Serienschadenklausel definiert den Versicherungsfall so, „dass mehrere Versicherungsfälle, die auf derselben Pflichtverletzung beruhen, als ein in dem Zeitpunkt eingetretener Versicherungsfall gelten, in dem der erste der zusammengefassten Versicherungsfälle eingetreten ist“.[296] Doch selbst dann besteht für den Versicherer gleichwohl weiterhin ein gewisses Restrisiko, in Anspruch genommen zu werden, beispielsweise von Versicherten, welche sich nicht an die Erschöpfungsvereinbarung gebunden fühlen oder unbeteiligten Geschädigten. Dem kann der Versicherer durch komplexe Vergleichsbedingungen entgegenwirken.[297]

Zu beachten ist, dass der Deckungs- und Haftungsvergleich gem. § 93 Abs. 4 S. 3 AktG, wie schon bei dem Haftungsvergleich angesprochen, der Zustimmung der Hauptversammlung bedarf.[298] Bezüglich der Abschlusskompetenz des Vergleichs wird die Gesellschaft hinsichtlich deckungsrechtlicher Belange als

---

292 *Lange*, D&O-Versicherung und Managerhaftung, § 19 Rn 113 ff.

293 Vgl. *Lange*, D&O-Versicherung und Managerhaftung, § 22 Rn 41 ff.; zum Eintritt des Versicherungsfalls siehe Kapitel B. II. 5. und zum Deckungsanspruch siehe Kapitel B. II. 10. a. der Arbeit.

294 *Lange*, D&O-Versicherung und Managerhaftung, § 19 Rn 113, 114; *Thümmel*, Haftung von Managern und Aufsichtsräten, Rn 459.

295 *Lange*, D&O-Versicherung und Managerhaftung, § 19 Rn 117.

296 *Lange*, D&O-Versicherung und Managerhaftung, § 9 Rn 64, zur Serienschadenklausel auch näher OLG Düsseldorf, r+s 2018, 193, 195 ff.

297 *Lange*, D&O-Versicherung und Managerhaftung, § 19 Rn 121 ff.

298 Vgl. *Lange*, D&O-Versicherung und Managerhaftung, § 19 Rn 124; dazu ausführliche und kritische Auseinandersetzung von Fleischer, AG 2015, 133, 135 ff.

normale Geschäftsführungstätigkeit nach §§ 76 ff. AktG von ihrem Vorstand und hinsichtlich haftungsrechtlicher Belange des Vorstands vom Aufsichtsrat beziehungsweise bei haftungsrechtlichen Belangen des Aufsichtsrats vom Vorstand vertreten.[299]

d. *Fazit*

Als Fazit zur Möglichkeit der Beendigung von Schadensfällen durch Vergleich ist festzustellen, dass die Vorliebe für Vergleiche in der deutschen D&O-Praxis dazu führt, dass es weniger Rechtsprechung in diesem Bereich gibt. Damit kann die Rechtsprechung im Vergleich zu anderen Gebieten nur einen kleinen Beitrag zur Weiterentwicklung der D&O-Praxis bringen. Umso wichtiger ist daher die vertiefte Auseinandersetzung der Literatur mit der D&O-Versicherung.

10. Umfang

Die D&O-Versicherung kann verschiedene Risiken abdecken.

a. *Deckungsanspruch: Abwehr- und Freistellungsanspruch*

Der Versicherungsschutz umfasst Außen-, sowie Innenhaftung. Außerdem ist der Versicherungsschutz nur auf solche Schäden beschränkt, die auf Pflichtverletzungen des versicherten Organs beruhen. Der Schutz entfällt bei vorsätzlichen Pflichtverletzungen. Zum Versicherungsschutz gehört nicht nur die Deckung des Versicherten, sondern auch die gerichtlichen Rechtsschutz- und Abwehrkosten.[300] Daher untergliedert sich die Versicherung in zwei Teile. Zum einen in die „Abwehrfunktion" und zum anderen in die „Befriedigungsfunktion".[301] Die Abwehr umfasst dabei die gerichtliche und außergerichtliche Verteidigung, während die Befriedigung die Freistellung von begründeten Haftungsansprüchen umfasst.[302] Der Deckungsanspruch des Versicherten beinhaltet also den Abwehr- und den Freistellungsanspruch.[303] Dabei steht dem Versicherer das Wahlrecht zu, ob er zuerst die Abwehr beginnt oder direkt die Ansprüche befriedigt.[304] Meistens läuft es aber im Zuge einer Aufklärung des

---

299 *Lange*, D&O-Versicherung und Managerhaftung, § 19 Rn 133.

300 *Bachmann* in: Kremer/ Lutter/Werder/Bachmann, DCGK, Rn 678.

301 *Thümmel*, Haftung von Managern und Aufsichtsräten, Rn 462.

302 *Held*, in: Halm/Engelbrecht/Krahe, Handbuch des Fachanwalts Versicherungsrecht, 33. Kap. Rn 30; *Thümmel*, Haftung von Managern und Aufsichtsräten, Rn 462.

303 *Baumann*, Großkomm VVG, AVB-AVG 2011/2013 Einf Rn 56.

304 BGH NJW 1956, 826, 827.

Sachverhalts auf die Abwehrfunktion hinaus. Unter bestimmten Voraussetzungen ist dabei sogar eine Abwehr bereits vor Eintritt des Versicherungsfalls möglich, wenn dieser konkret zu drohen scheint.[305] In jedem Fall entscheiden sich die Versicherer zunehmend für die Abwehr und der Versicherer tritt aufseiten des beklagten Vorstandsmitglieds als Streithelfer im Wege der Nebenintervention dem Rechtsstreit bei.[306] Grundsätzlich sind sogar Aktionärsklagen vor US-amerikanischen Gerichten vom Versicherungsschutz umfasst.[307]

b. Side A, B und C

Man betitelt die Deckung des Organmitglieds als „Side A". Ein D&O-Versicherungsvertrag kann aus mehreren „Seiten", auch „Side Coverage" genannt, bestehen.[308] Nach der Reihenfolge ihrer Relevanz für die vorliegende Arbeit werden hier „Side A", „Side B" und „Side C" vorgestellt.

aa. Side A

Die Side A deckt den Haftpflichtanspruch des versicherten Organmitglieds und bietet ihm damit Haftpflichtschutz.[309] Die D&O-Versicherung stellt, wie bereits erläutert, eine Vermögensschadenshaftpflichtversicherung dar. Dies gilt aber nur für die Side-A-Deckung, welche auch als „Managerversicherung" bezeichnet wird.[310] Die Side A umfasst solche Haftpflichtrisiken, die durch ein Verhalten des versicherten Organmitglieds, welches von seiner beruflichen Tätigkeit umfasst ist, zu Vermögensschäden führen. Da die Versicherung das Privatvermögen des Versicherten vor beruflichen Haftpflichtrisiken schützen soll, verfolgt die Side A der D&O-Versicherung einen vergleichbaren Zweck wie die Berufshaftpflichtversicherungen von Rechtsanwälten oder Steuerberatern. Die Side-A-Deckung umfasst nicht nur die Innenhaftung, sondern auch die Außenhaftung des Versicherten.[311] Sie kann daher als „Organhaftung" bezeichnet werden und wird von

---

305 Vgl. *Held*, in: Halm/Engelbrecht/Krahe, Handbuch des Fachanwalts Versicherungsrecht, 33. Kap. Rn 30.

306 Dazu näher *Fassbach*, Der Aufsichtsrat 05/2013, 26, 27 und Kapitel B. IV. 4. d. bb. der Arbeit.

307 *Thümmel*, Haftung von Managern und Aufsichtsräten, Rn 461.

308 *Lange*, D&O-Versicherung und Managerhaftung, § 3 Rn 20; *Thümmel*, Haftung von Managern und Aufsichtsräten, Rn 463.

309 *Lange*, D&O-Versicherung und Managerhaftung, § 3 Rn 20.

310 Vgl. *Lange*, D&O-Versicherung und Managerhaftung, § 3 Rn 24, Rn 25.

311 Dazu ausführlich *Lange*, D&O-Versicherung und Managerhaftung, § 3 Rn 25, Rn 26.

Ziff. 1.1 AVB-AVG geregelt.[312] Die hiesige Arbeit beschränkt sich hauptsächlich auf die Organhaftung und damit die Side A des D&O-Versicherungsvertrags. Der Vollständigkeit halber sollen dennoch die möglichen anderen Seiten der D&O-Deckung erläutert werden.

bb. Side B

Die Side-B-Deckung umfasst die „Company-Reimbursement-Klausel", also den Schutz der Versicherungsnehmerin und den „mitversicherten Unternehmen" bei Freistellung des Versicherten im Fall der Außenhaftung.[313] Diese Klausel wird auch in Ziff. 1.2 AVG-AVG erwähnt. Die deutsche Bezeichnung ist die Firmen-Enthaftungsversicherung.[314] Geschützt wird nicht das berufliche Haftpflichtrisiko des Versicherten, sondern die Gefährdung der Vermögensminderung der Versicherungsnehmerin oder mitversicherter Unternehmen durch die Freistellung des Versicherten. Die Side-B-Deckung stellt damit keine Haftpflichtversicherung, sondern eine Eigenschadenversicherung von Versicherungsnehmerin und den mitversicherten Unternehmen dar.[315] Begünstigte ist also ausnahmsweise die Versicherungsnehmerin oder eine Tochtergesellschaft. Außerdem besteht auch hier ein Selbstbehalt nach Ziff. 4.3 Abs. 2 S. 2 AVB-AVG.[316]

Die „Company-Reimbursement-Klausel" hat keinen Einfluss auf die Leistungspflicht des Versicherers aus der Side-A-Deckung. Der Versicherer kann den Deckungsschutz also nicht mit Hinweis auf die Freistellungspflicht der Versicherungsnehmerin oder einer Tochtergesellschaft verweigern.[317] Inhaltlich schützt die Klausel den Versicherten in dem Fall, wenn er gegenüber Dritten haftet. Daher stehen ihm gleichzeitig der Freistellungsanspruch gegen die Versicherungsnehmerin oder eine mitversicherte Gesellschaft und der Freistellungsanspruch gegen den D&O-Versicherer aus der Side-A-Deckung zu. Erfüllt die Versicherungsnehmerin den Freistellungsanspruch gegenüber dem Versicherten, so hat sie hingegen einen Leistungsanspruch gegen den D&O-Versicherer aus der Side-B-Deckung.[318] Ein Freistellungsanspruch gegen die

---

312 *Ihlas*, in: Langheid/Wandt, MüKo VVG, D&O, Rn 57.

313 *Lange*, D&O-Versicherung und Managerhaftung, § 3 Rn 20; rechtsvergleichend zur Side-B-Deckung und „coporate indemnification" *Gomes Ramos*, ECFR 2017, 723, 741 ff.

314 *Baumann*, Großkomm VVG, AVB-AVG 2011/2013 Ziff. 1, Rn 55.

315 *Lange*, D&O-Versicherung und Managerhaftung, § 3 Rn 30.

316 *Ihlas*, in: Langheid/Wandt, MüKo VVG, D&O, Rn 65.

317 *Baumann*, Großkomm VVG, AVB-AVG 2011/2013 Ziff. 1, Rn 55.

318 Dazu näher *Lange*, D&O-Versicherung und Managerhaftung, § 3 Rn 31.

Versicherungsnehmerin oder eine Tochtergesellschaft kann beispielsweise aus dem Auftragsrecht nach § 670 BGB, entsprechenden Dienstverträgen, Freistellungsvereinbarungen oder dem deliktischen beziehungsweise schuldrechtlichen Gesamtschuldnerausgleich folgen. Allerdings darf das versicherte Organmitglied, nach überwiegender Ansicht, die betroffene Pflichtverletzung nicht gegenüber „seiner" Gesellschaft begangen haben.[319]

Es fehlen Informationen darüber, wie viele Versicherungsfälle in Deutschland unter die Side-A-Deckung und wie viele unter die Side-B-Deckung fallen. Galt die Side-B-Deckung zwar lange Zeit als überflüssig[320], so ist sie heute international[321] und auch in Deutschland anerkannt. Dies zeigt insbesondere die Ziff. 1.2 AVB-AVG, durch welche für die Klausel keine besondere Vereinbarung mehr notwendig ist.[322] *Ihlas* empfiehlt, dass die Side-B-Deckung auch in Deutschland ein Grundbestandteil der D&O-Versicherung sein sollte. Das „Recht der Enthaftung", welche stets vertraulich behandelt wird, und die „Zessionsproblematik" dürfen nicht verkannt werden. In Zukunft sei wegen § 105 und § 108 VVG mit einer gesteigerten Rate an D&O-Versicherungsfällen zu rechnen, die zur Side-B-Deckung gehören.[323]

Wenn keine Side-B-Deckung vorliegt und die Versicherungsnehmerin trotzdem den Dritten befriedigt, so ist nicht geregelt, wie sich dies auf den Anspruch des Versicherten gegen den Versicherer auswirkt. Denn nach § 44 Abs. 1 VVG stehen die Rechte aus dem Versicherungsvertrag nur dem Versicherten zu und nicht der Versicherungsnehmerin. Es muss zwischen der alleinigen Haftung des Versicherten und der gesamtschuldnerischen Haftung von Versichertem und Versicherungsnehmerin unterschieden werden. Während die einschlägige Zessionsnorm bei der gesamtschuldnerischen Haftung § 426 Abs. 2 BGB ist, kann die Leistung der Versicherungsnehmerin bei alleiniger Haftung des Versicherten eine Leistung durch Dritten nach § 267 Abs. 1 S. 1 BGB darstellen, wodurch die Forderung des Dritten gem. § 362 Abs. 1 BGB erlischt. Es kommt zu keinem Forderungsübergang des Dritten auf die Versicherungsnehmerin. Zwar kann der Versicherte seine versicherungsvertraglichen Ansprüche vorher an die Versicherungsnehmerin abtreten, dies wird allerdings in der Praxis häufig übersehen.

---

319 Vgl. *Ihlas*, in: Langheid/Wandt, MüKo VVG, D&O, Rn 67; *Baumann*, in: Großkomm VVG, AVB-AVG 2011/2013 Ziff. 1, Rn 56; *Lange*, VersR 2011, 420, 431 m.w.N.

320 *Ihlas*, in: Langheid/Wandt, MüKo VVG, D&O, Rn 66.

321 *Ihlas*, D&O, S. 322 f.; *Lange*, VersR 2011, 429.

322 *Lange*, D&O-Versicherung und Managerhaftung, § 20 Rn 2.

323 *Ihlas*, in: Langheid/Wandt, MüKo VVG, D&O, Rn 66.

Nach § 108 Abs. 2 VVG ist für die Abtretung inzwischen nicht mehr die Zustimmung des Versicherers notwendig.[324]

Wenn eine Side-B-Deckung in den AVB nicht vereinbart ist, muss auf die Normen des VVG zurückgegriffen werden. Allerdings findet sich keine Anspruchsgrundlage, welche im Rahmen der Versicherung für fremde Rechnung bei der Leistung des Versicherungsnehmers an einen Dritten greift. Ein Anspruch des Versicherungsnehmers durch Vertragsauslegung oder analoge Anwendung könnte zu schlechteren Chancen bei der Anspruchsabwehr durch die Enthaftung des Versicherten vor der Feststellung des Haftpflichtanspruchs führen. Durch die VVG-Reform ist das frühere Anerkenntnisverbot bis zur Einwilligung des Versicherers nach § 105 VVG weggefallen. Dies wird laut *Ihlas* dazu führen, dass in der Praxis die Anzahl der Fälle zunehmen wird, welche unter die Side-B-Deckung fallen. Auch nach der VVG-Reform kann das Fehlen einer Side-B-Deckung nicht durch extensive Auslegung korrigiert werden. Denn es fehlt an einem Selbstbehalt der Versicherungsnehmerin. Bei der Side-B-Deckung besteht ein deutlich höherer Selbstbehalt, weil die Versicherungsnehmerin bedeutend mehr Leistung erbringen kann. Zu beachten ist aber, dass die Prämie einer D&O-Versicherung, welche allein die „Side A only" beinhaltet, wesentlich geringer ist. Wäre eine Korrektur des Fehlens der Side-B-Deckung durch Auslegung oder Analogie möglich, wäre die Side-B-Deckung mangels Attraktivität beziehungsweise Vorteils überflüssig.[325]

Um einen Wegfall der versicherungsvertraglichen Hauptforderung zu vermeiden, sollte bei Fehlen einer Side-B-Deckung immer eine Abstimmung mit dem Versicherer erfolgen, soweit die Versicherungsnehmerin Enthaftungshandlungen vornimmt. Heute beinhalten die meisten Verträge eine Side-B-Deckung.[326] Ziffer 1.2 AVB-AVG könnte nicht umfassend und genau genug sein. Daher werden weiter formulierte Side-B-Klauseln in der Praxis häufig genutzt. Der Freistellungsbegriff kann so definiert werden und beschränkende Begriffe, wie zum Beispiel „Dritter", können ersetzt oder gestrichen werden.[327] Eine Klausel zur Side-B-Deckung kann dann beispielsweise so formuliert sein:

---

324 Vgl. *Ihlas*, in: Langheid/Wandt, MüKo VVG, D&O, Rn 69; *Voit*, in: Prölss/Martin, VVG, AVB-AVG Ziff. 1.2 Rn 1 ff.

325 *Ihlas*, in: Langheid/Wandt, MüKo VVG, D&O, Rn 70 f.

326 So äußern sich beispielsweise *Ihlas*, in: Langheid/Wandt, MüKo VVG, D&O, Rn 72 und *Lange*, VersR 2011, 429.

327 *Ihlas*, in: Langheid/Wandt, MüKo VVG, D&O, Rn 73 f.

*„**Klausel 3 Side B (weite Fassung)***
Soweit im Versicherungsfall die Versicherungsnehmerin oder ein Tochterunternehmen eine versicherte Person durch rechtmäßige Zahlung von einem versicherten Schadenersatzanspruch oder versicherten Verteidigungskosten freistellt (Freistellung), geht der Anspruch auf die Versicherungsleistung auf dieses Unternehmen über.
Im Fall einer Freistellung gilt der im Versicherungsschein ausgewiesene Selbstbehalt für die Unternehmen. Findet keine Freistellung statt, leistet der Versicherer ohne Anwendung des Side-B-Selbstbehalts zugunsten der versicherten Person. Die Versicherungsnehmerin ist dann zur Rückzahlung des Side-B-Selbstbehalts an den Versicherer verpflichtet.“[328]

cc. Side C

Bisweilen findet man bei einer D&O-Versicherung die Side-C-Deckung, auch „Unternehmens-Deckung“ oder „Entity-Coverage“ genannt. Diese Deckung umfasst Vermögensschadenshaftpflichtansprüche, die Dritte gegen die Versicherungsnehmerin oder ihre Tochtergesellschaften gelten machen. Diese Deckung ist insbesondere auf solche Klagen gerichtet, welche sich aus dem Börsengang, einer Kapitalerhöhung oder einer US-amerikanischen Anlegerklage („securities actions“) ergeben.[329] Die Side-C-Deckung stellt eine freiwillige Haftpflichtversicherung zugunsten der Versicherungsnehmerin sowie mitversicherter Unternehmen dar.[330] Es handelt sich dabei um eine Mischung aus Eigen- und Fremdversicherung, soweit sie nicht nur Risiken der Versicherungsnehmerin, sondern auch mitversicherter Tochterunternehmen umfasst.[331] Sie beinhaltet allgemein die Risiken, welche sich aus Wertpapiergeschäften, der SEC oder „faute non séparable“ ergeben.[332] SEC ist die US-amerikanische Securities Exchange Comission, also die Börsen- und Wertpapieraufsicht.[333] Die Deckung der „faute non séparable“ umfasst die Haftung von Versicherungsnehmerin oder Tochtergesellschaft nach der französischen Rechtsprechung für Pflichtverletzungen des

328 *Ihlas*, in: Langheid/Wandt, MüKo VVG, D&O, Rn 74.

329 Dazu ausführlich *Lange*, D&O-Versicherung und Managerhaftung, § 3 Rn 20 ff.; *Dreher*, ZHR 165, 293, 299 f. sieht die durch die Entity-Deckung erweiterte D&O-Versicherung sogar als „Regelfall“; dagegen spielt die Entity-Deckung laut *Sieg*, in: Höra, Münchener Anwaltshandbuch Versicherungsrecht, § 17 Rn 13 keine Rolle in Deutschland. Zu beachten ist aber, dass *Dreher* und *Sieg* die Company-Reimbursement-Klausel als Teil der Entity-Deckung sehen.

330 *Lange*, D&O-Versicherung und Managerhaftung, § 3 Rn 32.

331 Vgl. *Lange*, D&O-Versicherung und Managerhaftung, § 3 Rn 20; *Dreher*, ZHR 165, 293, 299.

332 *Ihlas*, in: Langheid/Wandt, MüKo VVG, D&O, Rn 75; *Lange*, D&O-Versicherung und Managerhaftung, § 3 Rn 33; *Dreher*, ZHR 165, 293, 300.

333 Dazu näher *Wastl/Litzka/Pusch*, NStZ 2009, 68.

Versicherten gegenüber Dritten.[334] Hinsichtlich der Wertpapieransprüche bestehen grundsätzlich Sublimits, während die „faute non séparable" ohne Sublimit offeriert wird, weil in deutschen Versicherungen bislang keine Schäden vorgekommen sind.[335]

Eine Side-C-Deckungsklausel kann zum Beispiel so formuliert sein:

> *„Der Versicherer gewährt Versicherungsschutz für die versicherten Gesellschaften für den Fall, dass gegen die versicherten Gesellschaften wegen einer Pflichtverletzung im Zusammenhang mit dem Handel von Wertpapieren der versicherten Gesellschaften ein Anspruch auf Ersatz eines Vermögensschadens erhoben wird. …"*[336]

Ihlas macht geltend, dass eine solche Erweiterung gar keine D&O-Deckung darstellen würde, da allein die Gesellschaft als Versicherungsnehmerin begünstigt wird. Es wird nicht das Organhandeln, sondern die Kapitalerhöhung behandelt. Den an der Kapitalerhöhung beteiligten Parteien, wie Wirtschaftsprüfer, Banken oder Kanzleien, werden „Freistellungsversprechen gegeben". Dies kann zwischen der Gesellschaft und der jeweiligen Partei vertraglich vereinbart werden. Damit haftet die Gesellschaft als Emittent auch für „dritte Dienstleister".[337] Von anderer Seite wird die Side-C-Deckung einfach als „Erweiterung der klassischen D&O-Versicherung" angesehen.[338]

Im Gegensatz zu Side-A- und Side-B-Deckung bedarf es bei der Side-C-Deckung keiner Haftung des Versicherten. Es besteht allerdings die Gefahr, dass ein Versicherungsfall die Deckungssumme des Versicherten aufbrauchen kann.[339] Diesem Risiko soll teilweise durch vertraglich vereinbarte „Prioritätsvereinbarungen für den Fall unzureichender Versicherungssummen" entgegengewirkt werden. Dies erfolgt durch einen Vorrang der Side-A-Deckung vor der Side-B-Deckung und dem Vorrang der Side-B-Deckung vor der Side-C-Deckung. Grundsätzlich werden Ansprüche aus Versicherungsfällen, welche unter die Side-C-Deckung fallen, von Dritten schneller und öfter geltend gemacht als Ansprüche aus Versicherungsfällen der Side-A- und Side-B-Deckung. Genau dann stellt sich die Frage, ob die Befriedigung der Side-C-Deckung wegen einer Prioritätsvereinbarung zurückgehalten werden kann. Von der Rechtsprechung

---

334 *Lange*, D&O-Versicherung und Managerhaftung, § 3 Rn 33.

335 *Ihlas*, in: Langheid/Wandt, MüKo VVG, D&O, Rn 76.

336 *Lange*, D&O-Versicherung und Managerhaftung, § 3 Rn 32.

337 *Ihlas*, in: Langheid/Wandt, MüKo VVG, D&O, Rn 79.

338 *Dreher*, ZHR 165, 293, 299.

339 Dazu kritisch *Ihlas*, in: Langheid/Wandt, MüKo VVG, D&O, Rn 80; vgl. auch *Ihlas*, in: Krieger/Schneider, Handbuch Managerhaftung, Rn 19.22.

gibt es bis dato dazu noch keine Äußerungen. Probleme der Wirksamkeit einer solchen Vereinbarung könnten sich unter anderem durch die Unzulässigkeit von Verträgen zu Lasten Dritter oder § 108 und § 109 VVG ergeben. So wird die Prioritätsvereinbarung schon gem. § 108 Abs. 1 VVG gegenüber Dritten nicht wirksam sein. Die von § 109 VVG gesetzlich vorgesehene Verteilung der Versicherungssumme und die von § 109 VVG gesetzlich vorgesehene drittschützende Eigenschaft der Haftpflichtversicherung können nicht durch eine Prioritätsvereinbarung umgangen werden.[340]

Ein Vertrag zu Lasten Dritter ist unzulässig.[341] Durch die vertragliche Prioritätsvereinbarung und den daraus folgenden Vorrang der Side-A- und der Side-B-Deckung vor der Side-C-Deckung werden Dritte, deren Ansprüche unter die Side-C-Deckung fallen allerdings benachteiligt. Damit handelt es sich bei der Prioritätsvereinbarung um einen unzulässigen Vertrag zu Lasten Dritter. Im Ergebnis ist eine Prioritätsvereinbarung also unzulässig und unwirksam. Sie stellt damit keine Lösung für das Problem, dass die Deckungssumme für den Versicherten durch einen Versicherungsfall im Rahmen der Side-C-Deckung aufgebraucht werden kann, dar.

Wie bereits erwähnt besteht die Möglichkeit, dass die Side-C-Deckung durch ein Sublimit begrenzt wird.[342] Im Vergleich zur Prioritätsvereinbarung stellt die Begrenzung durch ein Sublimit keinen unzulässigen Vertrag zu Lasten Dritter dar und da es sich nicht um eine Verfügung handelt, ist sie auch nicht gem. § 108 VVG unwirksam. Entgegenstehen könnte nur noch der § 109 VVG. Allerdings hindert ein Sublimit nicht an dem gesetzlich vorgeschriebenen Verteilungsverfahren und auch dem Drittschutz wird durch die Deckung bis zum Erreichen des Sublimits genüge getan, solange das Sublimit nicht unangemessen niedrig ist. Somit kann der Verbrauch der Deckungssumme für den Versicherten im Rahmen der Side-C-Deckung durch die Vereinbarung eines Sublimits verhindert werden.

dd. Side A-only

Die Side A-only-Deckung umfasst allein die Haftung der Organe für solche Ansprüche, die nicht auf eine Enthaftung gegenüber der Gesellschaft gerichtet sind. Denn bei bedeutend großen Schadensfällen kann es teilweise schwierig

---

340 So die kritische Aufarbeitung von *Ihlas*, in: Langheid/Wandt, MüKo VVG, D&O, Rn 81.

341 BGHZ 54, 145, 147; *Grüneberg*, in: Palandt, Einf v § 328, Rn 10.

342 So ist die Side-C-Deckung nach *Ihlas*, in: Krieger/Schneider, Handbuch Managerhaftung, Rn 19.21 „immer sublimitiert".

werden, eine Side-B-Deckung zusätzlich zur Side-A-Deckung zu vereinbaren. Entweder es wird dann eine D&O-Versicherung vereinbart, welche nur die Side-A-Deckung enthält, oder die Side A-only-Deckung besteht als Grundversicherung, während die Side-B-Deckung als Exzedentenversicherung vereinbart wird, die nur bei Erschöpfung der Deckungssumme eingreift. Solche Vereinbarungen sind im Ausland der Normalfall. In Deutschland dagegen kommt es üblicherweise meist nur zu Innenhaftungsfällen, weshalb die Side A-only-Deckung nicht angeboten beziehungsweise keine verhältnismäßige Prämienverringerung offeriert wird.[343]

11. Verjährung des möglichen Rückgriffsanspruchs aus § 426 Abs. 1 BGB

a. Allgemeines

Erhebt die Gesellschaft Klage gegen das Organmitglied, so führt dies zu einer Verjährungshemmung nach § 204 Abs. 1 Nr. 1 Var. 1 BGB hinsichtlich des Schadensersatzanspruchs der Gesellschaft gegen das Organmitglied. Was den Regressanspruch des Vorstandsmitglieds – das im Regelfall zuerst in Anspruch genommen wird – gegen die Aufsichtsratsmitglieder aus § 426 Abs. 1 BGB angeht, so wird dieser dadurch aber nicht gehemmt, da die Hemmung nach § 425 BGB nur für den Gesamtschuldner wirkt, in dessen Person sie eintritt. Somit besteht für das verklagte Vorstandsmitglied die Gefahr, dass sein Regressanspruch verjährt, insbesondere bei längerer Verfahrensdauer. Es stellt sich die Frage, wie das beklagte Organmitglied die Verjährung verhindern kann.[344]

b. Verjährungsverzicht oder -verlängerung sowie Feststellungsklage

In der Praxis wird häufig versucht, dass das beklagte Vorstandsmitglied mit den anderen Vorstandsmitgliedern und den Aufsichtsratsmitgliedern den Verzicht der Verjährung oder die Verlängerung der Verjährung vereinbart. Oft werden sie dabei sogar von der D&O-Versicherung bestärkt. Ist eine solche Vereinbarung nicht möglich oder können sich die Mitglieder nicht einigen, ist die

---

343 *Ihlas*, in: Langheid/Wandt, MüKo VVG, D&O, Rn 88; eine beispielhafte Darstellung von *Cavignac* zur Bedeutung der Side A only Deckung und ihrer Vorteile in den USA findet sich auf der Homepage der US-amerikanischen Insurance Broker Cavignac & Associates v. 04.09.2014 unter http://www.cavignac.com/2014/09/a-brief-primer-on-do-and-why-you-need-side-a-excess/.

344 BGH NJW 2000, 1940, 1942; *Fassbach/Wettich*, KSzW 2016, 269, 276.

Streitverkündung neben der Feststellungsklage bezüglich des Regressanspruchs die einzige Möglichkeit für das Vorstandsmitglied. Allerdings ist die Feststellungsklage für das Mitglied nicht die sinnvollste Wahl, denn es müsste im Verfahren Tatsachen hinsichtlich einer Pflichtverletzung der Aufsichtsratsmitglieder darlegen und könnte sich mit diesen selbst belasten, da die Gesellschaft diese im Verfahren gegen das Vorstandsmitglied nutzen könnte.[345]

c. Streitverkündung

In Betracht kommt weiterhin die Verjährungshemmung durch die Streitverkündung des Vorstandsmitglieds gegenüber den Aufsichtsratsmitgliedern.

aa. Problemstellung

Die Streitverkündung hemmt die Verjährung.[346] Zu beachten ist aber, dass die Streitverkündung nur beschränkt zur Verjährungshemmung genutzt werden kann. Diese Einschränkung sollte Gesellschaft und Organmitglied bewusst sein. Denn die Streitverkündung führt zwar zur Hemmung der Verjährung gem. § 204 Abs. 1 Nr. 6 BGB, allerdings muss die Streitverkündung dafür erst einmal zulässig sein. Streitverkündungsgrund gem. § 72 Abs. 1 Alt. 1 ZPO ist die mögliche Gesamtschuld von Vorstands- und Aufsichtsratsmitgliedern, sowie der Regressanspruch des beklagten Mitglieds gegen die anderen Mitglieder aus der Gesamtschuld. Es ist zu differenzieren zwischen den nebeneinanderstehenden Ansprüchen gem. § 426 Abs. 1 und Abs. 2 BGB.[347]

Während § 426 Abs. 1 BGB einen eigenständigen Ausgleichsanspruch darstellt[348], regelt § 426 Abs. 2 BGB den gesetzlichen Übergang des Gläubigeranspruchs im Rahmen der Ausgleichsberechtigung nach § 426 Abs. 1 BGB auf den leistenden Gesamtschuldner, die sogenannte Legalzession[349]. Befriedigt also das beklagte Vorstandsmitglied beziehungsweise die D&O-Versicherung den Schadensersatzanspruch der Gesellschaft, so geht der Anspruch der Gesellschaft gegen die übrigen Mitglieder des Vorstands und Aufsichtsrats, welche haften, in Höhe der jeweiligen Ausgleichsverpflichtung auf das leistende Vorstandsmitglied über.[350]

---

345 *Fassbach/Wettich*, KSzW 2016, 269, 276; *Thomas*, AG 2016, 473.

346 Dazu näher *Krüger/Rahlmeyer*, JA 2014, 202; *Bendtsen*, in: Saenger, ZPO, § 74 Rn 8.

347 Vgl. *Fassbach/Wettich*, KSzW 2016, 269, 276; *Ritter*, in: Schüppen/Schaub, Münchener Anwaltshandbuch Aktienrecht, § 24 Rn 8.

348 BGH, NJW 2012, 1946, 1947; *Heinemeyer*, in: MüKo BGB, § 426 Rn 1.

349 Dazu ausführlich *Heinemeyer*, in: MüKo BGB, § 426 Rn 42; *Kopp*, JR 2016, 347, 348.

350 *Fassbach/Wettich*, KSzW 2016, 269, 277.

bb. § 426 Abs. 1 BGB

Zwar wird die Verjährung des Ausgleichsanspruchs gem. § 426 Abs. 1 BGB durch die Zustellung der Streitverkündung gehemmt[351], jedoch gilt für ihn als selbstständigen Anspruch nach der Rechtsprechung die selbstständige Verjährung. Die Verjährungsfrist richtet sich dabei nach § 195 BGB. Diese Verjährung ist von der Verjährung des nach § 426 Abs. 2 BGB übergegangenen Gläubigeranspruchs unabhängig und für eine Anpassung der Frist in der Form, dass der Ausgleichsanspruch mit dem übergegangenen Gläubigeranspruch verjährt, besteht keine gesetzliche Grundlage.[352] Die Verjährungsfrist des § 426 Abs. 1 BGB beginnt mit der Anspruchsentstehung, das heißt nicht erst mit der Befriedigung des Gläubigers, sondern schon mit der Begründung der Gesamtschuld. Die Gesamtschuld ist begründet, wenn mehrere Ersatzpflichtige dem Geschädigten ersatzpflichtig werden.[353] Der Ausgleichsanspruch wird auch nicht davon berührt, dass der Gläubigeranspruch gegen den Ausgleichspflichtigen inzwischen verjährt ist.[354] Da dies auch für Ausgleichsansprüche des Vorstandsmitglieds gegen Aufsichtsratsmitglieder gilt, bleibt die spezielle Verjährungsvorschrift nach § 93 Abs. 6 AktG außen vor.[355]

Der Fristbeginn richtet sich nach § 199 BGB. Danach beginnt die Frist mit dem Schluss des Jahres, indem der Anspruch entstanden ist und der Gläubiger von den anspruchsbegründenden Tatsachen und der Person des Schuldners Kenntnis erlangt hat oder ohne grobe Fahrlässigkeit erlangen müsste. Ausschlaggebend für die Verjährung von § 426 Abs. 1 BGB ist also, wann der Ausgleichsanspruch hätte geltend gemacht werden können. Für den Fall der Aufsichtsratshaftung aufgrund fehlerhafter Überwachung entsteht der Ausgleichsanspruch grundsätzlich gemeinsam mit dem gesellschaftlichen Schadensersatzanspruch der Gesellschaft gegen den Vorstand. Auch die subjektive Komponente von § 199 Abs. 1 BGB wirkt sich regelmäßig nicht auf den Verjährungsbeginn aus, da der Vorstand im Normalfall von der fehlerhaften Überwachung des Aufsichtsrats weiß oder sie zumindest grob fahrlässig nicht kennt „als Spiegelbild seiner eigenen Pflichtverletzung“.[356]

---

351 Vgl. *Bendtsen*, in: Saenger, ZPO, § 74 Rn 8; *Fassbach/Wettich*, KSzW 2016, 269, 277.

352 BGH NJW 2010, 62, 63.

353 BGHZ 181, 310, 313.

354 BGHZ 175, 221, 229.

355 Vgl. *Fassbach/Wettich*, KSzW 2016, 269, 277.

356 *Fassbach/Wettich*, KSzW 2016, 269, 277; dazu auch *Schwedt*, NZG 2017, 756.

Folglich ist es möglich, dass der Regressanspruch des Vorstandsmitglieds gegen die anderen Organmitglieder aus § 426 Abs. 1 BGB aufgrund der allgemeinen dreijährigen Verjährungsfrist verjährt ist, obwohl der Schadensersatzanspruch der Gesellschaft gegen das beklagte Vorstandsmitglied aus § 93 Abs. 2 S. 1 AktG wegen der speziellen fünf- bis zehnjährigen Verjährung nach § 93 Abs. 6 AktG noch nicht verjährt ist. In diesem Fall kommt eine Verjährungshemmung hinsichtlich § 426 Abs. 1 BGB durch die Streitverkündung nicht mehr rechtzeitig. Es besteht also eine sogenannte „Verjährungsfalle“ für das beklagte Organmitglied in der Zeit zwischen der Verjährung des Ausgleichsanspruchs und der Verjährung des Schadensersatzanspruchs.[357]

cc. § 426 Abs. 2 BGB

Die Verjährung des Anspruchs aus § 426 Abs. 2 BGB richtet sich nach § 93 Abs. 6 AktG, und die Verjährung des Ausgleichsanspruch aus § 426 Abs. 1 BGB berührt diesen Anspruch nicht. Allerdings kann die Streitverkündung diesen Anspruch nicht hemmen, da die Hemmung die Erhebung der Streitverkündung durch den materiell Anspruchsberechtigten voraussetzt.[358] Materiell Anspruchsberechtigter des nach § 426 Abs. 2 BGB übergehenden Anspruchs gegen die Mitglieder des Aufsichtsrats ist zum Zeitpunkt der Streitverkündung die Gesellschaft und nicht das Vorstandsmitglied. Hat die Gesellschaft allerdings nur Klage gegen das Vorstandsmitglied und nicht gegen die Mitglieder des Aufsichtsrats erhoben, wird die Verjährung des Anspruchs gegen die Aufsichtsratsmitglieder durch diese Klage nicht gehemmt. Der spätere Forderungsübergang durch die Befriedigung der Gesellschaft führt nicht zu einer rückwirkenden Hemmung, da dies sich nicht mit dem Sinn und Zweck der Verjährung, nämlich Rechtssicherheit und Rechtsfrieden zu schaffen, verträgt.[359]

dd. Zwischenergebnis

Die verjährungshemmende Wirkung der Streitverkündung kann folglich nur hinsichtlich des Regressanspruchs aus § 426 Abs. 1 BGB genutzt werden, allerdings bloß, solange dieser noch nicht verjährt ist.[360] Für den Anspruch aus § 426 Abs. 2 BGB gilt dafür immerhin die längere Verjährungsfrist nach § 93 Abs. 6 AktG.

---

357 *Fassbach/Wettich*, KSzW 2016, 269, 277.

358 Vgl. *Grothe*, in: MüKo BGB, § 204 Rn 17; *Fassbach/Wettich*, KSzW 2016, 269, 277.

359 *Fassbach/Wettich*, KSzW 2016, 269, 277; BGH, ZfBR 2017, 253, 256.

360 So im Ergebnis auch *Fassbach/Wettich*, KSzW 2016, 269, 277.

d. *Fazit*

Im Ergebnis ist festzustellen, dass das zuerst in Anspruch genommene Organmitglied sich der Gefahr der Verjährung seines Regressanspruchs gegen die übrigen mithaftenden Organmitglieder bewusst sein sollte. Ihm ist zu raten, die Verjährung entweder durch eine einvernehmliche Vereinbarung mit den anderen Organmitgliedern oder durch eine Streitverkündung gegen die Aufsichtsratsmitglieder frühestmöglich zu verhindern. Dadurch steigt aber wiederum die Haftungsgefahr für Aufsichtsratsmitglieder und damit die Bedeutung der D&O-Versicherung des Aufsichtsrats.

12. Verjährungsverlängerung hinsichtlich des Organhaftungsanspruchs

a. *Einführung*

Der Organhaftungsanspruch verjährt, wie bereits festgestellt, nach fünf bis zehn Jahren gem. § 93 Abs. 6 AktG. Die Prüfung, ob überhaupt ein solcher Anspruch besteht, kann einige Zeit dauern. Deshalb kann die Möglichkeit der Vereinbarung einer Verjährungsverlängerung zwischen Gesellschaft und eventuell betroffenem Vorstandsmitglied Sinn machen. Offen ist aber, welche Auswirkungen dies auf den Deckungsanspruch der D&O-Versicherung hat.[361]

b. *Verjährungsverlängerung*

Eine Verjährungsverlängerung dient nicht nur der Verhinderung der Verjährung, sondern ermöglicht dem Aufsichtsrat mehr Zeit und damit eine genauere Prüfung hinsichtlich der Entscheidung über die Inanspruchnahme des Vorstandsmitglieds. Dies ist also nicht nur im Interesse der Gesellschaft, sondern kann auch dem Interesse des Vorstandsmitglieds dienen.[362] Eine Verlängerung kann beispielsweise dazu genutzt werden, Vergleichsverhandlungen zu führen.[363] Solche Vergleichsverhandlungen können zwar eine Verjährungshemmung gem. § 203 BGB auslösen, allerdings besteht schon aufgrund der einseitigen Beendigungsmöglichkeit der Verjährungshemmung durch einen Verhandlungsabbruch nicht die gleiche Rechtssicherheit wie bei der Vereinbarung einer Verjährungsverlängerung.[364]

---

361 Vgl. *Thomas*, AG 2016, 473; *Werner*, VersR 2016, 1352.

362 *Thomas*, AG 2016, 473; *Werner*, VersR 2016, 1352.

363 *Harbarth/Jaspers*, NZG 2011, 368, 370; *Thomas*, AG 2016, 473, 474.

364 *Schnorbus/Klormann*, NZG 2015, 938, 942; *Werner*, VersR 2016, 1352, 1353.

Die Zulässigkeit der Verjährungsverlängerung des Organhaftungsanspruchs ist bis dato – soweit ersichtlich – noch nicht höchstrichterlich geklärt.[365] In der Literatur ist sie umstritten. Nach der bislang herrschenden Meinung wurde die Verlängerung der Verjährung als unzulässig angesehen, da § 93 Abs. 6 AktG die Verjährung abschließend regelt und § 202 Abs. 2 BGB vorgeht.[366] Im Vordringen befindet sich aber die Ansicht, welche die Verjährungsverlängerung zulässt. Die Verjährung dient dem Schutz des Organmitglieds. Wenn dieses der Verlängerung zustimmt, sollte sie aufgrund der Privatautonomie zulässig sein.[367]

c. Folgen der Verjährungsverlängerung für die D&O-Deckung

aa. Allgemeines

Durch die Verjährungsverlängerung kann in dem betroffenen Zeitraum nicht die Einrede der Verjährung erhoben werden, wodurch faktisch das Risiko der Inanspruchnahme des Organmitglieds erhöht wird. Dadurch könnte der Versicherungsschutz gefährdet werden, wenn infolge der Vereinbarung einer Verjährungsverlängerung vor Eintritt des Versicherungsfalls der Deckungsschutz des Organmitglieds aufgrund der derzeitigen Ausgestaltung der AVB der D&O-Versicherungen entfällt.[368] In jedem Fall wird dazu geraten, die Zustimmung des D&O-Versicherers einzuholen.[369] Bei den Folgen der Vereinbarung einer Verjährungsverlängerung auf die D&O-Versicherungsdeckung muss zwischen der Vereinbarung vor und nach Eintritt des Versicherungsfalls unterschieden werden, da hierbei die rechtlichen Rahmenbedingungen der Handlungen der Versicherungsparteien voneinander abweichen.[370]

---

365 Vgl. *Thomas*, AG 2016, 473, 474.

366 *Spindler*, in: MüKo AktG, § 93 Rn 324; *Schnorbus/Klormann*, NZG 2015, 938, 939; *Werner*, VersR 2016, 1352.

367 *Thomas*, AG 2016, 473, 474; *Schnorbus/Klormann*, NZG 2015, 938, 939; *Werner*, VersR 2016, 1352.

368 *Thomas*, AG 2016, 473, 475; *Wahlers/Wolff*, AG 2011, 605, 608; *Werner*, VersR 2016, 1352, 1354.

369 *Schnorbus/Klormann*, NZG 2015, 938, 945.

370 Vgl. *Werner*, VersR 2016, 1352, 1354; *Thomas*, AG 2016, 473, 475.

bb. Vereinbarung einer Verjährungsverlängerung vor Eintritt des Versicherungsfalls

(1) Wortlaut des § 100 VVG

Es stellt sich die Frage, ob die Haftpflicht durch die Vereinbarung einer Verjährungsverlängerung vor Eintritt des Versicherungsfalls nicht mehr von dem Versicherungsschutz umfasst ist. Nach § 100 VVG beinhaltet die Versicherungsdeckung die Freistellung von begründeten und die Abwehr von unbegründeten Haftpflichtansprüchen.[371] Nach den AVB-AVG der D&O-Versicherung dagegen wird nur die Haftung „aufgrund gesetzlicher Haftpflichtbestimmungen" gedeckt.[372] Ändert also die Verjährungsverlängerung etwas an der Haftungsdeckung, weil es sich dadurch nicht mehr um eine Haftung nach gesetzlichen Haftpflichtbestimmungen handelt, sondern die vereinbarte Haftung über die gesetzliche Haftung hinausgeht? Dies würde dazu führen, dass der Haftpflichtanspruch, welchem die Einrede der Verjährung entgegengehalten werden kann, nicht mehr von der Versicherungsdeckung umfasst ist. Diese Frage ist bereits für die allgemeine Haftpflichtversicherung umstritten und wurde auch für die D&O-Versicherung noch nicht geklärt.[373]

Der Wortlaut „aufgrund" von Ziff. 1.1 AVB-AVG deutet darauf hin, dass es auf den Haftungsgrund, nämlich § 93 Abs. 2 AktG, ankommt. Durch die Verjährungsverlängerung ändert sich aber nichts an dem Haftungsgrund, was für eine Deckung der Haftpflicht trotz Vereinbarung der Verjährungsverlängerung spricht.[374]

(2) Schadensabwendungsobliegenheit nach § 82 VVG

In Betracht kommt aber die Verletzung der Schadensabwendungsobliegenheit nach § 82 VVG durch die Vereinbarung einer Verjährungsverlängerung. § 82 VVG gilt jedoch ausdrücklich erst „bei Eintritt des Versicherungsfalles".[375] Zwar soll § 82 VVG nach einer Meinung, welche sich auf die sogenannte „Vorerstreckungstheorie" beruft, bei der D&O-Versicherung aufgrund des Claims-made-Prinzips schon vor dem Eintritt des Versicherungsfalls gelten, da nach diesem Prinzip der Versicherungsfall erst mit der Anspruchserhebung eintritt. Danach würde die Schadensabwendungsobliegenheit erst zur Geltung kommen, wenn

371 *Thomas*, AG 2016, 473, 475; *Werner*, VersR 2016, 1352, 1354.

372 Ziff. 1.1 AVB-AVG.

373 Vgl. *Thomas*, AG 2016, 473, 475 f; *Werner*, VersR 2016, 1352, 1354 f.

374 Vgl. *Thomas*, AG 2016, 473, 476; so im Ergebnis auch *Werner*, VersR 2016, 1352, 1356.

375 *Thomas*, AG 2016, 473, 477; *Werner*, VersR 2016, 1352, 1355.

der Schaden schon eingetreten ist oder sogar der Schadensverlauf bereits beendet ist. Deshalb sei eine teleologische Auslegung in der Art notwendig, dass die Obliegenheit bereits mit der erstmaligen Möglichkeit der Schadensabwendung oder -minderung beziehungsweise mit dem Zeitpunkt der Pflichtverletzung des Organmitglieds gilt.[376] Im allgemeinen Haftpflichtversicherungsrecht wird dieser Ansicht überwiegend nicht gefolgt. Grund dafür ist unter anderem, dass eine solche Vorerstreckung dazu führen würde, dass der Versicherungsnehmer den Versicherungsfall nicht durch sein eigenes Verhalten herbeiführt. Hierdurch würde aber die Grenze zu § 103 VVG verschwimmen, welcher die Obliegenheit zur Nichtherbeiführung des Versicherungsfalles regelt, jedoch Vorsatz voraussetzt.[377]

(3) Gefahrerhöhung nach § 23 VVG

Die Vereinbarung einer Verjährungsverlängerung könnte eine Gefahrerhöhung im Sinne des § 23 VVG darstellen. Eine Gefahrerhöhung ist jede nachträgliche Abänderung der Verhältnisse, welche zur Steigerung des Eintritts des Versicherungsfalls oder generell zur Erhöhung der Schadenswirkung führt.[378] Bei der D&O-Versicherung führt eine Verjährungsverlängerung dazu, dass sich der Zeitraum der erfolgreichen Anspruchserhebung vergrößert. Folglich kann eine Verjährungsverlängerung den Eintritt des Versicherungsfalls fördern[379] und damit zur Gefahrerhöhung beitragen.

Allerdings ist zu fragen, ob §§ 23 ff. VVG überhaupt einschlägig sind, oder ob die Verjährungsverlängerung eine mitversicherte Gefahrerhöhung im Sinne des § 27 VVG darstellt.[380] Diese Frage orientiert sich an der Auslegung des Versicherungsvertrags.[381] Es würde dem claims-made-Prinzip widersprechen, wenn die Verjährungsverlängerung wegen § 23 VVG der Zustimmung des Versicherers bedürfte, weil der Versicherte dann mögliche Schadensfälle schon vor der Erhebung des Anspruchs anzeigt. Der Versicherer müsste sodann die mögliche Haftung bereits vor der Anspruchserhebung einschätzen, um über die Zustimmung entscheiden zu können. Eine solche Einschätzung soll aber nach dem claims-made-Prinzip erst mit der Erhebung des Anspruchs durchgeführt werden, damit

---

376 *Lange*, D&O-Versicherung und Managerhaftung, § 12 Rn 60; BGHZ 113, 359, 360 f.; *Koch*, in: Großkomm VVG, § 82 Rn 103; *Werner*, VersR 2016, 1352, 1355.

377 Vgl. *Werner*, VersR 2016, 1352, 1355; *Thomas*, AG 2016, 473, 478.

378 BGHZ 42, 295, 297.

379 Vgl. *Thomas*, AG 2016, 473, 478.

380 *Thomas*, AG 2016, 473, 479; so auch *Werner*, VersR 2016, 1352, 1355.

381 *Langheid*, in: Langheid/Rixecker, VVG, § 23 Rn 18.

sich der Versicherer nach § 100 VVG entweder für die Anspruchsabwehr oder die Freistellung entscheiden kann. Folglich erscheint es sinnvoller, die Verjährungsverlängerung als Gefahrerhöhung vor Eintritt des Versicherungsfalls als mitversichert nach § 27 VVG anzusehen.[382]

(4) Nachmeldefrist

Dem Versicherten ist zu raten, dass bei Vereinbarung der Verjährungsverlängerung auch die vertraglich vereinbarte Nachmeldefrist verlängert werden sollte, da die Verjährungsverlängerung zu einem längeren Nachhaftungszeitraum führen kann. Allerdings ist für die vertragliche Vereinbarung der Nachmeldefristverlängerung der Versicherungsnehmer zuständig. Außerdem kann es hierdurch zur Erhöhung der Versicherungsprämie kommen.[383]

(5) Fazit

Die Vereinbarung einer Verjährungsverlängerung vor Eintritt des Versicherungsfalls kann also grundsätzlich als zulässig erachtet werden und sollte im Ergebnis nicht von der Zustimmung des Versicherers abhängig gemacht werden, auch wenn der Versuch einer Vereinbarung mit diesem trotzdem angestrebt werden sollte. Der Versicherungsnehmer muss aber möglicherweise Prämiensteigerungen aufgrund einer verlängerten Nachmeldefrist in Kauf nehmen.

cc. Vereinbarung einer Verjährungsverlängerung nach Eintritt des Versicherungsfalls

Nach überwiegender Ansicht bleibt die schon entstandene Haftpflicht trotz Vereinbarung einer Verjährungsverlängerung nach Eintritt des Versicherungsfalls von der Deckung der D&O-Versicherung erfasst. Hier können dieselben Ansätze, wie bereits bei der Verjährungsverlängerung vor Eintritt des Versicherungsfalls erwähnt, angeführt werden.[384]

(1) Anerkenntnis

Allerdings könnte die Verjährungsverlängerung nach Eintritt des Versicherungsfalls wie ein Anerkenntnis des Haftpflichtanspruchs wirken und damit einen Deckungsverlust herbeiführen. Im Vergleich zum Anerkenntnis behandelt

---

382 *Werner*, VersR 2016, 1352, 1355; so auch *Thomas*, AG 2016, 473, 479.

383 Vgl. *Thomas*, AG 2016, 473, 479; dazu auch umfassend *Melot de Beauregard/Gleich*, NJW 2013, 824, 826.

384 Vgl. *Thomas*, AG 2016, 473, 479; dazu ausführlicher *Werner*, VersR 2016, 1352, 1355 f.

die Verjährungsverlängerung jedoch nicht die Anerkennung des Bestehens des Haftpflichtanspruchs, sondern verlängert nur den Durchsetzungszeitraum des Anspruchs.[385]

(2) Zustimmung des Versicherers aufgrund § 82 VVG

Bei der Verjährungsverlängerung nach Eintritt des Versicherungsfalls ist der Versicherungsfall bereits eingetreten, sodass die Schadensabwendungsobliegenheit nach § 82 VVG gilt. Danach muss der Versicherungsnehmer den Versicherer bei der Anspruchsabwehr unterstützen.[386] Mit dieser Obliegenheit geht einher, dass der Versicherungsnehmer für die Vereinbarung einer Verjährungsverlängerung nach Eintritt des Versicherungsfalls die Zustimmung des Versicherers anfragen muss. Denn eine solche Verlängerung kann die Anspruchsabwehrchancen zuungunsten des Versicherers verschlechtern. Wird die Verlängerung mit seiner Zustimmung vereinbart, so liegt keine Obliegenheitsverletzung vor.[387]

(3) Folgen der fehlenden Zustimmung

Wie bereits gesehen, gibt es verschiedene Arten von Versicherungsmodellen. Häufig bleibt es bei der D&O-Versicherung nicht nur bei einem Versicherer, sondern es sind mehrere Versicherungen beteiligt. Wenn in einem solchen Fall nicht alle Versicherer zustimmen, ist fraglich, wie sich dies auf die Verjährungsverlängerung auswirkt. Die gleiche Frage stellt sich auch, wenn das Einholen der Zustimmung übergangen wurde.[388] Eine mangelnde Zustimmung des Versicherers oder eine nur teilweise Zustimmung bei mehreren Versicherern könnte Einfluss auf die Wirksamkeit der Verjährungsverlängerung haben. Allerdings ist die Zustimmung keine Voraussetzung für die Verlängerung, sondern nur eine Obliegenheit im Rahmen der Anspruchsabwehr. Deshalb ändert sie nichts an der Wirksamkeit der Verjährungsverlängerung. Stattdessen kommt aber die Verletzung der Schadensabwendungsobliegenheit gem. § 82 Abs. 1 VVG in Betracht. Verletzt der Versicherer die Obliegenheit vorsätzlich, so ist der Versicherer nach § 82 Abs. 3 S. 1 VVG nicht zur Leistung verpflichtet. Bei grober Fahrlässigkeit darf der Versicherer die Leistung gem. § 82 Abs. 3 S. 2 HS 1 VVG verhältnismäßig kürzen. Zu beachten ist, dass der Versicherer gem. § 82 Abs. 4 S. 1 VVG trotz der

---

385 *Thomas*, AG 2016, 473, 480; *Werner*, VersR 2016, 1352, 1355 f.

386 *Voit*, in: Prölss/Martin, VVG, § 82 Rn 19; vgl. *Werner*, VersR 2016, 1352, 1355 f.; vgl. *Schmidt-Kessel*, in: Looschelders/Pohlmann, VVG, § 82, Rn 1.

387 Vgl. *Thomas*, AG 2016, 473, 480; *Werner*, VersR 2016, 1352, 1355 f.

388 *Thomas*, AG 2016, 473, 480 f; *Werner*, VersR 2016, 1352, 1355 f.

Verletzung zur Leistung verpflichtet bleibt, wenn die Verletzung weder für die Feststellung des Versicherungsfalls noch für die Feststellung oder den Umfang der Leistungspflicht ursächlich ist. Das Fehlen einer Auswirkung der Obliegenheitsverletzung muss von dem Versicherungsnehmer nachgewiesen werden.[389] Eine nur teilweise Zustimmung sollte der mangelnden Zustimmung aufgrund des Sinns und Zwecks des Zustimmungserfordernisses gleichstehen. Denn ein Versicherer sollte in seiner Anspruchsabwehr nicht benachteiligt werden, nur weil mehrere Versicherer beteiligt sind. Würde eine teilweise Zustimmung ausreichen, so würde dies zusätzlich die Attraktivität einer D&O-Versicherung, an der mehrere Versicherer beteiligt sind, für die Versicherer mindern. Dies kann nicht gewollt sein.

(4) Fazit

Die Vereinbarung einer Verjährungsverlängerung nach Eintritt des Versicherungsfalls kann somit ebenfalls als zulässig erachtet werden. Allerdings ist sie von der Zustimmung des Versicherers abhängig, denn falls diese fehlt, kommt eine Obliegenheitsverletzung im Sinne des § 82 Abs. 1 VVG in Betracht mit dem Risiko, den Versicherungsschutz zu verlieren.

dd. Verjährungsvereinbarung in den Versicherungsbedingungen

Im Ergebnis kann man feststellen, dass unterschiedliche Anforderungen an die Vereinbarung einer Verjährungsverlängerung zu stellen sind und dass die Verlängerung verschiedene versicherungsrechtliche Rechtsfolgen hervorrufen kann. Zu klären ist, wie diesen Anforderungen und Rechtsfolgen in den AVB des D&O-Versicherungsvertrags Rechnung zu tragen ist.

Ob in den AVB „ein pauschaler Deckungsausschluss" im Falle einer Verlängerung vereinbart werden kann, ist fraglich, da es sich hierdurch um einen „Risikoausschluss" handeln würde. Die AVG müssen einer umfassenden AGB-Kontrolle standhalten. Ein Risikoausschluss könnte den Vertragszweck gefährden nach § 307 Abs. 2 S. 2 BGB. Denn ein solcher Ausschluss könnte die Handlungsmöglichkeiten des Versicherten hinsichtlich der Schadensminderung und Abwehr seines Haftungsanspruchs durch Verhandlungsmöglichkeiten deutlich beschränken, obwohl dafür kein begründetes Interesse des Versicherers besteht.[390]

---

389 *Voit*, in: Prölss/Martin, VVG, § 82 Rn 32; *Schmidt-Kessel*, in: Looschelders/Pohlmann, VVG, § 82, Rn 25 ff.

390 *Thomas*, AG 2016, 473, 483; siehe auch *Armbrüster*, in: Prölss/Martin, VVG, Einleitung Rn 114.

Daher kann die Option einer Verjährungsverlängerung in den AVB nur als Obliegenheit beschränkt werden. § 82 VVG muss allerdings wegen § 87 VVG berücksichtigt werden. Ein pauschaler Deckungsausschluss bei Verjährungsverlängerung kann nicht beschlossen werden. Insbesondere die Vereinbarung einer „Weisungsbefolgungsobliegenheit" muss nach § 82 Abs. 2 S. 1 VVG dem Versicherungsnehmer zumutbar sein, was auch von Ziff. 7.3.2.2 AVB-AVG gefordert wird.[391]

ee. Zwischenergebnis

Die Folgen der Vereinbarung einer Verjährungsverlängerung sind zeitlich zu unterscheiden. Findet die Vereinbarung vor Eintritt des Versicherungsfalls statt, kann sie als mitversicherte Gefahrerhöhung im Sinne des § 27 VVG angesehen werden. Eine Zustimmung des Versicherers ist nicht erforderlich, aber in der Praxis zur gemeinsamen Abstimmung empfehlenswert. Findet die Vereinbarung dagegen nach dem Eintritt des Versicherungsfalls statt, so bedarf sie der Zustimmung des Versicherers, weil die Anspruchsabwehr nun in seiner Hand liegt. Durch die Verjährungsverlängerung könnte ihm nämlich die Abwehrmöglichkeit der Einrede der Verjährung genommen werden. Der Versicherer muss aber bei seiner Entscheidung die Interessen von Versichertem und Versicherungsnehmer beachten. Ist die Verweigerung der Zustimmung diesen nicht zumutbar, so folgt aus einer Verjährungsverlängerung ohne Zustimmung kein Deckungsverlust. Von besonderer Bedeutung ist dies im Falle mehrerer D&O-Versicherer, welche divergierende Weisungen nach § 82 Abs. 2 S. 2 VVG erteilen.[392]

d. Fazit zur Verjährungsverlängerung

Im Bereich der D&O-Versicherung hat die vertragliche Vereinbarung von Verjährungsverlängerungen eine besondere Bedeutung, da der klärungsbedürftige Sachverhalt häufig sehr kompliziert ist und es zur Ermittlung deshalb oft mehr Zeit benötigt.[393] Die Zulässigkeit der Verjährungsverlängerung bedarf allerdings noch einer höchstrichterlichen Klärung. Wird eine solche Verlängerung vereinbart, müssen in jedem Fall die je nach Zeitpunkt der Vereinbarung unterschiedlichen Anforderungen und Rechtsfolgen beachtet werden. Den Parteien ist zu

---

391 Vgl. *Thomas*, AG 2016, 473, 483; *Werner*, VersR 2016, 1352, 1355.

392 So im Ergebnis *Thomas*, AG 2016, 473, 483 f.; vgl. *Werner*, VersR 2016, 1352, 1354 ff.

393 So auch *Thomas*, AG 2016, 473; *Werner*, VersR 2016, 1352; zur Komplexität von D&O-Sachverhalten *Hendricks*, Versicherungsmonitor v. 18.04.16, https://versicherungsmonitor.de/2016/04/18/der-do-deckungsvergleich-und-breuers-rettung/.

raten, dass zur Sicherheit immer gemeinsame Entscheidungen in Abstimmung mit allen Parteien zu treffen sind, um Deckungslücken und eine Verkomplizierung der Rechtslage zu vermeiden.

13. Fazit zur D&O-Versicherung als Haftungsbegrenzung

Nachdem in dem vorangegangenen Kapitel die Haftungsrisiken des Aufsichtsrats erläutert wurden, erfolgte in diesem Kapitel die Darstellung der Möglichkeit die Managerhaftung durch die D&O-Versicherung absichern zu lassen. Die vorgenommene Aufarbeitung, insbesondere des potentiellen Inhalts der Versicherungsbedingungen und der diskutierten Konfliktbereiche, welche in diesem noch jungen Rechtsgebiet bestehen, kann als Grundlage für die folgenden Problemschwerpunkte genommen werden. Zuvor soll jedoch im Sinne eines besseren Verständnisses der US-amerikanische Ursprung der D&O-Versicherung noch weiter vertieft werden, da dieser teilweise sogar den Konfliktherd darstellt.

III. Drittes Kapitel: Die amerikanische Business Corporation

Wie bereits erläutert wurde, stammt die D&O-Versicherung aus den USA. Das US-amerikanische Gesellschaftsrecht, das sogenannte corporation law, unterscheidet sich von dem deutschen Gesellschaftsrecht in vielerlei Hinsicht.[394] Insbesondere daraus resultieren einige Transfer-Probleme durch die Übertragung der amerikanischen D&O-Versicherung auf das deutsche Gesellschaftsrechtssystem. Deshalb soll zum besseren Verständnis auf die Grundstruktur der US-amerikanischen business corporation eingegangen werden.

1. Rechtsquellen

Es gibt kein einheitliches US-amerikanisches Gesellschaftsrecht, sondern die Einzelstaaten haben jeweils ein eigenes corporation law.[395] Die meisten Einzelstaaten der USA orientieren ihr Gesellschaftsrecht aber an dem sogenannten Model Business Corporation Act (MBCA) und dem jüngeren Revised Model Business Corporation Act (RMBCA).[396]

---

394 So auch *Kindler*, Der amerikanische Aufsichtsrat, S. 4.

395 Vgl. *Heidmeier*, IWB 4/2003, 169; *Schmidt*, RIW 2016, 718; *Süß*, in: Münch. Hdb. GsR, VI, § 47 Rn 580.

396 *Heidmeier*, IWB 4/2003, 169, 180; *Süß*, in: Münch. Hdb. GsR, VI, § 47 Rn 580; dazu ausführlich *Schmidt*, RIW 2016, 718.

Für die Haftungsgrundlagen ist im Übrigen noch das common law zu nennen, welches in den USA gilt. Man unterscheidet das common law aus dem englischen Recht und das civil law, welches aus dem römischen Recht von Kontinentaleuropa stammt.[397] Das common law differenziert sich dadurch vom civil law, dass es nicht kodifiziert ist. Außerdem behandelt das common law Regeln und Grundprinzipien, welche hauptsächlich aus Fallrecht von Präzedenzfällen und richterlicher Rechtsfortbildung stammen.[398]

Im Übrigen sind noch die corporation statutes zu nennen. Dabei handelt es sich um das Recht der jeweiligen Einzelstaaten, welches die Struktur und auch Regelungen, insbesondere hinsichtlich der Organisation, der business corporation normiert.[399]

2. Allgemeines

Die US-amerikanische business corporation, auch stock corporation oder einfach nur corporation genannt, ist die häufigste Gesellschaftsform in den USA. Vergleichbar ist sie strukturell mit der Grundform einer Kapitalgesellschaft. Sie besitzt eine eigene Rechtspersönlichkeit. Hervorzuheben ist die wichtige Variante der publicly held corporation, welche mit der deutschen Aktiengesellschaft vergleichbar ist, weil die Anteile weit verteilt und übertragbar sind.[400]

3. Grundstruktur

Die wichtigsten Beteiligten der corporation als juristische Person sind die Gesellschafter (shareholders), der board of directors und die leitenden Angestellten (executive officers).[401]

a. Gesellschafter (shareholders)

Den Gesellschaftern werden bestimmte Mitgliedschaftsrechte gewährt. Sie haben zum Beispiel das Recht, die Mitglieder des board of directors zu bestellen und abzuberufen oder die Möglichkeit, satzungsrechtliche Änderungen nach

---

397 *Häcker*, JuS, 2014, 872.

398 Ausführlich zum Common Law *Häcker*, JuS 2014, 872, 874.

399 *Merkt*, US-amerikanisches Gesellschaftsrecht, Rn 216; *Schmidt*, RIW 2016, 718 nennt in FN 3 dafür exemplarisch das Delaware General Corporation Law (DGCL), abrufbar unter https://delcode.delaware.gov/title8/c001/.

400 Statt vieler *Merkt*, US-amerikanisches Gesellschaftsrecht, Rn 194, 195 m.w.N.

401 Vgl. *Merkt*, US-amerikanisches Gesellschaftsrecht, Rn 609; *Heidmeier*, IWB 4/2003, 169, 181.

Maßgabe des Gesetzes vorzunehmen.[402] Die Gesellschafter üben ihre Rechte im shareholder meeting aus, vergleichbar mit der Hauptversammlung.[403]

b. *Board of Directors*

Der board of directors ist für das Management der corporation zuständig und vertritt die Gesellschaft. Er ist nicht an Weisungen der Gesellschafterversammlung gebunden, auch wenn diese ihn abbestellen kann. Der board of directors ist unter anderem zuständig für die Überwachung der leitenden Angestellten.[404] Damit ist der board of directors das vorgeschriebene zentrale Organ der Gesellschaft. Die Geschäftsführung und Leitung der Gesellschaft wird durch den board ausgeübt.[405] Damit ist durch den board die Geschäftsführungs- und die Überwachungsfunktion in einem Organ vereinheitlicht. Dies wird als monistisches System bezeichnet und ist im Vergleich zum deutschen, dualistischen System international vorherrschend.[406]

Der chairman leitet als Vorsitzender den board.[407] Dieser kann gleichzeitig CEO sein.[408]

c. *Leitende Angestellte (executive officers)*

Die leitenden Angestellten werden häufig als Vertreter des board of directors behandelt[409] und besorgen vor allem das Tagesgeschäft[410]. Bestellt werden sie von dem board of directors. Üblich ist die Bestellung eines chief executive officers

---

402 *Merkt*, US-amerikanisches Gesellschaftsrecht, Rn 613; *Heidmeier*, IWB 4/2003, 169, 181; *Süß*, in: Münch. Hdb. GsR, VI, § 47 Rn 625.

403 *Heidmeier*, IWB 4/2003, 169, 181; ähnlich auch *Süß*, in: Münch. Hdb. GsR, VI, § 47 Rn 625 f.

404 *Merkt*, US-amerikanisches Gesellschaftsrecht, Rn 617.

405 *Kindler*, Der amerikanische Aufsichtsrat, S. 13, 14; *Hellgardt/Hoger*, ZGR 2011, 38, 40; *Süß*, in: Münch. Hdb. GsR, VI, § 47 Rn 620.

406 *Pfitzer/Oser/Orth*, Deutscher Corporate Governance Kodex, S. 74; dagegen vergleicht *Süß*, in: Münch. Hdb. GsR, VI, § 47 Rn 623 den board mit dem deutschen Aufsichtsrat, wenn die Geschäftsführung an die officers übertragen wird und dem board hauptsächlich die Ernennung, Weisung und Überwachung bleibt.

407 *Heidmeier*, IWB 4/2003, 169, 181.

408 *Merkt*, US-amerikanisches Gesellschaftsrecht, Rn 626; *Pfitzer/Oser/Orth*, Deutscher Corporate Governance Kodex, S. 74.

409 *Merkt*, US-amerikanisches Gesellschaftsrecht, Rn 619.

410 Vgl. *Heidmeier*, IWB 4/2003, 169, 182.

(CEO) als Vorsitzendem und mehrerer diesem untergebenem Angestellten. Der CEO ist bei großen Unternehmen häufig Mitglied des boards.[411]

4. Haftung

Zu beachten ist, dass sich der Begriff der Haftung nicht eindeutig mit dem Begriff „liability" deckt. Denn liability umfasst nicht nur die Haftung, sondern unter anderem auch Schulden oder Pflichten.[412]

a. Gesellschafter

Nach § 6.22 RMBCA haften die Gesellschafter nur mit ihrem Kapital. Allerdings kommt es zur Durchgriffshaftung der Gesellschafter, wenn diese die Begrenzung auf das Kapital zum Nachteil der Gesellschaftsgläubiger missbrauchen.[413] Dies wird „piercing of the corporate veil" genannt und ist eine Ausnahme zur sonst strikten Trennung der Gesellschaft als juristische Person und den Gesellschaftern.[414]

b. Board of Directors

Zwar können die einzelnen Mitglieder des board of directors nicht selbstständig handeln, sondern nur gemeinsam als Organ. Trotzdem können die Mitglieder jeweils selbstständig haftbar gemacht werden. Ein Mitglied haftet für deliktische Handlungen, durch die es zu Schäden für die Gesellschaft, die Gesellschafter, einen Angestellten oder einen Gläubiger beziehungsweise einen anderen Dritten kommt. Ein director haftet für die deliktische Handlung eines anderen directors oder Angestellten nur, wenn er diese Handlung mitverursacht hat, zum Beispiel durch eine Anweisung oder dasselbe Verhalten. Die vertragliche Haftung eines directors bei Ansprüchen Dritter gegen die Gesellschaft kommt nur in Betracht, sofern er persönlich gebunden ist, als Partei, Bürge oder bei einer ausdrücklichen Garantieübernahme.[415]

---

411 *Merkt*, US-amerikanisches Gesellschaftsrecht, Rn 661 ff.; *Heidmeier*, IWB 4/2003, 169, 181; *Kindler*, Der amerikanische Aufsichtsrat, S. 32; *Süß*, in: Münch. Hdb. GsR, VI, § 47 Rn 624.

412 *Wollny*, Die directors' and officers' liability insurance in den Vereinigten Staaten von Amerika (D&O-Versicherung), S. 33.

413 *Heidmeier*, IWB 4/2003, 169, 184; *Süß*, in: Münch. Hdb. GsR, VI, § 47 Rn 630.

414 Vgl. *Merkt*, US-amerikanisches Gesellschaftsrecht, Rn 414; *Süß*, in: Münch. Hdb. GsR, VI, § 47 Rn 623.

415 Dazu ausführlich *Merkt*, US-amerikanisches Gesellschaftsrecht, Rn 696.

Zu beachten hat ein director die Treuepflicht gegenüber der Gesellschaft, die sogenannte „duty of loyalty".[416] Außerdem hat ein director die Aufgaben nach den Regeln der Sorgfalt gegenüber der Gesellschaft zu erfüllen, die sogenannte „duty of care". Ein Verstoß kann eine Haftung zur Folge haben.[417]

Nach dem common law ist eine Haftung der directors bei absichtlicher Überschreitung ihrer Vertretungsmacht, bei einem ultra vires Akt und bei Verletzung ihrer Treue- und Sorgfaltspflichten gegenüber der Gesellschaft möglich. Eine gesetzliche Haftung nach dem Recht des jeweiligen Mitgliedsstaats ist an die Verletzung bestimmter gesetzlicher Pflichten gebunden. Zwar ist eine Absicht regelmäßig nicht erforderlich, allerdings ist die Exkulpation bei Nachweis der Ausübung und Beachtung seiner Pflichten möglich.[418]

Als Beispiel für einen Fall der gesetzlichen Haftung kann der eigene Anteilserwerb eines Mitglieds unter Ausnutzung der Position und unangemessener Gegenleistung genannt werden. Hier ist eine Haftung auf den Differenzbetrag zwischen tatsächlicher und zulässiger Gegenleistung beschränkt.[419]

Im Falle einer gesetzlichen Haftung, haftet der board gesamtschuldnerisch, zumindest soweit die jeweiligen Mitglieder an der betroffenen Sitzung teilgenommen haben. Bei Inanspruchnahme von einzelnen Mitgliedern findet ein Ausgleich im Innenverhältnis statt.[420]

c. *Leitende Angestellte*

Die officers können ebenso wie die directors persönlich haften. Auch für sie ist die Möglichkeit der Exkulpation bei Einhaltung der Treue- und Sorgfaltspflicht gegeben. Allerdings gibt es drei Ausnahmefälle, bei denen sich der director nicht exkulpieren kann:

> Wenn er eine ausdrückliche Garantie gegenüber Dritten hinsichtlich der Erfüllung der Gesellschaftsverbindlichkeit übernimmt. Wenn er gegenüber Dritten im eigenen Namen handelt und nicht auf seine Vertretung hinweist. Wenn er gegen eine gesetzliche Vorschrift verstößt.[421]

---

416 *Wollny*, Die directors' and officers' liability insurance in den Vereinigten Staaten von Amerika (D&O-Versicherung), S. 52; *Möritz*, Haftung des Managements und Drittschutz, S. 147 f.

417 *Süß*, in: Münch. Hdb. GsR, VI, § 47 Rn 622; *Wollny*, Die directors' and officers' liability insurance in den Vereinigten Staaten von Amerika (D&O-Versicherung), S. 54 f.

418 Vgl. *Merkt*, US-amerikanisches Gesellschaftsrecht, Rn 697, 698.

419 § 8.33 R.M.B.C.A.

420 *Merkt*, US-amerikanisches Gesellschaftsrecht, Rn 699.

421 *Merkt*, US-amerikanisches Gesellschaftsrecht, Rn 702 f.

d. *Enthaftung (Indemnification)*

Im US-amerikanischen Rechtssystem besteht die Möglichkeit der indemnification. Darunter versteht man die Frage, wann und wie die Gesellschaft ihren directors und officers Schäden, welche diesen aufgrund ihrer Positionsausübung entstehen, zu ersetzen hat.[422] In der Hauptsache soll die indemnification die Verteidigungskosten, wie Anwalts- und Gerichtskosten, ersetzen.[423] Zu beachten ist, dass die obsiegende Partei in den USA die eigenen Prozesskosten selbst tragen muss.[424]

Es muss unterschieden werden, zwischen der indemnification nach common law und nach den corporate statutes.

aa. *Common Law*

Unterliegt das Mitglied im Verfahren, so hat es nach dem common law grundsätzlich keinen Anspruch auf indemnification. Obsiegt das Mitglied, so sind sich die Gerichte nicht einig, ob ein Anspruch auf indemnification besteht.[425]

bb. *Corporation Statutes*

Nach den corporation statutes der meisten Einzelstaaten besteht der Anspruch auf indemnification bei Obsiegen des Mitglieds. Im Fall des Unterliegens steht der Anspruch meist im Ermessen der Gesellschaft, welches sich nach dem jeweiligen Verhalten des Mitglieds zu richten hat.[426]

e. *Fazit*

Das US-amerikanische Haftungssystem unterscheidet sich zwar grundlegend von der deutschen Organhaftung. Allerdings ist bei beiden Systemen eine Innenhaftung der Organe gegenüber der Gesellschaft, sowie eine

---

422 *Bastuck*, Enthaftung des Managements, S. 1; dazu und zur Side-B-Deckung in diesem Zusammenhang ausführlich *Gomes Ramos*, ECFR 2017, 723 ff.

423 *Merkt*, US-amerikanisches Gesellschaftsrecht, Rn 707, 708; vgl. *Gomes Ramos*, ECFR 2017, 723, 740.

424 *Wollny*, Die directors‘ and officers‘ liability insurance in den Vereinigten Staaten von Amerika (D&O-Versicherung), S. 34; sogenannte „american rule“ vgl. *Günther*, VW 1/2002, 13 ff.

425 Vgl. *Merkt*, US-amerikanisches Gesellschaftsrecht, Rn 709; *Wollny*, Die directors‘ and officers‘ liability insurance in den Vereinigten Staaten von Amerika (D&O-Versicherung), S. 127.

426 Vgl. *Merkt*, US-amerikanisches Gesellschaftsrecht, Rn 711, 712.

Außenhaftung der Organe gegenüber Dritten möglich. Zu beachten ist, dass in den USA die Außenhaftung den Normalfall darstellt.[427]

5. Begrenzung der Haftung durch die D&O-Versicherung

a. Historische Entwicklung

Vor Verbreitung der D&O-Versicherung konnten die directors und officers sich vor einer Haftung nur durch den Anspruch auf indemnification schützen. Durch die D&O-Versicherung ist eine sicherere Haftungsbegrenzung möglich.[428]

Der Versicherungsschutz wurzelt in dem Börsencrash des „Schwarzen Freitags" am 25. Oktober 1929 an der Wall Street in New York, denn als Reaktion auf den Kurseinbruch, wurde die Haftung der directors und officers gegenüber den Aktionären verschärft.[429]

Wie bereits erwähnt, gilt in den USA der Grundsatz, dass der Beklagte selbst bei erfolgreichem Ausgang des Rechtsstreits die Prozesskosten selbst übernehmen muss, sogenannte „American Rule". Dies ist als entscheidender Beitrag zur Entwicklung der D&O-Versicherung in den USA zu nennen.[430]

b. Inhalt der amerikanischen D&O-Versicherung

Das Recht zum Abschluss einer D&O-Versicherung ist inzwischen sogar in § 8.75 R.M.B.C.A. kodifiziert.

Die US-amerikanische D&O-Versicherung umfasst zwei Teile. Der eine Teil ist die corporate reimbusement coverage und deckt die Schäden der Gesellschaft, die ihr aufgrund der Zahlung der indemnification entstehen. Der andere Teil wird als personal coverage bezeichnet und deckt die Schäden der directors und officers selbst, welche die Gesellschaft nicht durch die indemnification ausgleicht.[431] In der Praxis besteht die Möglichkeit der Eigenbeteiligung

---

427 Zur Häufigkeit der Außenhaftung in Deutschland siehe Kapitel B. I. 2. a. der Arbeit.

428 Vgl. *Wollny*, Die directors' and officers' liability insurance in den Vereinigten Staaten von Amerika (D&O-Versicherung), S. 123; dazu ausführlich *Gomes Ramos*, ECFR 2017, 723, 725 ff.

429 *Ihlas*, Organhaftung und Haftpflichtversicherung, S. 35; *Wollny*, Die directors' and officers' liability insurance in den Vereinigten Staaten von Amerika (D&O-Versicherung), S. 149; *Gomes Ramos*, ECFR 2017, 723, 734.

430 Vgl. *Ihlas*, Organhaftung und Haftpflichtversicherung, S. 36.

431 *Wollny*, Die directors' and officers' liability insurance in den Vereinigten Staaten von Amerika (D&O-Versicherung), S. 169, S. 220; *Merkt*, US-amerikanisches Gesellschaftsrecht, Rn 726.

hinsichtlich beider Teile. Inhaltlich umfasst die Versicherung nur fahrlässige Pflichtverletzungen. Vorsätzliche Handlungen sind vom Versicherungsschutz ausgenommen.[432] Im Normalfall zahlt die Gesellschaft die Versicherungsprämie.[433]

Die Versicherung umfasst also grundsätzlich nur die Außenhaftung, insbesondere den Ersatz der indemnification, welche aus Prozessen von Dritten gegen die directors und officers herrühren. Die Innenhaftung ist hier prinzipiell ausgeschlossen.[434]

6. Gegenüberstellung von deutscher und US-amerikanischer Haftungspraxis

Das deutsche Organhaftungsrecht ist so angelegt, dass die Innenhaftung den Normalfall darstellt, auch wenn in der Praxis die Zahl der Außenhaftungsfälle steigt.[435] In den USA ist in der Praxis dagegen die Klageerhebung durch die Aktionäre oder Gläubiger und nicht durch die Gesellschaft der Regelfall.[436] Dadurch besteht ein erhöhtes Risiko der Außenhaftung, wenn es zu einer Klage im Ausland nach ausländischem Recht kommt. Dies gilt insbesondere für die USA.[437] Generell besteht in den USA im Vergleich zu Deutschland eine höhere Klagebereitschaft neben der Gesellschaft selbst das Management in Anspruch zu nehmen, da dort insgesamt die „prozessfreundlicheren Rahmenbedingungen“ bestehen.[438]

Eine weitere Eigenheit und Gefahr der US-amerikanischen Managerhaftungspraxis ist die Methode, dass Organmitglieder in „astronomischer Höhe“ in Anspruch genommen werden und im Zuge der Verursachung hoher

432 *Merkt*, US-amerikanisches Gesellschaftsrecht, Rn 726, 727.

433 *Wollny*, Die directors‘ and officers‘ liability insurance in den Vereinigten Staaten von Amerika (D&O-Versicherung), S. 166.

434 Vgl. *Thümmel/Sparberg*, DB 1995, 1013, 1019; dazu näher mit Klauselbeispiel *Ihlas*, in: Langheid/Wandt, MüKo VVG, D&O, Rn 657 ff.

435 Siehe dazu Kapitel B. I. 2. a. der Arbeit.

436 Dazu beispielsweise *v. Schenk*, NZG 2015, 494, 495; *Peltzer*, NZG 2009, 970, 971; *Kort*, DStR 2006, 799, 800.

437 So *Sieg*, in: Höra, Münchener Anwaltshandbuch Versicherungsrecht, § 17 Rn 12; *Kort*, NZG 2018, 641, 647 stellt sogar fest, dass ein Verstoß gegen ausländisches Recht „Compliance-widrig“ sein kann und beruft sich dabei unter anderem auf das Urteil des LG Stuttgart, NZG 2018, 665 indem von der Möglichkeit eines Compliance-Verstoßes aufgrund eines Verstoßes gegen US-Bestimmungen ausgegangen wird.

438 Dazu ausführlich *Möritz*, Haftung des Managements und Drittschutz, S. 310 f.

Abwehrkosten versucht wird, diese „in einen häufig materiell-rechtlich nicht gerechtfertigten Vergleich zu drängen".[439]

Im Ergebnis bestehen augenscheinlich Ähnlichkeiten zwischen der deutschen und der US-amerikanischen Organhaftung, beispielsweise hinsichtlich der Ansprüche an ein sachgemäßes Verhalten und den Voraussetzungen von Haftungsansprüchen. Dennoch bestehen gerade im Hinblick auf das Verhältnis der Innen- und Außenhaftung deutliche Unterschiede, aus denen ein Risiko für deutsche Manager erwachsen kann.

7. Gegenüberstellung von monistischem und dualistischem System

Stellt man das US-amerikanische, monistische System dem deutschen, dualistischen System gegenüber, so lassen sich dadurch die Vor- und Nachteile des jeweiligen Systems erkennen. Als Beispiel ist der Nachteil der mangelnden Trennung von Geschäftsführung und Überwachung des monistischen Systems zu nennen. Dies birgt ein Neutralitätsrisiko. Außerdem sind Zuständigkeits- und Aufgabenverteilungen nicht eindeutig umgrenzt. Demgegenüber steht die Entscheidungsdistanz des Aufsichtsrats als Überwachungsorgan und eine normative „Überreglementierung" als Nachteil des deutschen, dualistischen Systems.[440]

Vorteil des dualistischen Systems ist nicht nur die personelle und funktionale Trennung von Aufsichts- und Führungsaufgaben, sondern auch die Weisungsfreiheit und die „erschwerte Abberufbarkeit" des Vorstands.[441] Im monistische System dagegen kann die Gesellschaft frei über die Ausgestaltung einer möglichen Aufteilung entscheiden, da hier keine genauen Vorgaben des Gesetzgebers bestehen. In der Praxis ist eine Arbeitsteilung üblich. Neben der erhöhten Sachnähe der Überwachungsmitglieder wird noch der effektivere Informationsfluss als Vorteil angeführt.[442]

---

439 *Kort*, DStR 2006, 799, 800.

440 *Pfitzer/Oser/Orth*, Deutscher Corporate Governance Kodex, S. 75; zum Zusammenhang von Dieselskandal und dualistischem System siehe Kapitel B. I. 3. j. ee. der Arbeit.

441 *Eberspächer*, in: Spindler/Stilz, AktG, SE-VO Art. 38 Rn 3; vgl. *Kort*, in: Großkomm AktG, Vor § 76 Rn 3.

442 Vgl. *Eberspächer*, in: Spindler/Stilz, AktG, SE-VO Art. 38 Rn 4; dazu ausführlich *Schiessl*, ZHR 167, 235, 241 f. Allerdings stellt *Schiessl*, ZHR 167, 235, 246 ff. fest, dass es auch viele gemeinsame Probleme von monistischem und dualistischem System gibt, wie beispielsweise mangelnde Zeitaufwendung, Qualifikation oder Unabhängigkeit von überwachenden Mitgliedern.

Gerade die Trennung und Neutralität von Überwachung und Geschäftsführung sind insbesondere für das nächste Kapitel – die Probleme der gemeinsamen D&O-Versicherung von Aufsichtsrat und Vorstand – von Bedeutung.[443]

8. Fazit zum US-amerikanischen Gesellschaftsrecht im Hinblick auf die deutsche D&O-Versicherung

Zwar stammt die deutsche D&O-Versicherung, wie schon der Name erkennen lässt, aus den USA und hat sich damit nach dem amerikanischen Vorbild entwickelt[444], dennoch unterscheiden sich die beiden Versicherungen in vielerlei Hinsicht. Wie bereits zuvor angeführt, schützt die amerikanische Versicherung hauptsächlich den Fall der Außenhaftung, während dieser in Deutschland nicht den Hauptanwendungsfall darstellt. Außerdem kommt es durch die unterschiedlichen Gesellschaftssysteme zu den schon angesprochenen Problemen bei der Übertragung der amerikanischen Versicherung auf das deutsche System.[445] Auf diese Transferproblematik wird nachfolgend näher eingegangen. Trotz der Unterschiede zwischen der deutschen und der amerikanischen D&O-Versicherung weisen Struktur und Systematik der Versicherungen offensichtliche Überschneidungen auf, sodass die Vorbildfunktion der amerikanischen für die deutsche D&O-Versicherung deutlich zu sehen ist. Beispielhaft können dafür die Übernahme einiger amerikanischer Fachbegriffe[446] oder die Deckung durch Side Coverages[447] genannt werden.

IV. Viertes Kapitel: Gemeinsame D&O-Versicherung oder Trennung?

1. Unternehmenspolice

Im Normalfall ist die geläufige D&O-Versicherung als Unternehmenspolice ausgestaltet, auch Globalpolice genannt. Das bedeutet, dass alle Vorstands- und Aufsichtsratsmitglieder des Unternehmens oder manchmal sogar des ganzen

---

443 Siehe Kapitel B. IV. der Arbeit.

444 *Pammler*, Die gesellschaftsfinanzierte D&O-Versicherung im Spannungsfeld des Aktienrechts, S. 19.

445 Vgl. *Thümmel/Sparberg*, DB 1995, 1013, 1018.

446 Beispielsweise das claims-made-Prinzip, das Sublimit, der Layer oder der Begriff D&O selbst.

447 Siehe Kapitel B. II. 10. b. der Arbeit.

Konzerns mit einer gemeinsamen Gruppenversicherung geschützt sind.[448] Versichert sind auch ehemalige Mitglieder.[449] Somit gibt es nur eine einzige Versicherungssumme für die Mitglieder aller Organe und keinerlei Abgrenzung zwischen Vorstand und Aufsichtsrat oder den einzelnen Mitgliedern der Organe.[450]

2. Problemaufriss

a. Einführung

Wie bereits erläutert wurde, entstehen Interessenkonflikte hinsichtlich der D&O-Versicherung unter anderem aus der Übertragung der US-amerikanischen D&O-Versicherung auf das deutsche System. Dies wurzelt in den Unterschieden zwischen One-Tier und Two-Tier Board System.[451] Trotz der hohen Bedeutung für die Praxis ist dieses Thema noch nicht sehr präsent in der Rechtsliteratur.[452] Das Two-Tier Board System setzt die Unabhängigkeit und Neutralität des Aufsichtsrats gegenüber dem Vorstand voraus, insbesondere im Hinblick auf mögliche Pflichtverletzungen und daraus folgende Schadensersatzansprüche.[453]

Die Unternehmenspolice wurde bereits als Regelfall vorgestellt, sodass Vorstand und Aufsichtsrat mit einer einzigen Versicherungssumme mit einer gemeinsamen Versicherung haften. Dies könnte sich aber negativ auf die Unabhängigkeit des Aufsichtsrats auswirken, da jede Pflichtverletzung des Vorstands zugleich eine Verletzung der Überwachungspflicht des Aufsichtsrats darstellen könnte, welche das Risiko einer persönlichen Haftung begründen würde.[454]

b. Streitverkündung

In der Praxis wird regelmäßig zuerst der Vorstand in Anspruch genommen, sodass es zunehmend zu Streitverkündungen der beklagten Vorstände gegen Aufsichtsratsmitglieder kommt. Hierdurch wird der Interessenkonflikt des

---

448 Vgl. beispielsweise *Armbrüster*, NJW 2016, 897, 898; *v. Arnim*, D&O-Versicherung und öffentliche Hand, S. 132; *Schmuckermeier*, ZfV 2018, 551.

449 *Baumann*, in: Großkomm VVG, AVB-AVG 2011/2013 Ziff. 1, Rn 16.

450 Vgl. *Armbrüster*, NJW 2016, 897, 898; *Hemeling*, FS Hoffmann-Becking, 491, 507; *Reichert/Suchy*, NZG 2017, 88 f.

451 Siehe Kapitel B. III. 7. der Arbeit.

452 *Fassbach/Wettich*, KSzW 2016, 269.

453 Vgl. *Fassbach/Wettich*, KSzW 2016, 269, 276; siehe dazu auch Kapitel B. III. 7. der Arbeit.

454 So auch *Thümmel*, Persönliche Haftung von Managern und Aufsichtsräten, Rn 304; *v. Schenk*, NZG 2015, 494, 497.

Versicherers zwischen den widerstreitenden Interessen von Vorstand und Aufsichtsrat, gefördert.

Die Streitverkündung nach §§ 72 ff. ZPO ist zulässig, wenn der Vorstand glaubt, dass er bei einer Inanspruchnahme Regress bei einem oder mehreren Aufsichtsratsmitgliedern nehmen könnte. Oft ist die Streitverkündung unausweichlich für den Vorstand, denn diese hemmt nicht nur die Verjährung des Innenregressanspruchs nach § 426 Abs. 1 BGB, sondern führt durch die Interventionswirkung nach §§ 72, 68 ZPO auch zur Bindungswirkung des Verfahrensergebnisses gegenüber dem Aufsichtsrat.[455]

Bei Streitverkündungen argumentieren die Beklagtenvertreter dann, dass die Aufsichtsratsmitglieder beziehungsweise die Streitverkündeten eine Mitverantwortung tragen würden und von den vermeintlichen Pflichtverletzungen gewusst und diese gebilligt hätten. Die Streitverkündung sei deshalb zur Sicherung möglicher Regressansprüche notwendig. Diese Regressansprüche gegen Aufsichtsratsmitglieder folgen aus §§ 93 Abs. 2, 116 Abs. 1, 117 Abs. 2 AktG in Verbindung mit § 426 BGB.[456]

Der Aufsichtsrat gerät zunehmend in den Haftungsfokus, sei es, durch Streitverkündung, aber auch durch Inanspruchnahme nach Eigentümerwechsel oder durch den Insolvenzverwalter.[457] „Damit wird er vom Jäger zum Gejagten".[458] Es entsteht die Gefahr, dass die komplette Versicherungssumme bereits für die Vorstandshaftung aufgebraucht werden muss und für den Schutz des Aufsichtsrats nichts mehr übrigbleibt. Die Höhe des Schadensersatzes kann aber oft von existenzbedrohendem Umfang für die Mitglieder sein.[459] Dabei ist nicht nur die Freistellung von gegnerischen Schadensersatzansprüchen betroffen, sondern es besteht die Gefahr, dass die Deckungssumme selbst für die Anspruchsabwehr nicht mehr ausreicht. Allein die Abwehrkosten können in einem siebenstelligen Bereich liegen.[460] Außerdem kommt es in der Praxis sogar vor, dass der Versicherer der Unternehmenspolice gar nicht erst dazu bereit ist, die Deckungskosten

---

455 *Reichert/Suchy*, NZG 2017, 88, 90 in FN 12; *Fassbach/Wettich*, KSzW 2016, 269, 276 f.; zur Verjährungshemmung des Regressanspruchs siehe Kapitel B. II. 11. c. der Arbeit.

456 *Fassbach*, Der Aufsichtsrat 02/2013, 26, 27.

457 Vgl. *v. Schenk*, NZG 2015, 494; *Wettich*, AG 2015, 681, 684; siehe auch Beispiele und Ausführungen zu der Aufsichtsratshaftung in Kapitel B. I. 3. der Arbeit.

458 So *Fassbach*, Vortrag an der juristischen Fakultät in Düsseldorf, 11.11.2014, abrufbar unter: http://iur.duslaw.de/vortrags-veranstaltungen/forum-unternehmensrecht/bericht-11112014.html.

459 Vgl. *Fassbach/Wettich*, KSzW 2016, 269, 278; *v. Schenk*, NZG 2015, 494, 498.

460 *Reichert/Suchy*, NZG 2017, 88, 89; vgl. auch *Berner/Wettich*, BOARD 3/2018, 96, 98.

für einen Beitritt des Aufsichtsratsmitglieds aufgrund der Streitverkündung zu tragen, mit der Begründung, dass dies keine Abwehrmaßnahme sei.[461]

Laut *Fassbach* könnte bei Streitverkündungen auch die Gefahr entstehen, dass Aufsichtsratsmitglieder zum eigenen Schutz und entgegen des Gesellschaftsinteresses einen Vergleich in Betracht ziehen. Möglicherweise wäre dies bei Bestehen eines eigenen Versicherungsschutzes nicht der Fall.[462]

Dadurch, dass der Vorstand regelmäßig zeitlich vor dem Aufsichtsrat in Anspruch genommen wird, entstehen Interessenkonflikte. Der D&O-Versicherer steht infolgedessen meistens bereits im Lager des Vorstands, bevor der Aufsichtsrat durch eine Streitverkündung an dem Verfahren beteiligt wird.[463] Diese Argumentation könnte zwar der Stellung des Versicherers als Mediator widersprechen. Allerdings ist zu beachten, dass die Mediationsfunktion gerade vor dem Gerichtsverfahren oder vielmehr zu dessen Vermeidung von Bedeutung ist.[464]

c. *Informationsaustausch und Anfechtung der Versicherung*

Ein weiteres Problem der gemeinsamen Versicherung ist, dass der Versicherer alle relevanten und auch vertraulichen Informationen im Prozess zur Verteidigung des Vorstands nutzt. Dabei besteht die Gefahr, dass für den Aufsichtsrat schädliche Informationen veröffentlicht werden. Dazu kommt, dass die Gesellschaft als Versicherungsnehmerin bei Abschluss der Versicherung Angaben zu allen ihr bekannten Pflichtverletzungen machen muss. Dies übernimmt der Vorstand, weshalb der Aufsichtsrat einer etwaigen Arglist des Vorstands ausgesetzt wäre, da der Versicherungsschutz bei falschen Angaben nicht einschlägig ist. Bei Anfechtung einer gemeinsamen Versicherung wegen Zuwiderhandlungen des Vorstands, würde auch der Aufsichtsrat den Schutz der Versicherung verlieren.[465]

461 *Kocher/v. Falkenhausen*, AG 2016, 848, 853.

462 *Fassbach*, Der Aufsichtsrat 02/2013, 26; zur Frage, ob ein Vergleich wirklich gegen das Gesellschaftsinteresse ist siehe Kapitel B. IV. 4. d. oo. am Ende der Praxisrelevanz.

463 Vgl. *Fassbach*, Der Aufsichtsrat 02/2013, 26, 27; *Kocher/v. Falkenhausen*, AG 2016, 848, 853.

464 Dazu mehr im Rahmen des Vergleichs in Kapitel B. II. 9. d. der Arbeit.

465 Vgl. *Fassbach/Wettich*, KSzW 2016, 269, 280; zur Anfechtung bei arglistiger Täuschung siehe OLG Düsseldorf NJW-RR 2006, 1260 1261 und auch *Melot de Beauregard/Gleich*, NJW 2013, 824, 827.

d. Zwischenfazit

Folglich ist fraglich, ob eine separate beziehungsweise unabhängige Versicherung des Aufsichtsrats nicht sinnvoller für alle Beteiligten wäre. Dazu wurden bereits verschiedene Versicherungsmodelle entwickelt, die im Folgenden erläutert werden.

3. Versicherungsmakler

Betrachtet man die verschiedenen Versicherungsmodelle von D&O-Versicherungen, so sollte zuvor ein besonderes Augenmerk auf die Person des Versicherungsmaklers gerichtet werden, um den Entstehungsprozess besser nachempfinden zu können. Der Versicherungsmakler übernimmt gem. § 59 Abs. 3 S. 1 VVG gewerbsmäßig die Vermittlung oder den Abschluss von Versicherungsverträgen für den Auftraggeber, ohne dabei von einem Versicherer oder Versicherungsvertreter dazu beauftragt worden zu sein. Der Versicherungsmakler nimmt die Interessen seines Kunden, das heißt des Versicherungsnehmers, wahr. Er wird von der Gesellschaft damit betraut, einen „Versicherungsschutz zu besorgen und zu pflegen". Der Vertrag zwischen dem Versicherungsmakler und seinem Kunden ist regelmäßig auf eine Geschäftsbesorgung nach § 675 BGB gerichtet. Der Versicherungsmakler ist von dem Versicherungsvertreter abzugrenzen, denn der Versicherungsvertreter wird von einem Versicherer in der Regel ständig damit betraut, für ihn Versicherungsverträge zu vermitteln.[466] Der BGH vergleicht den Versicherungsmakler mit den sonstigen Beratern, wie Rechtsanwälten, Steuerberatern oder Wirtschaftsprüfern. Er kann „für den Bereich der Versicherungsverhältnisse den von ihm betreuten VN [Versicherungsnehmer] als dessen treuhänderähnlicher Sachwalter" angesehen werden.[467]

Die Pflichten des Versicherungsmaklers sind vielfältig. Als erstes ist die Risiko- und Objektprüfungspflicht zu nennen, nach welcher der Versicherungsmakler ausführlich das Versicherungsbedürfnis seiner Kunden erforscht und die Risiken untersucht.[468] Des Weiteren trifft ihn eine Beratungs- und Aufklärungspflicht

---

466 So *Schimikowski*, Versicherungsvertragsrecht, 3. Teil Rn 141; vgl. BGHZ 94, 356, 358 f.; *Yazicioglu/Reusch*, ZVersWiss 2017, 93, 135; zur Abgrenzung von Versicherungsvertreter und Versicherungsmakler *Reiff*, in: Beckmann/Matusche-Beckmann, VersR-Hdb, § 5 Rn 5.

467 BGHZ 94, 356, 359; vgl. *Schimikowski*, Versicherungsvertragsrecht, 3. Teil Rn 142.

468 Vgl. BGHZ 94, 356, 359; *Schimikowski*, Versicherungsvertragsrecht, 3. Teil Rn 142; BGHZ 94, 356, 359; *Reiff*, in: Beckmann/Matusche-Beckmann, VersR-Hdb, § 5 Rn 279; *Yazicioglu/Reusch*, ZVersWiss 2017, 93, 150.

bezüglich der „Wirtschaftlichkeit und Zweckmäßigkeit des Versicherungsschutzes“.[469] Der Versicherungsmakler muss die in- und ausländischen Märkte analysieren und umfassend die Bandbreite der Versicherungsangebote hinsichtlich unter anderem unterschiedlicher Preise und Versicherungsbedingungen begutachten. Insbesondere die richtige Deckungssumme und Versicherungsform hat der Versicherungsmakler für seine Kunden herauszufiltern.[470]

Obwohl der Versicherungsmakler „im Lager des Kunden“ steht[471], besteht gleichzeitig ein „Doppelrechtsverhältnis“[472]. Denn der Versicherungsmakler ist nicht nur gegenüber dem Versicherungsnehmer verpflichtet, sondern hat auch die Interessen des Versicherers zu wahren. Allerdings haben die Pflichten gegenüber dem Versicherungsnehmer aus dem Maklervertrag Vorrang, wenn es zu einer Pflichtenkollision kommt.[473] Zu beachten ist, dass der Versicherungsmakler seine Vergütung nicht von seinem Kunden, dem Auftrag gebenden Versicherungsnehmer, sondern von dem Versicherer in Form einer „Courtage“ erhält. Der Versicherer wiederum kann die Courtage in die Prämie miteinberechnen. Die gesetzliche Grundlage des Zahlungsanspruchs des Versicherungsmaklers ist zwar in Literatur und Rechtsprechung umstritten, kann sich aber zumindest aus einem Vertrag zwischen Versicherer und Versicherungsmakler ergeben. In Betracht kommt eine spezielle Courtagevereinbarung oder ein allgemeiner Kooperationsvertrag.[474] Die Schadensregulierung als Nebenleistung zugunsten des Versicherers ist nicht Teil der Tätigkeit eines Versicherungsmaklers, denn eine „Doppeltätigkeit“ für Versicherungsnehmer und Versicherer widerspricht dem gesetzlichen Leitbild des Versicherungsmaklers und birgt die Gefahr von Interessenkonflikten.[475]

---

469 So *Schimikowski*, Versicherungsvertragsrecht, 3. Teil Rn 142; vgl. BGHZ 94, 356, 359; *Reiff*, in: Beckmann/Matusche-Beckmann, VersR-Hdb, § 5 Rn 277.

470 Vgl. *Schimikowski*, Versicherungsvertragsrecht, 3. Teil Rn 142; *Reiff*, in: Beckmann/Matusche-Beckmann, VersR-Hdb, § 5 Rn 277; *Yazicioglu/Reusch*, ZVersWiss 2017, 93, 150.

471 *Schimikowski*, Versicherungsvertragsrecht, 3. Teil Rn 142.

472 BGH, VersR 1995, 92, 93; OLG Frankfurt a. M., VersR 1995, 92, 93; *Reiff*, in: Beckmann/Matusche-Beckmann, VersR-Hdb, § 5 Rn 373.

473 Vgl. *Gruber*, BK, VVG, Anh. Zu § 48 Rn 12; *Reiff*, in: Beckmann/Matusche-Beckmann, VersR-Hdb, § 5 Rn 373.

474 *Dörner*, in: Prölss/Martin, VVG, § 59 Rn 113; *Reiff*, in: Beckmann/Matusche-Beckmann, VersR-Hdb, § 5 Rn 393 f. m.w.N.

475 BGH, VersR 2016, 1118, 1120, 1121.

Häufig nutzen nicht nur die meisten D&O-Versicherer jeweils individuelle „Wordings", sondern auch die Versicherungsmakler beziehungsweise größere Maklerhäuser entwickeln ihre eigenen sogenannten „Maklerwordings", welche gesondert mit den einzelnen Versicherern vereinbart werden. Die individuellen Bedingungen sollen sie von der Konkurrenz abheben.[476] Durch die Entwicklung eigener Versicherungsmodelle können sie weiter hervorstechen. Darüber hinaus trägt dieser Wettbewerb zum Fortschritt der D&O-Versicherungspraxis bei.

4. Vorhandene Alternativ- oder Zusatzversicherungen zur Unternehmenspolice

a. *Individualpolice*

aa. *Allgemein*

Eine alternative Möglichkeit zur Unternehmenspolice ist die Individualpolice, bei der jedes Organmitglied einzeln versichert wird. Diese Art der Versicherung besteht bereits bei der sogenannten Selbstbehaltspolice, bei der sich der Vorstand auf eigene Kosten für den Fall der Haftung in Höhe des Selbstbehalts nach § 93 Abs. 2 S. 3 AktG versichern lassen kann.[477] Bei der Individualpolice, auch Einzel- oder Personal-Police genannt, ist das jeweilige Aufsichtsratsmitglied gleichzeitig Versicherter und Versicherungsnehmer. Damit muss das Mitglied aber auch die Prämie selbst zahlen. Komfortabel dabei ist, dass ein Aufsichtsrat für den häufigen Fall, dass er in mehreren Aufsichtsräten unterschiedlicher Unternehmen Mandate hat, gleichzeitig alle Mandate in einem Versicherungsschein mitversichern kann.[478]

bb. *Aufbau*

Die Individualpolice wird bei einem D&O-Versicherer abgeschlossen, welcher nicht an der Unternehmenspolice beteiligt ist. Gegenüber der Unternehmenspolice ist der Schutz der Individualpolice in den meisten Versicherungen subsidiär ausgestaltet. Daher kommt die Individualpolice nur und erst dann zum Zuge, wenn keine Deckung durch die Unternehmenspolice möglich ist.

---

476 *Lange*, in: Veith/Gräfe/Gebert, Der Versicherungsprozess, § 21 Rn 24; *Seibt/Saame*, AG 2006, 901, 908; *Ihlas*, in: Langheid/Wandt, MüKo VVG, D&O, Rn 20.

477 Vgl. *Armbrüster*, NJW 2016, 897, 899; *Ihlas*, in: Langheid/Wandt, MüKo VVG, D&O, Rn 147.

478 *Fassbach*, Der Aufsichtsrat 02/2013, 26, 28; *Fassbach*, BOARD 4/2014, 156, 161.

Ohne eine solche Subsidiarität könnte es zu Konflikten kommen, weil mehrere Versicherer auf der Grundlage desselben Sachverhalts mit verschiedenen Deckungssummen und möglicherweise auch unterschiedlichen Versicherungsbedingungen beteiligt sind. An Unmöglichkeit grenzt ein Vorrang der Individualpolice, wenn die Höhe des Schadensersatzanspruchs die Deckungssumme überschreitet. Das wird aber bei Großkonzernen häufig der Fall sein. Deshalb gibt es kaum Individualpolicen, welche als solche „stand alone-Verträge" ausgestaltet sind. Die Versicherungsbedingungen der Individualpolice sind grundsätzlich an die der Unternehmenspolice angelehnt und enthalten damit ebenfalls einen Ausschluss bei Vorsatz, eine Nachmeldefrist, etc. Die Jahresprämie liegt bei 750 bis 1.500 Euro pro eine Millionen Euro Deckungssumme, abhängig von der jeweiligen Größe der Gesellschaft. Die für Compliance verantwortlichen Vorstände müssen beispielsweise mit der Höchstprämie rechnen.[479]

Zu unterscheiden ist die hier behandelte „echte Einzelpolice", bei der die versicherte Person gleichzeitig als Versicherungsnehmerin die Prämie zahlt, von der „unechten Einzelpolice", bei der die Prämie von der Gesellschaft gezahlt wird.[480] *Ihlas* bezeichnete die echte Einzelpolice vor der Einführung der Selbstbehaltspflicht gem. § 93 Abs. 2 S. 3 AktG als „Fata Morgana".[481] Durch die inzwischen etablierte Selbstbehaltspolice hat sich das aber geändert, denn diese ist immer als echte Einzelpolice ausgestaltet.[482]

cc. Die Selbstbehaltspolice als bereits etablierte Individualpolice

Die deutsche Selbstbehaltspolice für Vorstandsmitglieder ist weltweit einzigartig, weil die Selbstbehaltspflicht des Vorstands in keiner anderen Rechtsordnung zu finden ist. Doch selbst in Deutschland gibt es für keine andere Berufsgruppe einen verpflichtenden Selbstbehalt.[483] Die Versicherung des Selbstbehalts ist

479 *Hendricks*, DVS 6/2016, 20, 21; dazu auch ausführlich *Köberich/Heilmann*, DVS 6/2016, 12, 13 f.

480 *Baumann*, in: Großkomm VVG, AVB-AVG 2011/2013 Einf, Rn 6; so auch *Schmuckermeier*; ZfV 2018, 551.

481 *Ihlas*, VW 17/2009, 1360; *Ihlas*, D&O, S. 336; dagegen spricht *Hendricks*, VW 6/2003, 452 ebenfalls bereits vor der Selbstbehaltspflicht von zahlreichen Anfragen der Gesellschaften beziehungsweise deren Organmitglieder.

482 Vgl. *Baumann*, in: Großkomm VVG, AVB-AVG 2011/2013 Einf, Rn 6; Ziff. 4 Rn 59; *Koch*, AG 2009, 637, 645 f.; *Ihlas*, in: Langheid/Wandt, MüKo VVG, D&O, Rn 125.

483 *Albers*, CCZ 2009, 222; *Haarman/Weiß*, BB 2014, 2115, 2122; vgl. *Ihlas*, in: Langheid/Wandt, MüKo VVG, D&O, Rn 475; auf den Selbstbehalt wird in Kapitel B. VIII. der Arbeit genauer eingegangen.

nach ganz herrschender Meinung zulässig, solange die Prämie von dem Vorstandsmitglied selbst getragen wird und die Gesellschaft die Kosten auch nicht indirekt über eine höhere Vergütung trägt.[484] Vielmehr wäre ein gesetzliches Verbot der Selbstbehaltsversicherung schon aus verfassungsrechtlicher Sicht bedenklich.[485] Die Selbstbehaltspolice kann im Sinne einer einfacheren Abwicklung bei dem Versicherer der Unternehmenspolice abgeschlossen werden.[486] Der GDV hat 2010 unverbindliche Musterbedingungen für eine „persönliche Selbstbehaltsversicherung" veröffentlicht, in denen das Vorstandsmitglied in Ziffer 2 als Versicherungsnehmer bezeichnet wird und die in Ziffer 1 und 4 von einer grundsätzlichen Identität des Versicherers von Unternehmens- und Selbstbehaltsversicherer ausgehen.

Es gibt verschiedene Modelle der Selbstbehaltspolice.[487] Die größte Bedeutung für dieses Kapitel hat jedoch die Individualpolice, welche völlig unabhängig von der Unternehmenspolice bestehen kann. Sie muss nicht bei dem gleichen Versicherer abgeschlossen werden wie die Unternehmenspolice und bietet einen selbstständigen Freistellungs- und Abwehrschutz für den Selbstbehalt.[488] Die Prämien der Selbstbehaltspolicen werden auf eine Preisspanne von 50-40.000 Euro pro Jahr geschätzt.[489]

---

484 *Haarman/Weiß*, BB 2014, 2115, 2122; *Thüsing/Traut*, NZA 2010, 140, 142 f.; *Koch*, AG 2009, 637, 645 f.; *Olbrich/Kassing*, BB 2009, 1659, 1662; *Melot de Beauregard/Gleich*, NJW 2013, 824, 829; *Baumann*, in: Großkomm VVG, AVB-AVG 2011/2013 Ziff. 4 Rn 59 m.w.N; so auch *Hirte*, S. 4 und *Goette*, S. 7 in ihren beiden Stellungnahmen im Rahmen der öffentlichen Anhörung des Rechtsausschusses zum VorstAG am 25.05.2009, abrufbar über das Webarchiv des BT: https://www.bundestag.de/ausschuesse/a06_Recht/webarchiv-inhalt-539700.

485 *Albers*, CCZ 2009, 222; *Ihlas*, in: Langheid/Wandt, MüKo VVG, D&O, Rn 129; so auch *Hirte*, S. 4 in seiner Stellungnahme im Rahmen der öffentlichen Anhörung des Rechtsausschusses zum VorstAG am 25.05.2009, abrufbar über das Webarchiv des BT: https://www.bundestag.de/ausschuesse/a06_Recht/webarchiv-inhalt-539700.

486 So empfiehlt es beispielsweise *Baumann*, in: Großkomm VVG, AVB-AVG 2011/2013 Ziff. 4 Rn 60.

487 Näher hierzu *Ihlas*, in: Langheid/Wandt, MüKo VVG, D&O, Rn 131 ff.; ausführlich dazu auch *Gädtke/Wax*, AG 2010, 851 f.

488 *Ihlas*, in: Langheid/Wandt, MüKo VVG, D&O, Rn 147 bezeichnet diesen zusätzlichen Abwehrschutz als „Doppelversicherung". Dagegen empfiehlt *Lange*, r+s 2010, 92, 100 die Individualpolice nur, wenn sie beim gleichen Versicherer wie die Unternehmenspolice abgeschlossen wurde.

489 *Lansch*, VW 2010, 1518; *Franz*, DB 2011, 2019, 2023.

Führte die Selbstbehaltspolice vor der Einführung der Selbstbehaltspflicht noch ein „Schattendasein“[490], so hat sie sich danach innerhalb kürzester Zeit als „gängige Praxis“[491] etabliert. Somit ist die Selbstbehaltspolice das Musterbeispiel einer funktionierenden echten Einzelpolice und kann als Vorbild für die Einführung oder Etablierung der Individualpolice in anderen Bereichen genommen werden.

dd. Vorteile

Für den Abschluss einer Einzelpolice sprechen einige Vorteile. Zum einen natürlich die Gefahr der Ausschöpfung der Deckungssumme, besonders im Falle einer Streitverkündung. Dieses Risiko gilt insbesondere für Unternehmensleitungen von Großkonzernen mit mehreren Tochterunternehmen.[492] Denn bei einer sogenannten „Konzernpolice“ erstreckt sich der Versicherungsschutz und damit die Deckungssumme nicht nur auf die Versicherungsnehmerin, sondern auch auf die zu ihrem Konzern gehörenden Tochtergesellschaften. Dabei sind die Organmitglieder und leitenden Angestellten alle zusammen „als Kollektiv versichert“.[493] Bei der Individualpolice dagegen besteht die Sicherheit eines eigenen Schutzschirmes, welcher der Gefahr begegnet, am Ende ohne Versicherungsschutz dazustehen.[494] Weiterhin kann die Gefahr einer Anfechtung des Versicherungsvertrags wegen arglistiger Täuschung vermieden werden. Bei einer ausländischen Holding kann es sein, dass die Organe einer deutschen Tochtergesellschaft nicht von der D&O-Versicherung der Holding geschützt werden, sodass sie einen eigenen versicherungsrechtlichen Schutzschirm benötigen. Außerdem enthalten manche Versicherungsbedingungen Regelungen, welche festlegen, dass dem Unternehmen die Rechte aus dem Versicherungsvertrag zustehen. Das Organmitglied wäre dann auf die Geltendmachung durch die Gesellschaft angewiesen, welche meistens selbst das versicherte Organmitglied anklagt.[495]

Die Trennung der Versicherungen könnte zusätzlich die Unabhängigkeit von Aufsichtsrat und Vorstand unterstützen und dadurch zu einer effizienteren Kontrolltätigkeit führen sowie das Entstehen von Interessenkonflikten vermeiden.

---

490 So *Franz*, DB 2009, 2764, 2772.

491 Ebenfalls *Franz*, DB 2011, 2019, 2023 zwei Jahre später.

492 Vgl. *Hendricks*, DVS 6/2016, 20 f; *Schmuckermeier*; ZfV 2018, 551.

493 *Lange*, in: Veith/ Gräfe/ Gebert, Der Versicherungsprozess, § 21 Rn 6.

494 So auch *Peppersack*, Das Kürzungs- und Verteilungsverfahren in der D&O-Versicherung, S. 327.

495 Vgl. *Hendricks*, DVS 6/2016, 20, 21; *Schmuckermeier*; ZfV 2018, 551, 552 f.

Durch einen separaten D&O-Schutz könnte die Einhaltung der Verfolgungspflicht des Aufsichtsrats durch die ARAG-Entscheidung in der Praxis gesteigert werden.[496]

Außerdem besteht bei der als echte Einzelpolice ausgestalteten Individualpolice der Vorteil, dass das versicherte Organmitglied genau über den Inhalt und die Details der eigenen D&O-Versicherung Bescheid weiß.[497] Das Mitglied hat also jederzeit Zugriff auf das D&O-Bedingungswerk. Des Weiteren kann es die Individualpolice bei einem Unternehmenswechsel „mitnehmen" und muss nur dem Versicherer den Wechsel anzeigen, damit der Versicherungsvertrag angepasst werden kann.

Durch das genaue Lesen der Selbstbehaltspflicht in § 93 Abs. 2 S. 3 AktG fällt die Formulierung auf, dass ein Selbstbehalt vereinbart werden muss, wenn „die Gesellschaft" die D&O-Versicherung abschließt. Daraus könnte die These aufgestellt werden, dass die Selbstbehaltspflicht „nur" für den Fall, dass die Gesellschaft Versicherungsnehmerin der D&O-Versicherung ist, besteht.[498] Wenn das Organmitglied selbst Versicherungsnehmer ist, würde dann also keine Selbstbehaltspflicht bestehen. Dies würde aus der Sicht eines Organmitglieds für die Vereinbarung einer Individualpolice sprechen, da das Organmitglied in der Folge keinen Selbstbehalt, sondern nur noch die Prämie tragen müsste.

Allerdings könnte die Selbstbehaltspflicht analog auf die Individualpolice anwendbar sein. Die Voraussetzungen einer analogen Anwendung der Rechtsnorm sind das Vorliegen einer planwidrigen Regelungslücke und einer vergleichbaren Interessenlage des gesetzlich geregelten und des nicht geregelten Sachverhalts.[499] Da der Selbstbehalt für den Fall, dass nicht die Gesellschaft, sondern das Organmitglied selbst die D&O-Versicherung abschließt, nicht geregelt ist, besteht eine Regelungslücke. Zum Zeitpunkt der Gesetzesregelung war

---

496 Dazu *Fassbach*, Vortrag an der juristischen Fakultät in Düsseldorf, 11.11.2014, abrufbar unter: http://iur.duslaw.de/vortrags-veranstaltungen/forum-unternehmensrecht/bericht-11112014.html.

497 So auch *Bräuer*, AnwBl 2016, 258; *Peppersack*, Das Kürzungs- und Verteilungsverfahren in der D&O-Versicherung, S. 326.

498 Vgl. *Lange*, r+s 2010, 92, 93; *Koch*, AG 2009, 637, 645 f.; *Fleischer*, NZG 2009, 801, 806; so stellt auch *Thüsing*, S. 13 in seiner Stellungnahme im Rahmen der öffentlichen Anhörung des Rechtsausschusses zum VorstAG am 25.05.2009, abrufbar über das Webarchiv des BT: https://www.bundestag.de/ausschuesse/a06_Recht/webarchiv-inhalt-539700 die „Möglichkeit der Umgehung" aufgrund des Gesetzeswortlautes fest.

499 BGHZ 105, 140, 143; *Danwerth*, ZfPW 2017, 230, 233; *Schwacke*, Juristische Methodik, S. 133 f.

zwar klar, dass der Selbstbehalt als Individualpolice versichert werden kann, andere Individualpolicen waren aber eher unüblich. Es findet sich dazu auch keine Anmerkung in der Gesetzesbegründung. Somit kann davon ausgegangen werden, dass die Regelungslücke planwidrig ist. Dagegen zahlt im Fall einer von der Gesellschaft abgeschlossenen D&O-Versicherung die Gesellschaft als Versicherungsnehmerin die Prämie, während diese bei der Individualpolice von dem Organmitglied selbst gezahlt wird. Eine vergleichbare Interessenlage kann daher nicht angenommen werden. Zumal eine analoge Anwendung der Selbstbehaltspflicht auf die Individualpolice zu dem widersinnigen Ergebnis führen würde, dass bei der Selbstbehaltsversicherung als Individualpolice seinerseits eine Selbstbehaltspflicht bestehen würde. Resümierend ist die Selbstbehaltspflicht daher nicht analog auf die Individualpolice anwendbar. Damit muss das Organmitglied bei dem Abschluss einer Individualpolice nur die Prämie und keinen Selbstbehalt tragen. Je nach Höhe der jeweiligen Werte, kann dies aus der Sicht des Mitglieds für die Individualpolice sprechen.

ee. Nachteile

Gegen den Abschluss einer Individualpolice könnte die gesamtschuldnerische Haftung von Vorstand und Aufsichtsrat sprechen. Wenn die Gesellschaft nun ein versichertes Organmitglied bis zur Deckungssumme in Anspruch nimmt, bleibt das „Rückgriffsrisiko des Gesamtschuldnerausgleichs“ beim Versicherer. Er müsste deshalb, trotz der Gesamtschuld, regelmäßig den gesamten Schaden tragen. Dieses Risiko besteht bei der Individualpolice genauso wie bei der Unternehmenspolice. Daher müsste ein solches Risiko mit einer Erhöhung der Prämie einhergehen. Durch die Vergleichbarkeit der Risiken bei Unternehmens- und Individualpolice, müsste auch die Prämienhöhe vergleichbar sein. Das würde dazu führen, dass die Prämie der Individualpolice so hoch wäre, wie die der gesamten Unternehmenspolice.[500] Dagegen ist die Deckungssumme der Individualpolice grundsätzlich niedriger als die der Unternehmenspolice.[501] Die Prämie muss das Organmitglied bei der echten Einzelpolice als Versicherungsnehmer aber sogar selbst zahlen.

---

500 Vgl. *Pammler*, Die gesellschaftsfinanzierte D&O Versicherung im Spannungsfeld des Aktienrechts, S. 30 f.; *Peltzer*, FS Westermann 2008, 1257, 1270 f; *Schmuckermeier*, ZfV 2018, 551, 553.

501 *Peppersack*, Das Kürzungs- und Verteilungsverfahren in der D&O-Versicherung, S. 332.

Jede Individualisierung der Versicherungen erhöht die Gefahr, dass die D&O-Versicherung als Vergütung angesehen wird, was nicht nur steuerliche, sondern auch kompetenzrechtliche Folgen mit sich bringt.[502] Hierzu später mehr.[503]

Die Individualpolice birgt außerdem die Gefahr, dass die Anspruchsgläubiger bei Kundgabe der Versicherung vorrangig gegen dieses Organmitglied vorgehen könnten, da es mit der Individualpolice über eine höhere Haftungsmasse durch den zusätzlichen Versicherungsschirm verfügt.[504]

Des Weiteren könnte es durch die Auseinandersetzung mehrerer unterschiedlicher Versicherer zu Interessenkollisionen kommen,[505] zum Beispiel hinsichtlich der jeweiligen Individualpolicen der Aufsichtsratsmitglieder und der Versicherung des Vorstands, wenn beide haften. Auf der anderen Seite ist bei der Unternehmenspolice derselbe Versicherer verantwortlich für „zwei miteinander streitende Parteien in derselben Sache", die er gegenseitig bei der Abwehr der Schadensersatzansprüche fördern muss. Dabei könnte es auch zu einer Vertrauensproblematik kommen, wenn der Versicherer die gegenüberstehenden Parteien bei der Abwehr unterstützt. Ersichtlich ist damit eine Interessenkollision in beiden Fällen möglich.[506] Ein weiterer Nachteil gegenüber der Unternehmenspolice könnte sein, dass die Möglichkeit des Versicherers als Vermittler geschmälert würde, da nicht mehr nur ein einziger Versicherer vorhanden wäre.[507] Allerdings ist dieser Interessenkonflikt auch bei der Unternehmenspolice unumgänglich, da er das Organmitglied bei der Abwehr unterstützen muss und gleichzeitig den Versicherungsnehmer als Kunden behalten möchte.[508] Die Option eines Vergleichs wird durch einen möglichen Wegfall der Mediationsfunktion des Versicherers aber dennoch geschmälert. Der Versicherer steht nun nicht mehr vermittelnd zwischen den Parteien und ist damit möglicherweise gar nicht an einer gütlichen Einigung interessiert. Im Gegenteil könnte der Versicherer sogar den Konflikt eher ausweiten, indem er die Verantwortung anderen Organmitgliedern vorwirft, um die Haftung seines versicherten Managers zu mindern.[509]

---

502 *Hemeling*, FS Hoffmann-Becking, 491, 507.

503 Siehe Kapitel B. VI. der Arbeit.

504 So auch *Reichert/ Suchy*, NZG 2017, 88, 89; *Peppersack*, Das Kürzungs- und Verteilungsverfahren in der D&O-Versicherung, S. 330 f.

505 *Armbrüster*, NJW 2016, 897, 901.

506 *v. Schenk*, NZG 2015, 494, 497.

507 Vgl. *Armbrüster*, NJW 2016, 897, 901; *Peppersack*, Das Kürzungs- und Verteilungsverfahren in der D&O-Versicherung, S. 329 f.

508 So auch *v. Schenk*, NZG 2015, 494, 500.

509 So auch *Lange*, D&O-Versicherung und Managerhaftung, § 3 Rn 57.

Ein zusätzlicher Nachteil gegenüber der Unternehmenspolice ist die mangelnde Kenntnis des Sachverhalts, denn die Auskunftsobliegenheit des Versicherungsnehmers gegenüber dem Versicherer nach § 31 Abs. 1 VVG umfasst bei der Individualpolice die Auskunft des Managers als Versicherungsnehmer und nicht der Gesellschaft als Versicherungsnehmerin, wie es bei der Unternehmenspolice der Fall ist. Die mangelnde Tatsachenkenntnis erschwert die Einschätzung der Sachlage, weshalb der Versicherer sich zu einem Prozess gezwungen sehen könnte, um einen besseren Einblick in den Sachverhalt zu erhalten. Dies widerspricht allerdings dem Interesse des versicherten Organmitglieds, allein schon deshalb, weil die Deckungssumme weitestgehend durch den Prozess verbraucht werden könnte.[510]

ff. Zwischenfazit

Als Fazit kann man zusammenfassen, dass die Individualpolice durchaus ihre Vorteile gegenüber der Unternehmenspolice hat. Sie könnte also „zumindest als sinnvolle Ergänzung"[511] zur Unternehmenspolice dienen. Der Vorteil der zusätzlichen und eigenständigen Deckungssumme wird von der geringeren Deckungssumme im Vergleich zur Unternehmenspolice und von der möglicherweise hohen Prämie überschattet. Selbst wenn die Prämie doch geringer sein sollte und sich an der niedrigeren Deckungssumme orientiert[512], so würde dies wiederum das Interesse der Versicherer an einem Angebot dieser Police verringern, da die Prämie für die Individualpolice im Vergleich zur Prämie der Unternehmenspolice für den Versicherer nicht groß ins Gewicht fallen würde. Dies mag ein Grund dafür sein, dass die Individualpolice, nimmt man die Selbstbehaltspolicen aus, in der Praxis bis jetzt noch eine Seltenheit darstellt.[513]

b. Twin-Tower-Modell

Eine weitere Versicherungsmöglichkeit ist das sogenannte Twin-Tower-Modell, auch Two-Tower-Modell genannt, bei der zwei unterschiedliche

---

510 *Lange*, D&O-Versicherung und Managerhaftung, § 3 Rn 63.

511 Treffend bezeichnet von *Peppersack*, Das Kürzungs- und Verteilungsverfahren in der D&O-Versicherung, S. 332.

512 So beispielsweise *Peppersack*, Das Kürzungs- und Verteilungsverfahren in der D&O-Versicherung, S. 332.

513 Vgl. *Baumann*, in: Großkomm VVG, AVB-AVG 2011/2013 Einf, Rn 6; *Peppersack*, Das Kürzungs- und Verteilungsverfahren in der D&O-Versicherung, S. 324; *Bräuer*, AnwBl 2016, 258.

Gruppenversicherungen für Vorstand und Aufsichtsrat bei zwei verschiedenen Versicherern abgeschlossen werden.[514] Darin spiegelt sich offensichtlich die Struktur des deutschen Two-Tier Board Systems wieder. Das Versicherungsmodell besteht also aus zwei Towern. Während Tower 1 mit Versicherer A den Vorstand umfasst, enthält Tower 2 mit Versicherer B den Schutz des Aufsichtsrats. Die Deckungssummen beider Tower sollten zum Wohle der „Waffengleichheit" in der gleichen Höhe beziffert sein. Zu den für die Unternehmenspolice typischen Interessenkollisionen würde es bei diesem Modell nicht kommen. Allerdings könnte auch dieses Modell durch die strikte Trennung und damit den für den Aufsichtsrat eigenständigen Tower zu einer deutlichen Prämiensteigerung führen[515], möglicherweise sogar zu einer Verdoppelung der Prämie[516]. Dies richtet sich danach, ob die bisher für die Unternehmenspolice bezifferte Deckungssumme einfach geteilt wird oder diese Deckungssumme jeweils für beide Tower veranschlagt wird. Die zweite Variante führt zu einer deutlichen Prämiensteigerung. Wählt man die erste Variante, so könnte es zu Problemen für den wahrscheinlichen Fall eines Gesamtschuldnerausgleichs kommen, da durch die Aufteilung für jeden Versicherten ein niedrigeres Maximalvolumen zur Verfügung steht. Außerdem sieht *Dreher* eine hälftige Aufteilung für ungerechtfertigt im Hinblick auf die Risikobetrachtung, da das Schadensrisiko des Vorstands deutlich höher sei. Eine andere Gewichtung würde der Aufsichtsrat jedoch wohl kaum akzeptieren.[517]

Dem Argument der „unangemessenen Kapazitätsreduzierung"[518] kann aber entgegengehalten werden, dass den beiden Organen durch die Trennung eine sichere Deckung zur Verfügung steht. Insbesondere für den Aufsichtsrat verhindert das die Gefahr der vollständigen Ausschöpfung der Deckungssumme durch den regelmäßig vorher in Anspruch genommen Vorstand. Wählt man dagegen nicht die Aufteilung der Deckungssumme, sondern die „Verdopplung" in dem Sinne, dass die ursprüngliche Deckungssumme jeweils für Vorstand und Aufsichtsrat besteht, so kommt es nicht zur Kapazitätsreduzierung. Allerdings geht mit dieser Lösung eben der Preis einer erheblich höheren Prämie einher.

---

514 *Armbrüster*, NJW 2016, 897, 899; *Dreher*, FS Baums 2017, 325; vgl. auch *Eckert*, in: Wachter, AktG § 94 Rn 49.

515 *Fassbach*, Der Aufsichtsrat 02/2013, 26; Schilling, VW 08/2014, 22, 23.

516 Vgl. *Fassbach*, BOARD 4/2014, 156, 160.

517 *Dreher*, FS Baums 2017, 325, 327 f.

518 So *Dreher*, FS Baums 2017, 325, 328.

Eine gänzliche Abtrennung des Aufsichtsrats von der meist mehrere Jahre alten Unternehmenspolice erhöht außerdem die Gefahr möglicher Deckungslücken mangels bestehender Rückwärtsversicherung. Denn vorvertragliche Pflichtverletzungen sind nicht von dem Versicherungsschutz umfasst, wenn das Organmitglied vor Versicherungsabschluss die Pflichtverletzung kannte.[519]

Die Aufteilung der Versicherungen auf zwei verschiedene Versicherer führt durch das Hinzuziehen weiterer Versicherungsunternehmen zu einer umständlicheren sowie komplexeren Vertragsgestaltung und insbesondere Vertragsdurchführung im Rahmen der Schadensabwicklung. Denn ein Tower besteht bei einer maximalen Deckungssumme nicht nur aus einem Versicherungsunternehmen, sondern aus einer Vielzahl an Versicherern. Diese Anzahl würde sich durch die Trennung erheblich vermehren und zu einer noch größeren Komplexität führen.[520] Durch die Aufteilung der Versicherungen auf zwei verschiedene Versicherer könnte sich die Gefahr der Entstehung von Interessenkonflikten sogar noch steigern, da die Versicherer versuchen könnten, den Schaden auf den jeweils anderen Versicherer abzuwälzen. Damit würde es häufiger zu Prozessen kommen, und die Versicherungssumme würde durch die Prozesskosten geschmälert werden.[521]

Wie bereits erwähnt, wird die Deckungssumme der D&O-Versicherung der Organmitglieder von VW zur Zeit des Dieselskandals auf 500 Millionen Euro geschätzt. Inzwischen soll die Deckungssumme aber gesunken sein. So wird eine Deckungssumme von 250 Millionen Euro für die Mitglieder des Vorstands und eine Summe von 200 Millionen Euro für die Aufsichtsräte vermutet.[522] Diese Formulierung lässt auf eine Trennung der D&O-Versicherungen von Vorstand und Aufsichtsrat schließen. Es scheint ganz so, als ob es bei VW keine gemeinsame Unternehmenspolice von Vorstand und Aufsichtsrat mehr gibt, sondern eine Form des Twin-Tower-Modells. Trotz der dargestellten Kritik wird das Twin-Tower-Modell in der Praxis demnach anscheinend durchaus verwendet.

---

519 *Fassbach*, BOARD 4/2014, 156, 160.

520 Vgl. *Dreher*, FS Baums 2017, 325, 329 f.; zur Vielzahl an Versicherern bei maximalen Deckungssummern siehe Kapitel B. IX. der Arbeit.

521 *Dreher*, FS Baums 2017, 325, 332; vgl. auch *Dose*, Aktionärsklage, D&O-Versicherung und Vorstandshandeln, S. 339.

522 Vgl. SZ v. 04.03.2019, https://www.sueddeutsche.de/wirtschaft/d-o-policen-rettungsring-fuer-die-chefs-1.4353735.

c. *Gesondertes Sublimit für den Aufsichtsrat*

In Betracht kommt neben der Trennung der D&O-Versicherungen für Vorstand und Aufsichtsrat auch eine Trennung der Deckungssumme durch ein Sublimit[523] für den Aufsichtsrat. *Schilling* schlägt dieses Modell als die am einfachsten umzusetzende Möglichkeit zur Auflösung der Interessenkonflikte vor, da die Unternehmenspolice weiterlaufen kann und der Versicherungsvertrag nur inhaltlich angepasst werden muss.[524]

Es würde zu keiner Steigerung der Prämie kommen, da sich die Deckungssumme der Unternehmenspolice nicht erhöht und keine weitere Versicherung hinzukommt. Dem Aufsichtsrat würde dadurch ein gesonderter, sicherer Anteil der Deckungssumme zustehen.[525] Allerdings könnte der Geschädigte an die gesamte Deckungssumme nur „herankommen", indem er parallel gegen Vorstand und Aufsichtsrat vorgeht, da die Deckungssumme der Organe auf ihre jeweiligen Sublimits begrenzt ist. Folge und damit Nachteil der begrenzten Deckungssumme ist, dass das beklagte Organmitglied bei Ausschöpfung der Deckungssumme durch die Begrenzung der gleich bleibenden Deckungssumme schon „früher" – sprich bei einer niedrigeren Anspruchshöhe – als bei einer Deckungssumme ohne Sublimit mit dem Privatvermögen persönlich haftet. Da der D&O-Versicherer im Regelfall zahlungsfähiger ist als ein Organmitglied, erscheint es jedoch realistischer, dass der Geschädigte vorrangig versucht die komplette Deckungssumme abzuschöpfen, indem er gegen die Mitglieder beider Organe vorgeht.

Deswegen könnte sich durch diese Art der Versicherung die Gefahr der Inanspruchnahme des Aufsichtsrats deutlich erhöhen, weil bei dem alleinigen Vorgehen gegen den Vorstand nur beispielsweise die Hälfte der Deckungssumme zur Verfügung steht. Dies würde also auch zu einer schnelleren Ausschöpfung der getrennten Deckungssumme für ein Organ führen. Damit wäre das einzelne Organmitglied durch die Sublimits aufgrund der niedrigeren Deckungssumme weniger geschützt als ohne die Trennung. Vorstand und insbesondere Aufsichtsrat steht dann zwar eine eigene Deckungssumme sicher zur Verfügung, welche aber insgesamt nur halb so groß ist wie im Regelfall ohne Sublimit. Das Problem

---

523 Vgl. *Bilir*, BOARD 06/2012, 232, 233.

524 *Schilling*, VW 08/2014, 22, 23; zustimmend *Peppersack*, Das Kürzungs- und Verteilungsverfahren in der D&O-Versicherung, S. 355.

525 Das Sublimit soll einen Verbrauch der Deckungssumme verhindern, ohne dass die D&O-Deckung getrennt wird, *Bonn*, D&O-Versicherung und Eigenschadendeckung, S. 57.

der unzureichenden Deckungssumme bei Großschadensfällen[526] könnte sich dadurch noch verstärken. Auch der Interessenkonflikt, dass der Aufsichtsrat regelmäßig erst durch die Streitverkündung eines Vorstands- gegenüber eines Aufsichtsratsmitglieds an dem Verfahren beteiligt wird und der Versicherer dadurch bereits im Lager des Vorstands stehen könnte[527], wird durch ein Sublimit für den Aufsichtsrat nicht verhindert.

Im Ergebnis spricht die einfache Umsetzung zwar für ein gesondertes Sublimit des Aufsichtsrats zur Förderung der Unabhängigkeit der Versicherung von Vorstand und Aufsichtsrat. Zur Lösung der restlichen Interessenkonflikte ist dieses Modell allerdings nicht geeignet. Im Gegenteil intensiviert es sogar noch die übrigen Konfliktpotentiale. Daher kann keine Empfehlung hierfür ausgesprochen werden.

d. Two-Tier Trigger Policy

Als weitere Versicherungsart kommt die sogenannte Two-Tier Trigger Policy (TTT-Policy) in Betracht. Schon der Name lässt auf eine Anpassung der D&O-Versicherung an das Two-Tier Board System schließen. Bei dieser Möglichkeit wird neben der allgemeinen Unternehmenspolice bei einem separaten Versicherer eine zusätzliche Versicherung für den Aufsichtsrat abgeschlossen. Sie greift in bestimmten Fällen (Triggern) ein, wenn es zu Interessenkonflikten kommt.[528]

aa. Trigger 1: Erschöpfung der Deckungssumme der Unternehmenspolice

Der erste Trigger ist die Erschöpfung der Deckungssumme der Unternehmenspolice des Unternehmens. Die TTT-Police wirkt hier wie eine Exzedentenversicherung[529], das heißt sie folgt den Versicherungsbedingungen der Unternehmenspolice („following form"). Damit gelten dieselben Versicherungsbedingungen für den Vorstand und den Aufsichtsrat. Durch die zusätzliche Versicherung kann der Aufsichtsrat auf eine eigene Deckungssumme zurückgreifen. Idealerweise ist die Deckungssumme der zusätzlichen Versicherung gleich hoch wie die der Unternehmenspolice. Der erste Trigger entschärft also den Interessenkonflikt, dass durch das meist vorgeschaltete Verfahren gegen den Vorstand die Deckungssumme ausgeschöpft wird und kein Versicherungsschutz mehr für

---

526 Näher dazu in Kapitel B. XI. der Arbeit.

527 Dazu siehe Kapitel B. IV. 2. b. der Arbeit.

528 Insbesondere *Armbrüster*, NJW 2016, 897, 899; *Fassbach*, Der Aufsichtsrat 02/2013, 26 f.; vgl. auch *Eckert*, in: Wachter, AktG, § 93 Rn 49.

529 Zur Exzedentenversicherung näher in Kapitel B. IX. 1. c. der Arbeit.

den Aufsichtsrat übrig bleibt. Damit fördert dieser Trigger die Unabhängigkeit des Aufsichtsrats.[530]

Als Vorteil im Vergleich zum Twin-Tower-Modell ist die deutlich niedrigere Prämie hervorzuheben. Die Prämienhöhe der TTT-Policy liegt trotz der gleichen Höhe der Deckungssumme zwischen 35 – 60 % der Prämie der Unternehmenspolice. Der obere Bereich dieser Spannweite betrifft dabei Unternehmen des Finanzwesens. Inzwischen hat sich die TTT-Policy auch bei den großen Versicherern gegen das Twin-Tower-Modell durchgesetzt. Die Kapazitäten gehen hoch auf bis zu 300 Millionen Euro.[531]

bb. Trigger 2: Streitverkündung durch Vorstandsmitglieder

Der zweite Trigger ist die Streitverkündung durch Vorstandsmitglieder. Dieser greift noch bevor die Deckungssumme erschöpft ist, um die Entstehung der genannten Interessenkollisionen zu verhindern. Denn kommt es zu einer Streitverkündung, so stellt sich für das Aufsichtsratsmitglied die Frage, ob das Mitglied dem Rechtsstreit aufseiten des beklagten Vorstandsmitglieds beitreten soll. Für die richtige Lösung dieser Frage bedarf das Aufsichtsratsmitglied der anwaltlichen Beratung. Das Mitglied muss sich allerdings eine Deckungszusage für diese Anwaltskosten bei dem D&O-Versicherer einholen, während der Versicherer als Streithelfer auf Beklagtenseite aktiv ist und möglicherweise sogar die Streitverkündung selbst mitgetragen hat. Dafür benötigt der Versicherer Einsicht in die anwaltlichen Arbeitsunterlagen und verlangt mit Hinweis auf versicherungsvertragliche Obliegenheiten die Herausgabe des anwaltlichen Regressgutachtens hinsichtlich der Erfolgsaussichten eines Regressanspruchs gegen das Aufsichtsratsmitglied. Dem Hinweis auf die Obliegenheiten wird von dem Versicherer häufig beigefügt, dass die Verweigerung als Obliegenheitsverletzung den Verlust des Versicherungsschutzes des Aufsichtsrats mit sich bringen kann.[532]

Problematisch ist nun, dass das Regressgutachten nicht nur entlastende Tatsachen hinsichtlich einer Pflichtverletzung des Aufsichtsratsmitglieds behandelt, sondern auch belastende. Da der Versicherer aber im Normalfall bereits aufseiten des beklagten Vorstandsmitglieds als Streithelfer in dessen Lager steht, besteht die Gefahr, dass das Gutachten den Vertretern des Beklagten

530 Dazu ausführlich *Fassbach*, Der Aufsichtsrat 02/2013, 26; *Fassbach*, BOARD 4/2014, 156, 160.

531 *Fassbach*, BOARD 4/2014, 156, 160 f.

532 Vgl. *Fassbach*, Der Aufsichtsrat 02/2013, 26, 27; vgl. auch *Reichert/Suchy*, NZG 2017, 88, 90; *Armbrüster*, NJW 2016, 897, 899.

in die Hände gelangt und gegen das Aufsichtsratsmitglied genutzt wird. Der D&O-Versicherer macht dagegen geltend, dass die Einsicht in das Gutachten allein die versicherungsrechtliche Ebene betreffen und nicht im Zusammenhang mit der Haftungsfrage stehen würde, da der Versicherer schließlich auch dazu verpflichtet sei, die Interessen des Aufsichtsrats zu beachten und deshalb Verschwiegenheit zu wahren. Eine solche Erklärung des Versicherers zur vertraulichen Behandlung des Gutachtens und die Aussage, das Gutachten in keinem Fall an den Vertreter des beklagten Aufsichtsratsmitglieds weiterzugeben, kann dem anwaltlichen Vertreter des Aufsichtsratsmitglied keine Sicherheit hinsichtlich einer solchen „Chinese Wall" geben. Denn möglicherweise ist der Versicherer durch den Versicherungsvertrag sogar dazu verpflichtet, die Informationen aus dem Gutachten im Rahmen des Rechtsstreits einzusetzen, da er bestmöglich zur Abwehr des Anspruchs gegen das beklagte Vorstandsmitglied beitragen muss. Dieser Interessenkonflikt wird durch die Trennung des Versicherungsschutzes bei unterschiedlichen Versicherern verhindert.[533]

cc. Trigger 3: Anfechtung des Versicherungsvertrags

Der dritte Trigger ist die Anfechtung der Unternehmenspolice durch das Versicherungsunternehmen wegen arglistiger Täuschung gem. § 22 VVG iVm § 123 BGB durch Mitglieder des Vorstands. Macht auch nur ein Vorstandsmitglied im Rahmen des Versicherungsvertragsabschlusses falsche Angaben hinsichtlich der Erklärung zu bekannten Pflichtverletzungen (sogenanntes „warranty statement"), so kann der Versicherer die Anfechtung des gesamten Vertrags wegen arglistiger Täuschung erklären. Als Folge wären alle Organmitglieder und damit auch der Aufsichtsrat nicht mehr durch die Unternehmenspolice geschützt.[534] Diese Gefahr ist für Aufsichtsratsmitglieder besonders riskant, weil sie auf den Abschlussprozess häufig keinen Einfluss haben.[535]

Zu diesem Trigger gehört nicht nur die Anfechtung der Unternehmens-D&O-Policen, sondern auch die einvernehmliche Aufhebung und der Vergleich, bei dem „vereinbart wird, dass die weiterhin gültige

533 Dazu ausführlich *Fassbach*, Der Aufsichtsrat 02/2013, 26, 27.

534 *Fassbach*, Der Aufsichtsrat 02/2013, 26, 27; *Fassbach*, BOARD 4/2014, 156, 161; *Reichert/Suchy*, NZG 2017, 88, 91; zur Anfechtungsmöglichkeit s. BGH NJW 2012, 296, Rn 27.

535 *Reichert/Suchy*, NZG 2017, 88, 91.

Unternehmens-D&O-Police(n) auch bei nicht erfolgter Ausschöpfung nicht weiter in Anspruch genommen werden kann/können".[536]

dd. Trigger 4: Gleichzeitige Inanspruchnahme durch einen besonderen Vertreter

Der vierte Trigger ist die gleichzeitige Inanspruchnahme von Vorstand und Aufsichtsrat durch einen besonderen Vertreter nach § 147 Abs. 2 AktG. Dadurch kann es zu Interessenkonflikten zwischen Aufsichtsrat und Vorstand kommen, die in den verschiedenen Tätigkeitsbereichen der Organe im Two-Tier Board System begründet sind. In diesem Fall geht es grundsätzlich darum, ob der Aufsichtsrat genügend Informationen vom Vorstand erhalten hat, oder ob der Vorstand den Aufsichtsrat beabsichtigt nicht ausreichend informiert hat.[537] Allerdings tritt dieser Trigger eher selten ein und hat daher keine besondere Bedeutung.[538]

ee. Gegenstand der Versicherung

Es gelten nicht nur die allgemeinen und besonderen Bedingungen der im Versicherungsschein bezeichneten Unternehmenspolicen, sondern auch die Bedingungen der Two-Tier Trigger Policy. Der Geltungsbereich beschränkt sich auf die Länder, deren Rechtsordnungen dem Two-Tier Board System folgen. „Versicherte Personen sind ehemalige, gegenwärtige und zukünftige Mitglieder der Aufsichtsratsgremien der Versicherungsnehmerin, ihrer Tochtergesellschaften und der mitversicherten Unternehmen gemäß der Unternehmens-D&O-Police (…) in deren Tätigkeiten als Mitglieder der Aufsichtsratsgremien".[539]

ff. Umfang der Versicherung

Der Umfang der Versicherung ist innerhalb der Versicherungsperiode je Versicherungsfall und für alle Versicherungsfälle gemeinsam auf die Deckungssumme begrenzt, welche im Versicherungsschein festgelegt ist. Auch hier werden neben

---

536 Hendricks & Partner Bedingungen HPTTT 2013© Stand 01.14| Version Zurich, Ziff. 1.2.

537 *Fassbach*, Der Aufsichtsrat 02/2013, 26, 28; *Reichert/Suchy*, NZG 2017, 88, 91; *Armbrüster*, NJW 2016, 897, 899.

538 Vgl. dazu *Reichert/Suchy*, NZG 2017, 88, 91 hinsichtlich der Verfolgung von Organhaftungsansprüchen durch einen besonderen Vertreter gegen Vorstand und Aufsichtsrat.

539 Hendricks & Partner Bedingungen HPTTT 2013© Stand 01.14| Version Zurich, Ziff. 1.1.3.

den Schadensersatzleistungen die externen Abwehrkosten angerechnet. Außerdem deckt der Versicherungsschutz die angemessenen Kosten, welche durch eine Streitverkündung oder eine entsprechende „Absichtserklärung im Zusammenhang mit Beratungen zur Frage des Beitritts entstehen". „In Ergänzung zu den Versicherungsbedingungen der Unternehmens-D&O-Police(n) trägt der Versicherer auch diejenigen Kosten, die durch einen Beitritt der versicherten Personen auf Klägerseite entstehen".[540]

gg. Kumulklausel

Es ist möglich, dass ein einziger Versicherer von mehreren, kollidierenden Versicherungsverträgen betroffen ist. Daher wird für diesen Fall eine sogenannte „Kumulklausel" in die Versicherungsbedingungen aufgenommen, die festlegt, dass sich die Zahlungspflichten des Versicherers aus den Versicherungsverträgen nicht summieren.[541] Die Leistungspflicht des Versicherers für denselben Anspruch ist pro Versicherungsperiode auf die höchste Deckungssumme begrenzt, welche in den unterschiedlichen Verträgen vereinbart wurde.[542]

hh. Wettbewerbsverbot

Regelmäßig wird auch ein Wettbewerbsverbot vereinbart, sodass der Versicherer während der Vertragslaufzeit und im Falle der Nichtverlängerung oder Kündigung der TTT-Policy durch den Versicherer nicht Versicherer der Unternehmenspolice innerhalb der nächsten 12 Monate werden darf.[543] So soll verhindert werden, dass der Sinn und Zweck der TTT-Policy zur Verhinderung der Interessenkonflikte zwischen Aufsichtsrat und Vorstand konterkariert wird.

ii. Selbstbehalt

Hinsichtlich des in der Unternehmenspolice vereinbarten Selbstbehalts wird in der TTT-Policy bestimmt, dass der Versicherer erst im Anschluss an den Selbstbehalt leistet. Der Selbstbehalt gilt allerdings nicht hinsichtlich der

---

540 Hendricks & Partner Bedingungen HPTTT 2013© Stand 01.14| Version Zurich, Ziff. 2.3.

541 Vgl. *Lange*, D&O-Versicherung und Managerhaftung, § 18 Rn 108; *Bastuck/Stelmaszczyk*, NZG 2011, 241, 243.

542 Hendricks & Partner Bedingungen HPTTT 2013© Stand 01.14| Version Zurich, Ziff. 3.1.

543 Hendricks & Partner Bedingungen HPTTT 2013© Stand 01.14| Version Zurich, Ziff. 4.1.

Abwehrkosten.[544] Dadurch wird der Sinn und Zweck des Selbstbehalts nicht ausgehebelt. Außerdem sind die Abwehrkosten, wie bereits festgestellt, regelmäßig die Hauptschadensquelle.

jj. Anzeigeobliegenheiten

Als Ergänzung zu den Bedingungen der Unternehmenspolice wird vereinbart, dass die Versicherungsnehmerin zur Anzeige bei Veränderungen hinsichtlich der Deckungssumme und der allgemeinen sowie der besonderen Versicherungsbedingungen der Unternehmenspolice verpflichtet ist. Der Versicherer darf in diesen Fällen Vertragsanpassungen verlangen. Außerdem ist die Versicherungsnehmerin zur unverzüglichen Anzeige bei Versicherungsfällen und deren vorsorglicher Meldungen, welche die Unternehmenspolice betreffen, verpflichtet.[545] So kann sich der Versicherer der TTT-Policy gegen unkalkulierbare Risiken durch eine Änderung zu seinen Ungunsten absichern und genügend Einfluss auf den Versicherungsvertrag behalten. Er sollte daher immer über Neuerungen informiert werden, die auch ihn als zusätzlichen Versicherer betreffen.

kk. Abgrenzungsklausel

Wird eine TTT-Policy vereinbart, so sollte in den Versicherungsbedingungen der Unternehmenspolice bestimmt sein, dass auch bei Vorliegen eines anderen Versicherungsschutzes – in diesem Fall die TTT-Policy – der Versicherungsschutz der Unternehmenspolice dennoch bestehen bleibt. Es kann vereinbart werden, dass die Leistungspflicht aus der Unternehmenspolice nur für den Zeitraum der Inanspruchnahme der anderen Versicherung ruht und bei Leistungsverweigerung, -freiheit, Anfechtung oder Rücktritt wiederauflebt. Der Versicherer der Unternehmenspolice hat mögliche Rückforderungsansprüche des anderen Versicherers zu ersetzen, wenn Versicherungsschutz über die Unternehmenspolice für die zurückgeforderten Leistungen bestanden hätte. Regressansprüche des Versicherers der Unternehmenspolice aus dem Versicherungsvertrag gegen den Versicherer der TTT-Policy sind ausgeschlossen.[546] Diese Klausel sollte jeder Unternehmenspolice beigefügt werden, sobald ein zusätzlicher

---

544 Hendricks & Partner Bedingungen HPTTT 2013© Stand 01.14| Version Zurich, Ziff. 5.1.

545 Hendricks & Partner Bedingungen HPTTT 2013© Stand 01.14| Version Zurich, Ziff. 6.1.

546 Hendricks & Partner Bedingungen HPDO 2018© 08.17 | Version DUAL, Ziff. 4.3.

Versicherungsschutz für Aufsichtsratsmitglieder anderweitig vereinbart wird, um eine Abgrenzung des jeweiligen Versicherungsschutzes zu vereinfachen.

II. Österreich

In Österreich ist die TTT-Policy sogar bereits in dem Bundes Public Corporate Governance Kodex zu finden. Sie wird dort ausdrücklich erwähnt:

> *„**8.3.3 Haftpflichtversicherung für Geschäftsleitung und Überwachungsorgan***
> ***8.3.3.1** Eine Haftpflichtversicherung für die Mitglieder der Geschäftsleitung und/oder des Überwachungsorgans (directors & officers (D&O) Versicherung) für Schäden, die durch grobe oder leichte Fahrlässigkeit verursacht werden, kann vom Unternehmen abgeschlossen werden. Auf eine sachgerechte Unterscheidung zwischen Geschäftsleitung und Überwachungsorgan sowie auf eine sachgerechte Zuteilung des Gesamttopfes und der Einzeldeckung ist Bedacht zu nehmen (Two-Tier Trigger Policy).“*[547]

Diese Tatsache unterstreicht den Nutzen des Versicherungsmodells, dessen sinnvolle Anwendung und eine gewisse Verbreitung. Der Kodex spricht die Problematik der sachgerechten Verteilung der Deckungssumme an und erwähnt ausdrücklich eine „Einzeldeckung“. Die TTT-Policy wird ebenfalls ausdrücklich angefügt. Dies alles wird in einem Satz mit dem vorherigen Halbsatz der sachgerechten Unterscheidung von Geschäftsleitung und Überwachungsorgan erwähnt, sodass man systematisch auslegen kann, dass die sachgerechte Verteilung der Deckungssumme, sowie die Einzeldeckung von Geschäftsleitung und Überwachungsorgan, der vorgesehenen Trennung und Unabhängigkeit der beiden Organe dienen soll.

Die österreichische Corporate Governance gleicht zwar nicht der deutschen, allerdings können viele Parallelen zwischen beiden gezogen werden. So wurde beispielsweise der österreichische Corporate Governance Kodex kurz nach dem deutschen veröffentlicht und beide Länder gehören der europäischen Union an, in der ein europäisches Corporate Governance Forum eingerichtet wurde.[548] Zu beachten ist allerdings, dass der oben zitierte österreichische Bundes Public Governance Kodex nicht mit dem österreichischen Corporate Governance Kodex zu verwechseln ist. Der österreichische Corporate Governance Kodex richtet sich vorrangig an börsennotierte Aktiengesellschaften[549], während der

---

547 Ziffer 8.3.3.1 Österreichischer Bundes Public Corporate Governance Kodex.

548 Vgl. *Lutter*, FS Doralt 2004, 377 ff.; siehe auch *Kalss*, MüKo AktG, 4. Teil Vorbem. Rn 104 beispielsweise zur weitestgehenden Übereinstimmung der den Vorstand betreffenden aktienrechtlichen Normen.

549 Präambel Österreichischer Corporate Governance Kodex.

österreichische Bundes Public Governance Kodex speziell staatseigene und staatsnahe Unternehmen betrifft[550]. Die oben zitierte Ziffer 8.3.3.1. kann dennoch für einen Vergleich herangezogen werden, da diese Ziffer nicht speziell für staatseigene oder staatsnahe Unternehmen angepasst ist, sondern allgemein die Trennung von Geschäftsleitung und Überwachung betrifft. Auch das österreichische Aktienrecht beruht auf der Trennung von Vorstand und Aufsichtsrat, also dem Two-Tier Board System,[551] sodass die Anwendung der TTT-Policy vergleichbar ist.

Folglich sollte auch in Deutschland zumindest die Überlegung einer vergleichbaren Regelung im deutschen Corporate Governance Kodex in Betracht gezogen werden, da die Klausel zu einer wirksameren Unabhängigkeit und effektiveren Trennung von Vorstand und Aufsichtsrat beitragen könnte. Die TTT-Policy ist zwar noch nicht weit verbreitet[552], aber eine Erwähnung im DCGK könnte zu einer Verbreitung und damit potentiell zur Lösung der dargestellten Interessenkonflikte beitragen.

Entweder wird die Klausel an Ziffer 3.8 des DCGK angefügt, da diese die D&O-Versicherung ausdrücklich erwähnt. Es wäre aber auch denkbar, eine neue Ziffer hinzuzufügen, welche alle Regelungen zur D&O-Versicherung vereint. Eine solche Ziffer könnte folgendermaßen aussehen:

> ***Ziffer 3.9***
> *Schließt die Gesellschaft für den Vorstand eine D&O-Versicherung ab, ist ein Selbstbehalt von mindestens 10 % des Schadens bis mindestens zur Höhe des Eineinhalbfachen der festen jährlichen Vergütung des Vorstandsmitglieds zu vereinbaren.*
> *In einer D&O-Versicherung für den Aufsichtsrat soll ein entsprechender Selbstbehalt vereinbart werden.*
> *Wenn für Vorstand und Aufsichtsrat eine D&O-Versicherung abgeschlossen wird, ist zu beachten, dass deren Ausgestaltung nicht der sachgerechten Trennung von Vorstand und Aufsichtsrat schadet. Deshalb ist eine sachgerechte Verteilung der Deckungssumme der Gesamt- und/oder Einzeldeckung von besonderer Bedeutung. Möglich ist dies zum Beispiel durch eine Two-Tier Trigger Policy.*[553]

550 Ziffer 1. Österreichischer Bundes Public Corporate Governance Kodex.

551 Vgl. § 95 österreichisches AktG, wonach der Aufsichtsrat den Vorstand überwacht; siehe auch *Velte*; in: Vahlens Großes Auditing Lexikon, S. 354.

552 Siehe Kapitel B. IV. 3. e. oo der Arbeit.

553 Diese Formulierung bezieht sich auf die bisherige Kodex-Fassung von 2017 vor der Kodexreform. Auf den Kodex-Entwurf von 2018 wird in Kapitel B. VIII. der Arbeit näher eingegangen.

mm. International: Streitverkündungsklage (Cross-Claims)

Das Institut der Streitverkündungsklage ist vor allem in dem romanischen Rechtskreis zu finden, zum Beispiel in Italien, Frankreich, Belgien, Luxemburg, den Niederlanden. Recht neu ist inzwischen auch in der Schweiz eine Streitverkündungsklage möglich. In Deutschland und Österreich dagegen ist das „germanisch geprägte Prinzip der Streitverkündung mit Interventionswirkung" herrschend.[554]

Die Streitverkündungsklage geht insofern über die Streitverkündung hinaus, als dass der Streitverkündende mit der Klage seine Ansprüche, welche er bei Unterliegen gegen den Streitverkündeten zu haben glaubt, bei dem Gericht der Hauptklage geltend machen kann. Damit können durch die Streitverkündungsklage Vor- und Folgeprozess zusammengefasst werden, weil eine unmittelbare Entscheidung über die Ansprüche des Streitverkünders gegen den Streitverkündeten herbeigeführt wird. Die Streitverkündungsklage kann also nur solche Ansprüche umfassen, welche abhängig von dem Bestand des Hauptklageanspruchs sind. Häufig handelt es sich dabei um Regressansprüche.[555]

Die Folge der Streitverkündungsklage kann als eine Art „Gesamtverfahren" bezeichnet werden. Dieses besteht aus der Haupt- und der Streitverkündungsklage, aber darf nicht als prozessrechtliche Einheit gesehen werden. Stattdessen sind beide Klagen „je eigene Prozessrechtsverhältnissen mit je unterschiedlichen Parteikonstellationen und unterschiedlichen Rechtsbegehren". Beide Klagen können gestaffelt von dem zuständigen Gericht entschieden werden. Für beide ist immer das gleiche Gericht zuständig, da sich die örtliche Zuständigkeit der Streitverkündungsklage nach der Zuständigkeit der Hauptklage richtet.[556]

Da ein Trigger der TTT-Policy die Streitverkündung des Vorstandsmitglieds gegenüber dem Aufsichtsratsmitglied darstellt, muss bei Gebrauch der Versicherungsbedingungen der TTT-Policy in den oben aufgeführten europäischen Staaten, in denen die Streitverkündungsklage möglich ist, eine weitere Klausel zu den Versicherungsbedingungen hinzugefügt werden. Diese soll klarstellen, dass der Trigger der Streitverkündung sinngemäß für vergleichbare Vorschriften im Ausland, wie zum Beispiel der Streitverkündungsklage, gilt.[557]

---

554 *Klett/Bielmann*, HAVE/REAS 4/2013, 310 in FN 1.

555 *Klett/Bielmann*, HAVE/REAS 4/2013, 310, 311.

556 *Klett/Bielmann*, HAVE/REAS 4/2013, 311.

557 Diese Anregung beruht auf einem Hinweis von *Burkhard Fassbach*.

nn. Weiterer Trigger: Streitverkündungsvereinbarung

Es ist möglich, neben den hier genannten Triggern, weitere Trigger zu vereinbaren, soweit dies notwendig ist.[558] Als weiterer Trigger könnte – in Ergänzung zur Streitverkündung und der Streitverkündungsklage – die außergerichtliche Streitverkündungsvereinbarung in Betracht kommen. Diese ähnelt dem Sinn und Zweck nach einer Verjährungsverzichtsvereinbarung. Während eine Verjährungsverzichtsvereinbarung aber zwischen Gesellschaft und Organ geschlossen wird, wird die Streitverkündungsvereinbarung zwischen dem beklagten Vorstandsmitglied und dem Aufsichtsratsmitglied beziehungsweise den Aufsichtsratsmitgliedern geschlossen.

Eine Streitverkündungsvereinbarung kommt dann in Frage, wenn die Beteiligten nicht formell den Streit verkünden, aber dennoch die Rechtsfolgen der Streitverkündung herbeiführen wollen. Inhaltlich wird vereinbart, dass der potentielle Streitverkündete so gestellt wird, als ob ihm der Streit von dem potentiellen Streitverkünder verkündet worden wäre. Die Vereinbarung unterliegt zwar nicht den formellen Anforderungen des § 73 ZPO, allerdings sollte sie für eine sichere Wirksamkeit trotzdem hinreichend bestimmt sein. Deshalb empfiehlt es sich, eine Präambel beizufügen, welche den Sachverhalt und die möglichen Regressansprüche beschreibt, auf deren Grundlage die Streitverkündungsvereinbarung beruht. Außerdem ist es hilfreich, einen festen Zeitpunkt zu vereinbaren, ab dem die Vereinbarung wirksam sein soll. Die anwaltliche Vertretung des potentiellen Streitverkünders sollte sicherstellen, dass die Vereinbarung tatsächlich die Rechtsfolgen einer Streitverkündung, nämlich Nebeninterventionswirkung und Verjährungshemmung, herbeiführt. Während die anwaltliche Vertretung des potentiellen Streitverkündeten sicherstellen sollte, dass die Rechtsfolgen der Vereinbarung nicht über die Rechtsfolgen einer formellen Streitverkündung hinausgehen und insbesondere mit keiner Anerkenntnis verbunden sind. Der Anwalt sollte ebenfalls dafür Sorge tragen, dass der potentielle Streitverkündete von dem Fortgang des Rechtsstreits genauso unterrichtet wird, als ob ein Beitritt seinerseits erfolgt wäre.[559]

Im Ergebnis ist also festzuhalten, dass die Streitverkündungsvereinbarung ihrer Wirkung nach der Streitverkündung gleicht. Daher sollte dies ebenfalls als

558 Zutreffend *Armbrüster*, NJW 2016, 897, 899.

559 Dazu *Schwaiger*, AnwBl 12/2017, 1226, 1228; vgl. auch *Fassbach/Wettich*, KSzW 2016, 269, 279, wonach die Streitverkündungsvereinbarung bereits zu Problemen im Vorfeld der Streitverkündung führen kann.

Trigger in die TTT-Policy mitaufgenommen werden. Eine Klausel könnte beispielsweise folgendermaßen aussehen:

> ***Streitverkündungsvereinbarung***
> *Wird von den versicherten Personen gemeinsam eine Streitverkündungsvereinbarung geschlossen, so gilt der Trigger der Streitverkündung sinngemäß. Dies gilt allerdings nur, wenn die Rechtsfolgen der Streitverkündungsvereinbarung mit denen der Streitverkündung vergleichbar sind und nicht darüber hinausgehen.*

oo. Zwischenfazit/Kritik

Bietet die TTT-Policy die Lösung hinsichtlich der Interessenkonflikte bei der Frage nach einer Global- oder Individualpolice? Das neue Versicherungsmodell stellt eine gezielte Anpassung zur Lösung der Übertragungsschwierigkeiten der US-amerikanischen D&O-Versicherung aus dem monistischen System auf das deutsche dualistische System dar. Die TTT-Policy wurde von einem auf D&O-Versicherungen spezialisierten Maklerhaus entwickelt. Sie wurde erst 2013 in den deutschen Markt eingeführt und ist daher noch recht jung.[560] Es existieren außerdem ähnliche konkurrierende Lösungen, die sich an der TTT-Policy orientieren. *Dreher* nennt beispielsweise das „On-Top-Tower-Modell", bei dem neben der Unternehmenspolice für den Aufsichtsrat ein zusätzliches Volumen „im Sinne eines Aufbautowers versicherungsvertraglich vereinbart" wird.[561]

Aufgeführt wurden bereits die positiven Aspekte der TTT-Policy. Doch gibt es durchaus Nachteile und Kritik.

Zwar wird ein gegenseitiger Streit zwischen den Versicherern vermieden, da die zusätzliche Versicherung nur bei Eintreten des Triggers in Anspruch genommen wird und es somit keine Haftungsüberschneidungspunkte gibt. Auf der anderen Seite ist aber genau deshalb kein Schadensersatzausgleich aus einer Hand möglich. Zum ersten Trigger, also der Erschöpfung der Versicherungssumme, kommt es regelmäßig durch den vorherigen Prozess gegen den Vorstand. Wäre es nicht sinnvoller, wenn der gleiche Versicherer auch den Aufsichtsrat vertreten würde, da dieser bereits einen Überblick und die Hintergrundinformationen bezüglich des betreffenden Sachverhalts hat, sodass im Ergebnis die „Schadensregulierung aus einer Hand" nicht verloren geht.[562] Dies wäre im Sinne der Prozessökonomie.

---

560 Dazu *Reichert/Suchy*, NZG 2017, 88, siehe auch FN 1.

561 *Dreher*, FS Baums 2017, 325, 326.

562 Diese Frage stellt sich auch *Beier-Thomas*, Vortrag Gebrüder Krose, 27.03.2014, abrufbar unter: https://www.krose.de/38-0-Aktuell.html.

Was ist mit einer „doppelten Inanspruchnahme“ in der Form, dass nicht der Schutz des Aufsichtsrats vor persönlicher Haftung gefördert wird, sondern eine zusätzliche Einnahmequelle für das Unternehmen oder ein Anreiz zur Anspruchsgeltendmachung durch Dritte (je nach Innen- oder Außenhaftung) geschaffen wird und damit die Klagebereitschaft erhöht wird. Damit könnte der Schutz des Aufsichtsrats also gerade konterkariert werden, da aufgrund der zusätzlichen Deckungssumme die Willigkeit zur Anspruchsdurchsetzung gesteigert wird.[563] Dieser Nachteil wurde bereits bei der Individualpolice genannt. Weiterhin könnte das Risiko der Streitverkündung durch den Vorstand erhöht werden, da dieser sich aufgrund der zusätzlichen Versicherungssumme nicht um die Erschöpfung der Deckungssumme sorgen müsste.[564]

Zu fragen ist darüber hinaus, ob die TTT-Policy nicht im Ergebnis darauf hinauslaufen würde, dass der Aufsichtsrat durch eine insgesamt höhere Deckungssumme geschützt wäre. Nur ihm und nicht dem Vorstand kommt der Schutz der Zusatzversicherung zugute. Natürlich muss bedacht werden, dass der Vorstand den Schutz der Zusatzversicherung möglicherweise gar nicht benötigt, da zum Beispiel bei dem ersten Trigger die Deckungssumme im Normalfall durch ein Verfahren gegen Vorstandsmitglieder verbraucht wird. Folglich bedürfte der Vorstand keines weiteren Schutzes. Allerdings ist zu bedenken, dass auch die Möglichkeit besteht, dass nicht nur ein Vorstandsmitglied rechtlich in Anspruch genommen wird, sondern mehrere. Sollte die Deckungssumme bereits durch das Verfahren gegen ein Vorstandsmitglied aufgebraucht worden sein und es würde noch ein weiteres Mitglied des Vorstands in Anspruch genommen, so könnte dieses Mitglied nicht mehr vom Schutz der Unternehmenspolice profitieren, während den Mitgliedern des Aufsichtsrats noch der Schutz der Zusatzversicherung zur Verfügung stünde. Damit wäre im Ergebnis der Vorstand schlechter geschützt als der Aufsichtsrat.

Fraglich ist, ob der Vorstand dieses Ergebnis überhaupt akzeptieren würde, falls er für den Abschluss der D&O-Versicherung des Aufsichtsrats zuständig wäre.[565] Ist er zuständig, so würde er den Abschluss einer solchen Versicherung möglicherweise gar nicht zulassen. Ebenso fraglich ist, ob das Ergebnis des erhöhten Versicherungsschutzes für den Aufsichtsrat überhaupt mit der Struktur eine AG zusammenpasst. Denn in der AG ist der Vorstand gem. § 76 Abs. 1 AktG für die Leitung des Unternehmens verantwortlich, während sich die

---

563 *Reichert/Suchy*, NZG 2017, 92; vgl. auch *Düppe*, VW 10/2014, 121.
564 So auch *Reichert/Suchy*, NZG 2017, 88, 92.
565 Zur Frage der Abschlusskompetenz siehe Kapitel B. VI. der Arbeit.

Tätigkeit des Aufsichtsrats vorrangig „nach innen“ auf die Überwachung und Beratung des Vorstands richtet[566]. Wie bereits aufgezeigt, ist der Vorstand im Normalfall einem höheren Haftungsrisiko ausgesetzt als der Aufsichtsrat. Zu sehen ist das schon daran, dass grundsätzlich der Vorstand zuerst in Anspruch genommen wird, bevor auch gegen den Aufsichtsrat vorgegangen wird. Somit widerspricht ein besserer Schutzschirm des Aufsichtsrats im Vergleich zum Vorstand den Funktionen und Haftungsrisiken der AG-Organe. Diese Argumente sprechen folglich gegen die TTT-Policy.[567]

Der Nachteil einer jeden zusätzlichen Versicherung ist der zusätzliche Verwaltungsaufwand, der im Rahmen des Abschlusses der Zusatzversicherung bei einem separaten Versicherer notwendig wäre.[568] Außerdem könnte diese Zusatzversicherung ein zusätzliches Budget erfordern, was zum üblichen Budget der Unternehmenspolice hinzugerechnet werden muss. Ein weiterer Nachteil der TTT-Policy könnte sein, dass es durch das Beifügen eines zusätzlichen separaten Versicherers zu Problemen bei der Haftungsauseinandersetzung kommen könnte. Zum Beispiel könnten Abgrenzungsschwierigkeiten[569] entstehen, wann welcher Versicherer zuständig ist oder ob der geltend gemachte Trigger wirklich eingetreten ist. Solche Konflikte werfen die Frage auf, wer zur Vermittlung und Einigung zwischen den unterschiedlichen Versicherungen mit möglicherweise sogar gegensätzlichen Interessen beitragen könnte. Vorstand und Aufsichtsrat stehen in einem solchen Konfliktfall „zwischen den Fronten“. Keiner der beiden kann als neutraler Dritter agieren oder die Gesellschaft gegenüber dem anderen beziehungsweise gegenüber den Versicherungen vertreten. Bei unlösbaren Konflikten müsste also wiederum das Gericht belangt werden.

Es könnte des Weiteren die Gefahr entstehen, dass die versicherten Organe „zum Spielball der Interessen der Versicherer“ werden, wenn beide Versicherer versuchen, die Leistungspflicht des jeweils anderen geltend zu machen und dadurch sogar das Risiko von Streitverkündungen verstärkt wird.[570] Dem kann allerdings entgegengehalten werden, dass für den Versicherungsschutz der TTT-Policy ein Trigger vorliegen muss. Ansonsten gilt der Vorrang der

---

566 *Henzler*, in: Großkomm VVG, AVB-AVG 2011/2013 Anh Ziff. 1, Rn 73.

567 Dagegen *Armbrüster*, NJW 2016, 897, 899.

568 So auch *Beier-Thomas*, Vortrag Gebrüder Krose, 27.03.2014, abrufbar unter: https://www.krose.de/38-0-Aktuell.html.

569 So auch *Beier-Thomas*, Vortrag Gebrüder Krose, 27.03.2014, abrufbar unter: https://www.krose.de/38-0-Aktuell.html.

570 *Köberich/Heilmann*, DVS 6/2016, 12, 14.

Unternehmenspolice, sodass es kaum zu der Gefahr von Überschneidungspunkten kommen sollte. Dies stellt einen Vorteil der TTT-Policy gegenüber dem Twin-Tower-Modell dar, bei dem keine Subsidiarität einer Versicherung besteht.[571]

Möglicherweise ist eine TTT-Policy nicht notwendig, wenn Interessenkonflikten eine „Chinese Wall" entgegengesetzt wird. „Chinese Wall" ist ein Begriff, der die Trennung von Interessenkonfliktbereichen innerhalb einer Organisation beschreibt. Zur Vermeidung von Interessenkonflikten sollen die unterschiedlichen Geschäftsbereiche so getrennt sein, dass der gegenseitige Austausch vertraulicher Informationen beziehungsweise schon der Zugang dazu nicht möglich ist.[572] Es können zum Beispiel unterschiedliche „Schadensteams" innerhalb des Versicherers gebildet werden.[573]

Eine solche Trennung wäre insbesondere dann notwendig, wenn es zur Streitverkündung gekommen ist und der D&O-Versicherer von den Anwälten des Aufsichtsratsmitglieds das Regressgutachten herausverlangt. Ein solches Gutachten umfasst nicht nur entlastende Tatsachen hinsichtlich einer möglichen Pflichtverletzung, sondern auch belastende. Bei einem Austausch des Gutachtens müssen die Anwälte des Aufsichtsratsmitglieds fürchten, dass das Gutachten an die Anwälte des Vorstandsmitglieds gelangt, da diese im Lager des D&O-Versicherers stehen. Allerdings kann selbst die Zusicherung einer „Chinese Wall" nicht für vollständige Sicherheit hinsichtlich eines möglichen Informationsaustausches sorgen. Dies gilt besonders vor dem Hintergrund, dass der D&O-Versicherer zur bestmöglichen Verteidigung des Vorstandsmitglieds verpflichtet ist und daher gegebenenfalls die Informationen sogar in Anspruch nehmen muss. Eine sichere Trennung kann deshalb nur durch die Trennung der Versicherungsdeckungen bei verschiedenen Versicherern gewährleistet werden.[574] Dadurch wird das Risiko verhindert, dass der Versicherer gegen seine Treuepflicht oder gegen seine Pflicht zur Vertraulichkeit gegenüber dem Aufsichtsrat verstößt.[575]

Die Erhöhung der Deckungssumme der Unternehmenspolice führt in jedem Fall nicht zum gleichen Ergebnis wie die TTT-Policy, da auch eine höhere Deckungssumme die Erschöpfung nicht verhindern kann und deshalb nicht

---

571 Siehe Kapitel B. IV. 4. b. der Arbeit.

572 Dazu näher *Faust*, in: Schimansky/Bunte/Lwowski, BankR Hdb I, § 109 Rn 141; vgl auch *Reichert/Suchy*, NZG 2017, 88, 90.

573 *Reichert/Suchy*, NZG 2017, 88, 90.

574 *Fassbach*, Der Aufsichtsrat 02/2013, 26, 27.

575 Vgl. *Reichert/Suchy*, NZG 2017, 88, 90 f.

mit einer eigens für den Aufsichtsrat gesicherten Deckungssumme vergleichbar ist.[576]

Der Gefahr der Anfechtung, also des Triggers 3, kann alternativ zur TTT-Policy durch sogenannte „severability clauses" innerhalb der Unternehmenspolice entgegengewirkt werden. Durch diese Bestimmung wird die Anfechtungswirkung insoweit begrenzt, dass gutgläubige Versicherte nicht von der Anfechtung betroffen sind und ihr Versicherungsschutz somit bestehen bleibt. Außerdem ist zu beachten, dass auch beim Abschluss der TTT-Policy ein gewisses Anfechtungsrisiko besteht, denn hier werden ebenfalls die „warranty statements" gefordert.[577]

Durch das Hinzufügen eines weiteren Versicherers birgt die TTT-Policy das Risiko, dass eine weitere Partei mit persönlichem Interesse am Verfahren beteiligt ist und somit auch die Möglichkeit des Vergleichs geschmälert wird. Die zusätzliche Partei könnte ferner zu einer Steigerung von Verfahrensdauer und -kosten führen.[578] Außerdem könnte der zusätzliche Versicherer die über die Unternehmenspolice versicherten Vorstandsmitglieder nach § 86 Abs. 1 S. 1 VVG auf Regress in Anspruch nehmen. Bei der üblichen Unternehmenspolice ist dies nicht möglich, da die Mitverantwortlichen im Normalfall bei derselben Versicherung mitversichert sind.[579]

Zu bedenken ist in jedem Fall, dass der Abschluss der TTT-Policy mit einer zusätzlichen Prämie verbunden ist. Nun muss jedes Unternehmen beziehungsweise deren Organe für sich selbst abwägen, ob diese Prämiensteigerung in akzeptabler Relation zu dem Haftungsrisiko der Aufsichtsräte steht.[580]

Ihlas macht geltend, dass bei getrennten Policen nicht nur in 30 % der Fälle der Aufsichtsrat neben dem Vorstand verklagt werden würde, sondern in 100 % der Fälle. Außerdem sei eine gemeinsame Verteidigung effektiver als eine getrennte Verteidigung und getrennte Policen seien deutlich teurer als gemeinsame. Das Argument der Vermeidung von Interessenkonflikten führe zu Individualpolicen. Die Gründe für eine Aufsichtsratszusatzdeckung nach dem Twin-Tower- oder Two-Tier Trigger-Modell würden nicht überzeugen und deshalb würden solche Versicherungen sehr selten verkauft.[581] Allerdings geht *Ihlas* in seiner Argumentation gar nicht auf das TTT-Modell ein, sondern kritisiert allein die Trennung

576 So auch *Reichert/Suchy*, NZG 2017, 88, 90.
577 *Reichert/Suchy*, NZG 2017, 88, 91.
578 So auch insbesondere *Reichert/Suchy*, NZG 2017, 88, 92; *Düppe*, VW 10/2014, 121.
579 *Armbrüster*, NJW 2016, 897, 899 f.; *Reichert/Suchy*, NZG 2017, 88, 92.
580 So auch *Reichert/Suchy*, NZG 2017, 88, 92.
581 *Ihlas*, in: Langheid/Wandt, MüKo VVG, D&O, Rn 90 ff.

der Versicherungen. Bei dem TTT-Modell werden jedoch – im Gegensatz zum Twin-Tower-Modell[582] – nicht die Versicherungen pauschal getrennt, sondern eine Grund- und eine Exzedentenversicherung abgeschlossen.

pp. Praxisrelevanz

In der Praxis wird die TTT-Policy nicht von allen D&O-Versicherern angeboten. Nach eigenen Angaben der D&O-Versicherer, welche die TTT-Policy anbieten, sind nicht mehr als etwa 1-2 Prozent der verkauften D&O-Versicherungen TTT-Policen.[583] Die Versicherer gaben an, dass zwar mit der Markteinführung ein gewisses Interesse an der TTT-Policy bestand, allerdings sei dieses inzwischen wieder abgeflacht. Außerdem gab es in der Einführungsphase zwar einige Anfragen, doch kam es dabei nur zu wenigen Abschlüssen.[584]

Was sind die Gründe, warum nicht alle D&O-Versicherer die TTT-Policy anbieten und die Gründe, warum die TTT-Policy von den anbietenden Versicherern so selten tatsächlich verkauft wird? Eine Hauptursache für die niedrige Abschlusszahl an TTT-Policen ist natürlich, dass sie als Exzedentenversicherung immer der Basis der Unternehmensversicherung bedarf. Die beiden Versicherungen müssen aber bei unterschiedlichen Versicherern abgeschlossen werden. Besonders bei maximalen Deckungssummen, an denen häufig die meisten großen Versicherer beteiligt sind,[585] stellt sich das Problem, dass das Marktkontingent an Versicherern schnell erschöpft und kein geeigneter und erfahrener Versicherer mehr für die zusätzliche TTT-Policy verfügbar sein könnte.[586] Außerdem stellen sich „Folgefragen", wie zum Beispiel die Frage nach der Abschlusskompetenz der TTT-Policy. Generell ist die TTT-Policy noch so neu auf dem Markt und so wenig vertreten, dass es an Erfahrungswerten insbesondere im Ernstfall der Haftung mangelt.

Aus Sicht der Versicherungen spricht noch ein entscheidendes Argument gegen die TTT-Policy. Der Vergleich stellt die häufigste Art der Erledigung des

---

582 Siehe dazu Kapitel B. IV. 4. b. der Arbeit.

583 Diese Angaben wurden mündlich und schriftlich von insgesamt sechs D&O-Versicherern gegenüber der Verfasserin geäußert, von denen fünf die TTT-Policy anbieten.

584 Diese Angaben wurden mündlich von einem D&O-Versicherer gegenüber der Verfasserin geäußert; vgl. dazu auch *Reichert/Suchy*, NZG 2017, 88, wonach die TTT-Policy „in gewisser Weise (noch) ein Schattendasein in der deutschen Versicherungspraxis" führt.

585 Siehe Kapitel B. IX. der Arbeit.

586 So auch *Düppe*, VW 10/2014, 121; *Köberich/Heilmann*, DVS 6/2016, 12, 14; *Peppersack*, Das Kürzungs- und Verteilungsverfahren in der D&O-Versicherung, S. 356.

Versicherungsfalls dar. Der Versicherer ist freilich an einer möglichst schnellen und unkomplizierten Erledigung des Versicherungsfalls interessiert. Ein Vergleich kommt ihm daher besser entgegen als die Streitverkündung eines versicherten Organs, welches den ersten Trigger der TTT-Policy darstellt. Schließlich kommt dem Versicherer auch die Stellung als eine Art Mediator zu. Bei Abschluss einer TTT-Policy würde aber das Druckmittel der Androhung einer Streitverkündung wegfallen und dadurch möglicherweise die Vergleichsbereitschaft des versicherten Organmitglieds sinken. Der Versicherer hat also kein Interesse sich dieses Mittel und diese Möglichkeit nehmen zu lassen. Was aus Sicht des Versicherers gegen die TTT-Policy spricht, könnte allerdings ein positiver Aspekt für Aufsichtsräte sein. Denn falls ein Aufsichtsratsmitglied an einem Vergleich interessiert wäre, könnte das Mitglied ihn unabhängig von der gewählten TTT-Policy dennoch vereinbaren. Wenn das Aufsichtsratsmitglied dagegen überhaupt nicht zu einem Vergleich bereit ist, kann es durch die Wahl der TTT-Policy nicht mehr mit der Androhung der Streitverkündung unter Druck gesetzt werden.

e. *Fazit*

Auch wenn die gemeinsame Unternehmenspolice immer noch vorherrscht, sprechen gute Gründe für separate Policen mit eigenständigen Deckungssummen.[587] Genannt werden kann zum Beispiel eine gute Corporate Governance durch zielgerichtete Anpassung der jeweiligen Vertragsgestaltung und die Sicherstellung der notwendigen Trennung und Unabhängigkeit von Vorstand und Aufsichtsrat, insbesondere im Hinblick auf die Verfolgung von Schadensersatzansprüchen.[588]

Zusammenfassend kann festgestellt werden, dass es bereits mehrere Alternativmodelle zur Unternehmenspolice gibt und jedes Modell seinerseits Vor- und Nachteile hat. Die wenigsten Nachteile scheinen mit der TTT-Policy

---

587 Zutreffend auch *Hopt/Roth*, in: Großkomm AktG, 2019, § 116 Rn 291: „Sicherer sind jeweils getrennte Policen für Vorstand und Aufsichtsrat."; vgl. auch *Doralt*, ZGR 2019, 996, 1015, welcher feststellt, „dass bei gemeinsamer Versicherung der Schutz der Aufsichtsratsmitglieder im entscheidenden Zeitpunkt teilweise, weitgehend oder manchmal gänzlich verbraucht sein kann" und eine „teilweise oder gänzliche Trennung der D&O-Versicherung für Aufsichtsratsmitglieder und für Vorstandsmitglieder" dem entgegenwirken kann; dagegen *Otti*, Versicherte Risiken und Umfang des Versicherungsschutzes in der D&O-Versicherung, S. 66, der „in der Forderung nach Individualversicherungen und neuartigen Deckungskonzepten insgesamt ein Trugschluss" sieht.

588 *Wansleben*, Max Planck Institute for Comparative and International Private Law Research Paper Series No. 15/25, S. 208.

einherzugehen, denn diese ist genau an die Interessenkonflikte des Two-Tier Board Systems angepasst und möglichst individuell gestaltet. Auf dem deutschen Markt hat sich dieses Modell aber noch nicht durchsetzen können. Ob dies mit der Neuheit der Versicherung zusammenhängt und sich im Laufe der nächsten Jahre durch mehr Popularität und Erfahrung ändern wird oder es eines weiteren Versicherungsmodells bedarf, wird die Zeit zeigen. In jedem Fall stehen den Organen mehrere Möglichkeiten und echte Alternativen zur üblichen D&O-Versicherung zur Verfügung, aus denen die Organe die für sich passendste Variante wählen können.

Auf Nachfrage äußerten sich D&O-Versicherer, dass sie den versicherten Organmitgliedern Individualpolicen empfehlen würden, notfalls selbstfinanziert. Zwar bringen diese den Versicherern im Vergleich zur Unternehmenspolice nur deutlich kleinere Prämienbeträge ein, aber sie ermöglichen dem Organmitglied eine eigene individuelle Absicherung. Bei einem Unternehmenswechsel bedarf der Manager im Falle der Unternehmenspolice einer neuen Deckung, wohingegen er die Individualpolice einfach mitnehmen kann. Natürlich muss der Wechsel dem Versicherer angezeigt werden, sodass dieser die Versicherung anpassen kann.

V. Fünftes Kapitel: Versicherung ausgeschiedener Organmitglieder

Bei der Haftung von Organmitgliedern ist zu beachten, dass es im Regelfall erst zu einer Geltendmachung von Schadensersatzansprüchen gegen das suspendierte Organmitglied kommt nachdem sich die Wege von Organmitglied und Gesellschaft getrennt haben.[589] Scheidet das Organmitglied aus dem Unternehmen aus, so sind jedoch Besonderheiten zu beachten, welche im Folgenden beleuchtet werden.

1. Einsichtnahmeanspruch ausgeschiedener Organmitglieder

Das Organmitglied ist mit Ausscheiden aus der Gesellschaft zur Herausgabe sämtlicher Unterlagen aus seiner Tätigkeit verpflichtet. Der Herausgabeanspruch der Gesellschaft ergibt sich aus §§ 675, 666, 667 BGB.[590] Wenn zu diesem Zeitpunkt bereits erkennbar ist, dass die Gesellschaft einen Schadensersatzanspruch

---

589 *Freund*, NZG 2015, 1419; *Baums*, Managerhaftung und Verjährungsfrist, Working Paper Series No. 119, 07/10, S. 7.

590 BGH, NZG 2008, 834.

gegen das ausgeschiedene Organmitglied geltend machen könnte oder sogar mit der Vorbereitung eines entsprechenden Verfahrens begonnen hat, so kann das Organmitglied sich keine Verteidigung durch eine Konservierung von Unterlagen aufbauen. Ein Anspruch auf Einsichtnahme in die entsprechenden Unterlagen ist erst mit der tatsächlichen Inanspruchnahme möglich. Zwischen dem Ausscheiden und der Inanspruchnahme des Organmitglieds kann jedoch einige Zeit vergangen sein, sodass die Unterlagen möglicherweise nicht mehr lückenlos zur Verfügung stehen. Häufig heißt es dann seitens der Gesellschaft, dass man die benötigten Unterlagen nicht finden könne oder es diese womöglich gar nicht gibt. Da die Beweislast hinsichtlich einer ordentlichen und gewissenhaften Organtätigkeit gem. § 93 Abs. 2 S. 2 AktG das Organmitglied selbst trifft, steht das Mitglied nun vor dem Dilemma, sich ohne die benötigten Unterlagen entlasten zu müssen.[591] Ob das Organmitglied für seine Verteidigung von den betroffenen Unterlagen vor seinem Ausscheiden Kopien machen darf oder ob diese genauso herauszugeben sind, ist umstritten.[592] Die Auskunftsobliegenheit der Versicherungsnehmerin gegenüber dem Versicherer gilt nach § 31 Abs. 1 S. 1 VVG erst nach Eintritt des Versicherungsfalls.

Dem Organmitglied bleibt also kein anderer Weg, als seine Tätigkeit detailliert zu dokumentieren. Damit schafft sich das Mitglied eine Grundlage an Unterlagen mit Blick auf seine Beweislast und beugt dem Verlust wichtiger Informationen hinsichtlich seiner Entlastung vor. Außerdem kann durch die gewissenhafte Dokumentation eine Auseinandersetzung, welche die Reichweite eines möglichen späteren Einsichtsanspruchs betrifft, umgangen werden.[593]

2. Versicherung für ausgeschiedene Organmitglieder

Nachdem ein Organmitglied aus der Gesellschaft ausgeschieden ist, kann das Mitglied bis zur Verjährung der gegen ihn gerichteten Schadensersatzansprüche trotz seines Ausscheidens noch in Anspruch genommen werden. Es wurde bereits darauf hingewiesen, dass die Inanspruchnahme erst nach Ausscheiden des Organmitglieds sogar den Regelfall darstellt. Zwar entfällt der Versicherungsschutz mit dem Ausscheiden des Organmitglieds nicht, aber er hat nach dem Ausschluss aus der Gesellschaft keinen Einfluss mehr auf die Fortführung des Versicherungsvertrags und häufig besteht sogar selbst mit Nachhaftungsfristen

---

591 Vgl. *Freund*, NZG 2015, 1419, 1420.

592 Dazu näher und m.w.N. *Freund*, NZG 2015, 1419, 1420 f.; *Bergwitz*, NZA 2018, 333; BGH, NZG 2008, 834, 835; *Happ*, in: Happ/Groß, AktR, Muster 8.08 Anm. 24.1.

593 Vgl. *Freund*, NZG 2015, 1419, 1424.

beziehungsweise Nachmeldefristen keine Absicherung für die gesamte Dauer der aktienrechtlichen Verjährungsfrist.[594] Dies gilt insbesondere für die Mitglieder des Aufsichtsrats, welche schon während ihres Mandates „nur mittelbaren Einfluss auf Abschluss und Umfang der D&O-Police" haben, der mit dem Ausscheiden endgültig entfällt. Für Vorstandsmitglieder besteht die Möglichkeit, bereits im Anstellungsvertrag oder zumindest in der Aufhebungsvereinbarung Regelungen zum Versicherungsschutz nach Ausscheiden festlegen zu können. Diese Option steht Aufsichtsratsmitgliedern dagegen häufig nicht zu, da schon kein Anstellungsverhältnis vorliegt.[595]

a. Versicherungsangebote

Diese Umstände werden auch von zwei großen D&O-Versicherern genannt, welche zur Schließung dieser Deckungslücke eine spezielle Zusatzversicherung für ausgeschiedene Organmitglieder entwickelt haben. Die Allianz Global Corporate & Speciality SE (AGCS) bietet die sogenannte D&O „Select" und die AXA XL die D&O „Complete Plus" an.[596]

Die AGCS macht in ihrer Produktinformation geltend, dass ein Versicherungsschutz ehemaliger Unternehmensleiter mit den allgemeinen D&O-Produkten nicht gewährleistet ist. So ist beispielsweise die nachträgliche Änderung von Nachmeldefristen zulasten des Managers oder eine Neugestaltung der Versicherungsbedingungen durch neue Ausschlüsse und eine Abschaffung von Zusatzleistungen möglich. Außerdem ist zu beachten, dass für die aktiven und ehemaligen Manager nur eine gemeinsame Deckungssumme zur Verfügung steht. Zusagen oder Garantien zur Fortführung des Versicherungsschutzes können zu einer Versicherungsverschaffungspflicht der Gesellschaft führen, welcher nachher möglicherweise nicht entsprochen werden kann. Die D&O Select stellt eine „Nebenpolice" dar.[597] Eine solche „Nebenversicherung" liegt vor, wenn mehrere Versicherungsverträge nicht aufeinander abgestimmt sind, aber

---

594 Dazu näher *Lange*, D&O-Versicherung und Managerhaftung, § 10 Rn 97; *v. Schenk*, in: Semler/v. Schenk, Der Aufsichtsrat, § 116 Rn 843.

595 *Berner/Wettich*, BOARD 3/2018, 96, 98.

596 Versicherungsbedingungen Allianz Protect D&O-Select, AGCS; Versicherungsbedingungen AXA XL D&O Complete Plus, AXA XL.

597 So berichten beispielsweise LeCura.de v. 04.05.2013, https://www.lecura.de/index.php?option=com_k2&Itemid=562&id=114&lang=de&view=item und Versicherungspraxis24 v. 28.05.2013, https://www.lecura.de/index.php?option=com_k2&Itemid=562&id=114&lang=de&view=item.

dasselbe Risiko decken.[598] Sie wird also neben der bestehenden Unternehmenspolice („Hauptpolice") geschlossen. Die Laufzeit beträgt bis zu 10 Jahre.[599]

Diese Nebenversicherung bietet eine separate Versicherungssumme sowie eine gesonderte Vertragslaufzeit. Die Haftungsansprüche der Organmitglieder sind somit für die Verjährungszeit gedeckt. Inhaltlich bietet die Nebenpolice denselben Deckungs-Standard wie die Hauptpolice zum Zeitpunkt des Ausscheidens. Außerdem ist eine Übertragung späterer Verbesserungen des Deckungsschutzes der Hauptpolice auf die Nebenpolice möglich. Die Versicherung des ausscheidenden Organmitglieds unter der Hauptpolice bleibt uneingeschränkt bestehen. Durch die Versicherung in Form von Neben- und Hauptpolice ist der Vorteil der Versicherung aus einer Hand gegeben. Die D&O Select kann also genauso wie die Unternehmenspolice bei demselben Versicherer abgeschlossen werden.[600]

b. Versicherungsbedingungen (AXA XL/AGCS)

Die Versicherungsbedingungen der Select und der Complete Plus werden nun im Folgenden verglichen und inhaltlich analysiert. Dabei werden die Select und die Complete Plus für die folgende Darstellung unter dem Oberbegriff Nebenversicherung und die Unternehmenspolice unter dem Begriff Hauptpolice zusammengefasst.

Wie in der Unternehmenspolice[601], ist in der Nebenversicherung nicht nur das Organmitglied selbst, sondern sind auch Ehegatten, Lebenspartner, Erben und Nachlassverwalter des Mitglieds versichert.[602] Bei der Nebenversicherung besteht ebenfalls ein Selbstbehalt des Versicherten, wie bei der Hauptpolice.[603] In den Bedingungen der AGCS wird – im Gegensatz zu denen der AXA

---

598 Vgl. *Lange*, D&O-Versicherung und Managerhaftung, § 4 Rn 46; *Langheid*, in: Langheid/Rixecker, VVG, § 77 Rn 3.

599 Versicherungsbedingungen Allianz Protect D&O-Select, AGCS; so berichten LeCura.de v. 04.05.2013, https://www.lecura.de/index.php?option=com_k2&Itemid=562&id=114&lang=de&view=item und Versicherungspraxis24 v. 28.05.2013, https://www.lecura.de/index.php?option=com_k2&Itemid=562&id=114&lang=de&view=item.

600 Versicherungsbedingungen Allianz Protect D&O-Select, AGCS.

601 *Lange*, D&O-Versicherung und Managerhaftung, § 6 Rn 40, 41.

602 Ziff. 1.3 Versicherungsbedingungen Allianz Protect D&O-Select, AGCS; Ziff. VII. 10. Versicherungsbedingungen AXA XL D&O Complete Plus, AXA XL.

603 Ziff. 4.3 Versicherungsbedingungen Allianz Protect D&O-Select, AGCS; Ziff. IV. 3. Versicherungsbedingungen AXA XL D&O Complete Plus, AXA XL.

XL – hinsichtlich der Leistungspflicht des Versicherers explizit auf die Hauptpolice Bezug genommen, nach welcher sich die Erbringung von Zusatzdeckungen richtet.[604] Während in den Bedingungen der AGCS ausdrücklich geltend gemacht wird, dass zukünftige Erweiterungen der Hauptpolice für die Nebenversicherung nur mit Zustimmung der AGCS gelten, fehlt eine solche Klarstellung in den Bedingungen der AXA XL.[605]

Die Nebenversicherung ist subsidiär zur Hauptpolice, Nachfolgepolice und den Exzedentenverträgen.[606] Betrifft der Versicherungsfall mehrere dieser Policen des gleichen Versicherers, so gilt die Begrenzung der Deckungssumme auf die höchste Versicherungssumme dieser Policen. Bei der AXA XL ist die Deckungssumme der Nebenversicherung aber auf eine Höchstleistung von maximal 25 Millionen Euro begrenzt. Eine solche Begrenzung in Form einer Höchstleistung findet man bei der AGCS dagegen nicht.[607] Hinsichtlich der Schadenermittlung beinhalten die Bedingungen der AXA XL erhöhte Anforderungen an den Versicherten und die Versicherungsnehmerin, nach denen die beiden für die Schadensabwendung und -minderung im Rahmen ihrer Möglichkeiten zu sorgen und zumutbare Weisungen des Versicherers zu befolgen haben. Auch die an Versicherungsnehmerin und Versicherten gerichteten Anforderungen an die Anzeigepflicht, die Angabe zum Schadenseintritt und die Unterstützung des Versicherers bei Schadensermittlung und -regulierung werden nur in den Bedingungen von AXA XL und nicht in denen der AGCS genannt.[608]

Vergleicht man die Definitionen der beiden Bedingungen, so fällt auf, dass nur die AXA XL eine Definition der Folge- und der Hauptpolice vornimmt. Folgepolice ist danach jede D&O-Versicherung, welche von der versicherten Gesellschaft nach dem Ende der Hauptpolice abgeschlossen wird. Für die Definition der Hauptpolice werden zwei verschiedene Optionen genannt. Einmal kann dies die im Versicherungsschein als solche festgelegte D&O-Versicherung sein. Als zweite Möglichkeit wird zwischen Versicherten unterschieden, die vor oder nach

604 Ziff. 2. Versicherungsbedingungen Allianz Protect D&O-Select, AGCS; Ziff. II. 1. Versicherungsbedingungen AXA XL D&O Complete Plus, AXA XL.

605 Ziff. 5.1 Versicherungsbedingungen Allianz Protect D&O-Select, AGCS; Ziff. V. 1. Versicherungsbedingungen AXA XL D&O Complete Plus, AXA XL.

606 Ziff. 5.2 Versicherungsbedingungen Allianz Protect D&O-Select, AGCS; Ziff. V. 2. Versicherungsbedingungen AXA XL D&O Complete Plus, AXA XL.

607 Ziff. 5.3 Versicherungsbedingungen Allianz Protect D&O-Select, AGCS; Ziff. V. 3. Versicherungsbedingungen AXA XL D&O Complete Plus, AXA XL.

608 Ziff. 6.3 Versicherungsbedingungen Allianz Protect D&O-Select, AGCS, Ziff. VI. 3. Versicherungsbedingungen AXA XL D&O Complete Plus, AXA XL.

Beginn des Nebenversicherungsvertrages aus dem Unternehmen ausgeschieden sind. Für Versicherte, welche vor Beginn der Nebenversicherung ausgeschieden sind, gilt die im Versicherungsschein als solche festgelegte D&O-Versicherung als Hauptpolice. Für Versicherte, welche nach Beginn der Nebenversicherung ausgeschieden sind, gilt die im Zeitpunkt des Ausscheidens gültige D&O-Versicherung als Hauptpolice.[609]

c. *Zwischenergebnis*

Zwar ähneln sich die beiden Bedingungswerke von AXA XL und AGCS, dennoch sind marginale Unterschiede feststellbar. In der Hauptsache werden diese aber wohl kaum zu einem anderen Ergebnis beziehungsweise zu einem unterschiedlich sicheren Versicherungsschutz führen. Was jedoch hervorzuheben ist, ist die maximale Begrenzung des Deckungsschutzes von AXA XL, welche bei 25 Millionen Euro liegt. Da die Nebenversicherung subsidiär zur Hauptpolice ist und nur bei deren Deckungsausschöpfung zur Geltung kommt, stellt sich die Frage, ob diese Höchstgrenze einen tatsächlichen Nachteil darstellt oder doch regelmäßig nicht zum Einsatz kommt. Allerdings ist zu beachten, dass die Nebenversicherung zwar subsidiär zur Hauptpolice ist, aber gerade für den Fall schützen soll, dass der Schutz der Hauptpolice nicht mehr gewährleistet ist. Daher kommen auch Fälle in Betracht, in denen sich der Versicherte nicht auf die vorherige Ausschöpfung der Deckungssumme der Hauptpolice verlassen kann. Dieser Unterschied zur AGCS, in deren Bedingungen keine solche Höchstgrenze festgelegt ist, ist somit nicht zu verachten.

3. Fazit

Im Ergebnis ist festzustellen, dass mit der D&O Complete Plus beziehungsweise Select Versicherung eine erweiterte Möglichkeit der Versicherung ausgeschiedener Manager geschaffen wurde. Dadurch wird der Versicherungsschutz der Organmitglieder gestärkt, sodass die ausgeschiedenen Organmitglieder ihren Ruhestand auch wirklich „in Ruhe“ genießen können, ohne sich Sorgen um eine Deckungslücke oder eine nachträgliche Verschlechterung der eigenen Absicherung machen zu müssen. Diese Versicherungsmöglichkeit kann deshalb nur befürwortet und dem Organmitglied für die Gewährleistung eines umfassenden und andauernden Versicherungsschutzes empfohlen werden.

---

609 Ziff. VII. 4., 5. AXA XL.

VI. Sechstes Kapitel: In welchem Interesse wird die D&O-Versicherung abgeschlossen? (Abschlusskompetenz)

In welchem Interesse wird die D&O-Versicherung abgeschlossen? Die Antwort auf diese Frage ist umstritten und liegt durch die ständige Fortentwicklung der Corporate Governance im Wandel. In Betracht kommen zwei Interessenträger. Auf der einen Seite das versicherte Organmitglied, das sich vor einer existenzbedrohenden persönlichen Haftung schützen will.[610] Auf der anderen Seite das Unternehmen als Versicherungsnehmer, welche bei durch die Organe verursachten Schäden einen solventen Anspruchsgegner haben will. Dafür spricht, dass die Versicherung „steuerlich nicht als vermögenswerter Vorteil des Organmitglieds" gewertet wird.[611] Außerdem würde die Suche nach geeigneten Geschäftsführungs- und Überwachungsorganen durch das Fehlen einer Versicherung deutlich erschwert, da sich viele Manager nicht dem hohen Haftungsrisiko einer solchen Position ungeschützt aussetzen wollen. Nicht zu unterschätzen ist auch, dass durch die Sicherheit eines Versicherungsschutzes die Handlungsfreiheit bei wichtigen unternehmerischen Entscheidungen gestärkt wird.[612]

Die Frage nach dem Interessenträger der D&O-Versicherung geht mit der Frage kongruent einher, wer für den Abschluss der Versicherung zuständig ist. Wäre die Versicherung als Vergütungsbestandteil zu werten, so wäre gem. § 87 Abs. 1 AktG für die Versicherung des Vorstands der Aufsichtsrat zuständig, während gem. § 113 Abs. 1 S. 2 AktG für die Versicherung des Aufsichtsrats die Hauptversammlung zuständig wäre.[613] An einer höchstrichterlichen Entscheidung zu dieser Frage fehlt es bisher. Der BGH hat die Frage der Zuständigkeit als „zweifelhaft" betitelt.[614] *Möhrle* sieht in ihrer Dissertation als einzig saubere, aber gleichzeitig nicht durchführbare Lösung die Trennung der Versicherungen von Vorstand und Aufsichtsrat an, sodass die Hauptversammlung für den Abschluss der Versicherung des Aufsichtsrats,[615]und für die Versicherung des Vorstands der Vorstand selbst zuständig wäre.[616]

---

610 *Cyrus*, NZG 2018, 7, 9; zur rechtlichen Entwicklung *Beckmann*, in: Beckmann/Matusche-Beckmann, VersR-Hdb, § 28 Rn 23 m.w.N.

611 *Armbrüster*, NJW 2016, 897, 900; dazu näher *Beckmann*, in: Beckmann/Matusche-Beckmann, VersR-Hdb, § 28 Rn 23 m.w.N.

612 OLG München, VersR 2005, 540, 542; *Dreher*, ZHR 165, 293, 310.

613 Vgl. *Armbrüster*, NJW 2016, 897, 900; dazu ausführlich *Gruber/Wax*, WBL 24 (2010), 169, 170 f. mit rechtsvergleichendem Blick auf Österreich.

614 BGH, NZG 2009, 550, 552.

615 *Möhrle*, Gesellschaftsrechtliche Probleme der D&O-Versicherung, S. 208.

616 *Möhrle*, Gesellschaftsrechtliche Probleme der D&O-Versicherung, S. 189; dagegen siehe Kapitel B. VI. 3. der Arbeit.

1. Zuständigkeit des Vorstands

Nach der inzwischen herrschenden Meinung im Schrifttum ist der Vorstand für den Abschluss der D&O-Versicherung zuständig. Danach liegt der Versicherungsabschluss hauptsächlich im Interesse der Gesellschaft[617], bei Schäden einen solventen Anspruchsgegner zu haben. Insbesondere das Schreiben des Bundesfinanzministerium vom 24.01.2002 stellt klar, dass „von einem überwiegend eigenbetrieblichen Interesse auszugehen"[618] ist. Die Prämie wird damit nicht als Teil der Vergütung behandelt. Stattdessen wird sie als Fürsorgeaufwendung gesehen, die nicht von § 87 AktG erfasst ist. Dafür spricht das Interesse der Gesellschaft an dem Schutz des Organmitglieds zur Steigerung der Attraktivität solcher Positionen und damit Gewinnung von Top-Anwärtern.[619] Dies gilt insbesondere für Unternehmenspolicen, bei denen nicht nur der Vorstand, sondern auch der Aufsichtsrat versichert ist, und daher der Fürsorgecharakter eindeutig im Vordergrund steht.[620] Somit handelt es sich bei dem Versicherungsabschluss um eine Geschäftsführungsmaßnahme, weshalb der Vorstand gem. § 78 AktG immer für den Abschluss zuständig ist, das heißt für seine eigene Versicherung und die des Aufsichtsrats.[621]

Ein weiteres Argument für die Zuständigkeit des Vorstands könnte die bereits angesprochene Mediationsfunktion des D&O-Versicherers[622] sein, welche laut *Lange* im Sinne der Gesellschaft als Versicherungsnehmerin ist, die an einer gütlichen Einigung interessiert ist.[623] Dagegen führt er wiederum selbst an, dass das versicherte Organmitglied wohl ebenso an einem Kompromiss interessiert sein dürfte.[624] Denn ein Gerichtsverfahren bedeutet für alle

---

617 *Habersack*, MüKo AktG, § 113 Rn 16 m.w.N; *Ihlas*, D&O, S. 595 m.w.N.

618 BMF-Schreiben vom 24.1.2002 – IV C 5 – S 2332 – 8/02, welches sich aber nur auf das Verhältnis zwischen Gesellschaft und Vorstand bezieht.

619 Vgl. *Spindler*, DStR 2004, 36, 37; *Spindler*, in: Spindler/Stilz, AktG, § 116 Rn 187; *Spindler*, MüKo AktG § 87 Rn 26; § 93 Rn 248; *Dreher*, ZHR 165, 293, 321 f.; *Vetter*, AG 2000, 453, 457 f.; *Mertens*, AG 2000, 447, 451 f.

620 So ausdrücklich *Spindler*, DStR 2004, 36, 38.

621 Vgl. *Armbrüster*, NJW 2016, 897, 900; *Hemeling*, FS Hoffmann-Becking, 2013, 491, 492 f.; *Koch*, in: Hüffer/Koch, AktG, § 113 Rn 2a.

622 Siehe Kapitel B. II. 9. a. der Arbeit.

623 *Lange*, D&O-Versicherung und Managerhaftung, § 3 Rn 56.

624 *Lange*, D&O-Versicherung und Managerhaftung, § 3 Rn 63.

Parteien einen erhöhten Zeitaufwand und mehr öffentliche Aufmerksamkeit. Sowohl die Gesellschaft als auch das Organmitglied möchten eine mögliche öffentliche Diffamierung durch eine interne Konfliktlösung verhindern. Somit ist die Mediationsfunktion des Versicherers im Interesse beider Parteien.

Die Abschlusskompetenz des Vorstands führt zu der Problematik, dass er sich aus der Sichtweise der Geschäftsleitung bei Abschluss der eigenen Versicherung vorrangig an den Interessen der Gesellschaft orientieren muss und nicht an dem Schutz der Organe. Das führt automatisch zu einem Interessenkonflikt.[625] Außerdem stellt der Bilanzschutz der D&O-Versicherung in der Praxis die Ausnahme dar, denn über 90 % der Versicherungsfälle werden durch einen Vergleich beendet, und dieser ist regelmäßig mit einer für die Gesellschaft niedrigeren Vergleichsquote verbunden. Da durchschnittlich circa 70 % der Deckungssumme allein für die Abwehrkosten verbraucht werden, stellt die Abwehrdeckung der D&O-Versicherung in der Praxis die deutlich wichtigere Funktion dar. Ausgehend von der Praxis dient die D&O-Versicherung also vorrangig dem Schutz der versicherten Organmitglieder und nicht dem Schutz des Unternehmens.[626]

Ein weiterer Interessenkonflikt der Abschlusskompetenz des Vorstands besteht darin, dass der Vorstand dadurch die Gestaltung des Haftungsrisikos der Aufsichtsratsmitglieder in der Hand hat. Dieser Einfluss könnte negative Auswirkungen auf die unabhängige Überwachung des Aufsichtsrats haben, welche durch § 113 AktG gesichert werden soll.[627] Dieser Konflikt kann durch die für den Versicherungsabschluss zusätzliche „Gültigkeitsvoraussetzung" eines Hauptversammlungsbeschlusses nach § 113 AktG[628] möglicherweise abgeschwächt werden, eine vollständige Konfliktlösung kann allerdings nur durch die Zuweisung der Abschlusskompetenz an andere Organe erreicht werden.

2. Zuständigkeit des Aufsichtsrats beziehungsweise der Hauptversammlung

Eine teilweise vertretene Ansicht sieht den Aufsichtsrat als zuständig für die Versicherung des Vorstands mit dem Argument, dass es sich bei der Versicherung

---

625 Dazu näher *Fassbach/Hülsberg*, CB 5-6/2018, 186, 187.

626 *Berner/Wettich*, BOARD 3/2018, 96, 98.

627 Dazu ausführlich *Pammler*, Die gesellschaftsfinanzierte D&O-Versicherung im Spannungsfeld des Aktienrechts, S. 137; *Kästner*, AG 2000, 113, 121 f.; fragend *Mertens*, FS Lutter 2000, 523, 525; *Ulmer*, ZHR 171, 119, 122 bezeichnet die Abschlusskompetenz des Vorstands als „partielle Selbstbegünstigung".

628 So *Kästner*, AG 2000, 113, 122, die die Vorstandszuständigkeit davon unberührt sieht.

um einen Lohnanteil handelt, denn § 87 Abs. 1 AktG nennt Versicherungsentgelte eindeutig als Teil der Gesamtbezüge. Für die Vergütung des Vorstands ist der Aufsichtsrat gem. § 87 Abs. 1 AktG zuständig und für die Versicherung des Aufsichtsrats die Hauptversammlung gem. § 113 Abs. 1 S. 2 AktG. Damit würde das Organinteresse an einem versicherungsrechtlichen Haftungsschutz als genauso wichtig angesehen wie das Gesellschaftsinteresse.[629] Bei der Unternehmenspolice besteht hier aber der Konflikt, dass dann alle drei Organe an dem Versicherungsabschluss beteiligt wären, was das Verfahren verkomplizieren würde.[630]

Armbrüster schlägt vor, der Hauptversammlung nicht die alleinige Kompetenz zuzuweisen, um den Vorstand nicht völlig außenvorzulassen. Daher soll es für Sinn und Zweck des § 113 Abs. 1 S. 2 AktG und die notwendige Transparenz ausreichen, wenn die Hauptversammlung eine maximale Deckungssumme, sowie den versicherungsrechtlich geschützten Rahmen festlegt.[631] Auch *Ulmer* spricht Aufsichtsrat und Hauptversammlung ein Gestaltungs- und Mitspracherecht zu, aber sieht die letztendliche Abschlusskompetenz aufseiten des Vorstands.[632] *Pammler* dagegen geht sogar so weit, dass er vorschlägt, die Hauptversammlung soll analog § 113 Abs. 1 S. 2 AktG alle relevanten Eckdaten des Versicherungsvertrags für Aufsichtsratsmitglieder entweder in der Satzung oder durch Beschluss festlegen.[633]

3. Fazit

Für die Frage der Abschlusskompetenz bedarf es dringend einer höchstrichterlichen Entscheidung[634] oder einer gesetzlichen Vorschrift, denn dieser Streit

629 Vgl. *Armbrüster*, NJW 2016, 897, 900; *Ulmer*, FS Canaris 2007, 451, 471; *Fassbach/Wettich*, GWR 2016, 199, 200; *Beckmann*, in: Beckmann/Matusche-Beckmann, VersR-Hdb, § 28 Rn 23; *Seibt*, AG 2002, 249, 258; *Henssler*, in: Hennssler/Strohn, GesellschaftsR, AktG, § 113 Rn 3; dagegen sieht *Pammler*, Die gesellschaftsfinanzierte D&O-Versicherung im Spannungsfeld des Aktienrechts, S. 137 ff. allein die Hauptversammlung analog § 113 AktG als zuständig für die Unternehmenspolice an.

630 *Koch*, in: Hüffer/Koch, AktG, § 93 Rn 58a bezeichnet die Beteiligung aller drei Organe als „wenig praktikabel".

631 *Armbrüster*, NJW 2016, 897, 901.

632 *Ulmer*, FS Canaris 2007, 451, 472.

633 *Pammler*, Die gesellschaftsfinanzierte D&O-Versicherung im Spannungsfeld des Aktienrechts, S. 140 f.

634 Wie bereits angesprochen, hat der BGH die Frage bisher offengelassen, BGH, NJW 2009, 2454, 2456, aber die Zuständigkeit des Vorstands als „zweifelhaft" bezeichnet.

ist auch in der Literatur noch völlig ungeklärt. Die „jüngere" Diskussion über Alternativen zur D&O-Versicherung hat eine neue Komponente mit ins Spiel gebracht. Denn durch eine Trennung der Versicherungen von Aufsichtsrat und Vorstand kann die Frage nach der Zuständigkeit einfacher gelöst werden, weil die Zuständigkeiten ebenso wie die Versicherungen getrennt und unabhängig voneinander behandelt werden können. Der Interessenkonflikt, dass der Vorstand für seine eigene Versicherung verantwortlich ist, wird dadurch gelöst, dass der Aufsichtsrat die Abschlusskompetenz erhält, gestützt auf § 87 Abs. 1 AktG. Die Abschlusskompetenz der Versicherung des Aufsichtsrats dagegen erhält die Hauptversammlung nach § 113 Abs. 1 S. 2 AktG, wodurch der Interessenkonflikt verhindert wird, dass der Vorstand für die Versicherung seines Überwachungsorgans zuständig ist.[635]

Durch die neuen Modelle im Hinblick auf die Trennung der D&O-Versicherungen könnte sich außerdem die steuerrechtliche Einordnung der Prämienleistung ändern und damit neuen Stoff für die Diskussion rund um die Kompetenzabgrenzung bringen.[636]

Bezüglich des Abschlusses einer Unternehmenspolice ist den Unternehmen zu raten, bei dem Abschluss der D&O-Versicherung lieber „zu viele als zu wenige" Organe zu beteiligen. Zu empfehlen ist eine Verantwortungsaufteilung bei der der Vorstand nicht allein „Herr" über das Verfahren ist, sondern auch dem Aufsichtsrat eine Mitbestimmungskompetenz zuteilwird. Da beide Organe aber persönlich von dem Abschluss betroffen sind und eine Neutralität daher nicht gewährleistet werden kann, ist zu überlegen, ob nicht zusätzlich die Hauptversammlung hinzugezogen werden sollte, als „neutrale Instanz". Problematisch bei der Einbeziehung der Hauptversammlung ist die Komplexität der D&O-Versicherung verbunden mit den verschiedenen Interessenlagen, die den Aktionären überwiegend nur aufwendig zu erklären sein dürfte. Es ist zu befürchten, dass die Hauptversammlung nicht einsieht, warum Aufsichtsrat und Vorstand vor den Auswirkungen ihrer Fehler auf Kosten der Gesellschaft geschützt werden sollten. Erläutert werden müsste, dass der Versicherungsschutz die Attraktivität des Amtes für qualifizierte Manager steigert und der Gesellschaft ein solventer Schuldner für verschuldete Schäden geboten wird. Ein weiterer Nachteil bei der Beteiligung aller drei Gesellschaftsorgane ist die bereits angesprochene Verkomplizierung des Abschlussverfahrens. Allerdings überwiegt hier die Sicherung der

635 Vgl. *Spindler*, MüKo AktG § 93 Rn 248; § 87 Rn 30 f.; Wettich, AG 2015, 681, 684 erwähnen sogar beide explizit die TTT-Policy.

636 *Dreher*, FS Baums 2017, 325, 335 ff.

Neutralität der Organmitglieder gegenüber einem möglichst unkomplizierten Verfahren. Schließlich wird die D&O-Versicherung nicht jedes Jahr neu abgeschlossen, sondern regelmäßig automatisch verlängert.[637]

Die Möglichkeit einer getrennten und damit strukturierteren Abschlusskompetenz als Vorteil der Trennung beziehungsweise Unabhängigkeit der Versicherungen ist zum Schluss dieses Kapitels als Ergebnis festzuhalten. Damit wurde ein weiterer Vorteil für den Schritt in Richtung Alternativen zur Unternehmenspolice demonstriert.

VII. Siebtes Kapitel: Möglichkeit der Abtretung des Freistellungsanspruchs aus der D&O-Versicherung

1. Bisheriger zweistufiger Prozess zur Durchsetzung von Organhaftungs- und D&O-Versicherungsansprüchen

Bisher war es nur möglich, die Haftungsansprüche gegen die Organe beziehungsweise den Versicherer in einem zweistufigen Rechtsverfahren einzufordern. Unterschieden wird hierbei zwischen der Haftungsklage gegen das Organmitglied und der Deckungsklage gegen den Versicherer. Die Deckungsklage folgt auf die Haftungsklage.[638] Haftpflichtversicherungen unterliegen nämlich dem sogenannten Trennungsprinzip. Bei der Haftungsklage ist Beklagter das versicherte Organmitglied und Kläger die Gesellschaft als Versicherungsnehmerin, soweit es um Ansprüche aus der Innenhaftung geht. Bei Außenhaftungsansprüchen wäre Kläger der geschädigte Dritte. Im Haftungsprozess wird die Haftungsfrage verbindlich entschieden, also ob ein Schadensersatzanspruch des Geschädigten gegen das Organmitglied besteht. Bei der Deckungsklage zwischen dem versicherten Organmitglied als Kläger und dem Versicherer als Beklagter wird verbindlich festgestellt, ob ein Deckungsanspruch des versicherten Organmitglieds gegen die Versicherung besteht. Der im Haftungsprozess festgestellte Schadensersatzanspruch ist auch für den Deckungsprozess verbindlich.[639]

---

637 Beispielsweise weisen *Thüsing*, in: Vertragsrecht und AGB-Klauselwerke, Geschäftsführerverträge (Stand Juli 2012) Rn 169 f. und *v. Schenk*, NZG 2015, 494, 498 auf die meist bestehenden automatischen Verlängerungsklauseln hin.

638 Vgl. *Harzenetter*, NZG 2016, 728, 729; Lange, r+s 2011, 185; *Lücke*, in: Prölss/Martin, VVG, § 100 Rn 46.

639 *Baumann*, in: Großkomm VVG, AVB-AVG 2011/2013 Einf Rn 52; *Lücke*, in: Prölss/Martin, VVG, § 100 Rn 46.

Im Ergebnis kann der Geschädigte den Zahlungsanspruch gegen den Versicherer daher erst prozessual einfordern, wenn er den (möglichen) Freistellungsanspruch des Versicherten gepfändet hat und dieser an ihn überwiesen wurde. Denn nach Pfändung und Überweisung des Freistellungsanspruchs wandelt sich dieser in einen Zahlungsanspruch des Geschädigten gegen den Dritten.[640] Eine Abtretung des Freistellungsanspruchs nach dem rechtskräftigen Urteil im Haftungsprozess war auch schon nach der bisherigen Rechtslage möglich. Dadurch erlangt der Geschädigte das Recht zur unmittelbaren Zahlungsklage gegen den Versicherten.[641]

2. Neuere Entwicklungen hin zum einstufigen Direktprozess

Durch zwei jüngere BGH-Entscheidungen[642] ist eine weitere Möglichkeit der Geltendmachung eines Innenhaftungsanspruchs höchstrichterlich entschieden und damit anerkannt worden. Diese ermöglicht es, den Anspruch in einem einzigen Prozess durchzusetzen, indem das versicherte Organmitglied den Freistellungsanspruch an die geschädigte Gesellschaft abtritt, und dieser sich dadurch in einen Zahlungsanspruch der Gesellschaft gegen den Versicherer umwandelt.[643] *Staudinger* bezeichnet die Abtretung des Freistellungsanspruchs bereits als „gängige Praxis".[644]

Durch die Abtretung des Freistellungsanspruchs erhält die Gesellschaft neben dem Haftungsanspruch gegen das versicherte Organmitglied den Freistellunganspruch gegen den Versicherer. Fallen diese beiden Ansprüche zusammen, nennt man dies „Konfusion". Diese „Konfusion" ermöglicht es der Gesellschaft, den Versicherer unmittelbar auf Zahlung zu verklagen.[645] Durch die Abtretung ändert sich jedoch nicht der Schuldner des Haftpflichtanspruchs, sondern das Organmitglied bleibt Schuldner.[646] Denn würde der Versicherer originärer Schuldner des Haftpflichtanspruchs, würde ein unzulässiger Vertrag zu

---

640 Vgl. *Baumann*, in: Großkomm VVG, AVB-AVG 2011/2013 Einf Rn 53; *Lücke*, in: Prölss/Martin, VVG, § 108 Rn 10.

641 Dazu näher *Baumann*, r+s 2011, 229, 235; *Grooterhorst/Looman*, NZG 2015, 215, 216.

642 BGHZ 209, 373; BGH, Urteil vom 13.4.2016 – IV ZR 51/14, BeckRS 2016, 07881.

643 *Harzenetter*, NZG 2016, 728, 729; *Cyrus*, NZG 2018, 7, 11.

644 *Staudinger/Richters*, DB 2013, 2725.

645 Vgl. *Langheid*, in: Langheid/Rixecker, VVG, § 108 Rn 16; *Grote/Schneider*, BB 2007, 2689, 2698.

646 *Lange*, r+s 2011, 185, 186; *Grooterhorst/Looman*, NZG 2015, 215, 216.

Lasten Dritter vorliegen.[647] Außerdem wäre der Freistellungsanspruch bei einem Schuldnerwechsel gar nicht mehr notwendig, weil der Versicherer dann den Haftungsanspruch schulden würde.[648] Des Weiteren wäre unklar, ob der Versicherer die gesamte Schadensersatzforderung schulden würde oder ob diese auf die Deckungssumme begrenzt wäre.[649] Der Versicherer kann im Fall der Klage alle Einwendungen aus dem Versicherungsverhältnis gegenüber der klagenden Gesellschaft geltend machen.[650]

3. Abtretung des D&O-Versicherungsanspruchs

Zunächst soll näher auf die höchstrichterlich entschiedene Möglichkeit des Ausschlusses eines Abtretungsverbots hinsichtlich des Freistellungsanspruchs eingegangen werden.

a. Kann der Versicherungsnehmer gleichzeitig geschädigter Dritter sein?

Von besonderer Bedeutung sind die Entscheidungen deshalb, weil der BGH damit die Frage entschieden hat, ob bei Innenhaftungsfällen der D&O-Versicherung der geschädigte Versicherungsnehmer Dritter im Sinne des § 108 Abs. 2 VVG sein kann. Diese Frage ist in der Literatur nämlich umstritten. Gem. § 108 Abs. 2 VVG kann die Abtretung des Freistellunganspruchs gegen den Versicherer an einen Dritten nicht durch Allgemeine Versicherungsbedingungen (AVB) ausgeschlossen werden. Bei der Außenhaftung ist dagegen unumstritten, dass jeder Geschädigte Dritter im Sinne des § 108 Abs. 2 VVG sein kann.[651]

aa. Verneinende Ansicht

Einer Ansicht nach kann der Versicherungsnehmer nicht Dritter sein, da ansonsten die Missbrauchsgefahr in Form der freundlichen Inanspruchnahme[652] noch übertroffen würde. Der Versicherungsnehmer wäre dann nämlich gleichzeitig Inhaber des Schadensersatzanspruchs und des Freistellungsanspruchs, weil sich

---

647 *Schwienhorst*, in: Looschelders/Pohlmann, VVG, § 108 Rn. 10; *Grooterhorst/Looman*, NZG 2015, 215, 216; zum Vertrag zulasten Dritter siehe statt vieler *Gottwald*, in MüKo BGB, § 328 Rn 261 ff.

648 *Grooterhorst/Looman*, NZG 2015, 215, 216.

649 Vgl. *Schwienhorst*, in: Looschelders/Pohlmann, VVG, § 108 Rn. 11.

650 *Schwienhorst*, in: Looschelders/Pohlmann, VVG, § 108 Rn. 11; *Langheid*, VersR 2007, 865, 867.

651 *Baumann*, r+s 2011, 229, 230.

652 Siehe dazu Kapitel B. II. 6. der Arbeit.

der Freistellungsanspruch nach der Abtretung in einen Zahlungsanspruch wandelt. Damit kann Dritter nur sein, wer außerhalb des Versicherungsvertragsverhältnisses steht. Angeführt werden dafür auch die Gesetzgebererwägungen bezüglich § 108 Abs. 2 VVG.[653]

Die Interessen von Versicherungsnehmer und Geschädigtem werden berücksichtigt. Zum einen soll es dem Versicherungsnehmer möglich sein, sich von dem Schadensverfahren durch die Abtretung an den Geschädigten und daraus folgende Verschaffung eines Zahlungsanspruchs komplett loszulösen, beispielsweise wegen seiner Beziehung zum Geschädigten. Zum anderen soll der Geschädigte vor einer möglichen Insolvenz des Versicherungsnehmers oder Schwierigkeiten aufgrund gleichgültiger Sachverhaltsbehandlung durch den Versicherungsnehmer geschützt werden, da der Geschädigte häufig keinen Einblick in das Innenverhältnis zwischen Versicherer und Versicherungsnehmer hat.[654] Diese Erwägungen passen nicht auf die D&O-Versicherung, da der Geschädigte hier der Versicherungsnehmer selbst ist.[655]

Zu berücksichtigen ist nach dieser Ansicht auch das Trennungsprinzip, welches besagt, dass der Haftungs- und der Deckungsanspruch getrennt voneinander zu behandeln sind. Damit muss das Verhältnis zwischen Geschädigtem und Schädiger (Versicherungsnehmer) vom Verhältnis zwischen Schädiger und Versicherer getrennt werden. Dies gelte auch für die D&O-Versicherung.[656]

bb. Bejahende Ansicht

Nach der herrschenden Meinung kann der Versicherungsnehmer einer D&O-Versicherung Dritter sein, da eine Missbrauchsgefahr nicht nur bei der D&O-Versicherung, sondern auch bei der allgemeinen Haftpflichtversicherung besteht.[657] Ausgangspunkt der Meinung, nach der Dritter nicht der Versicherungsnehmer sein kann, ist der Grundfall des § 100 VVG, nämlich die Versicherung für eigene Rechnung. Hier ist grundsätzlich jeder Dritter, der nicht Versicherungsnehmer ist und gegen diesen einen Schadensersatzanspruch hat. Bei der D&O-Versicherung dagegen, welche eine Versicherung für fremde

---

653 Dazu näher *Armbrüster*, r + s 2010, 441, 448; *Schimmer*, VersR 2008, 875, 878 f.; BT-Drs. 16/3945, S. 87.

654 BT- Drs. 16/3945 S. 87.

655 *Armbrüster*, r + s 2010, 441, 448.

656 *Schimmer*, VersR 2008, 875, 876; OLG München, VersR 2005, 540, 542; *Armbrüster*, r + s 2010, 441, 442.

657 Vgl. *Langheid*, VersR 2009, 1043; *Voit*, in: Prölss/Martin, VVG, AVB-AVG Ziff. 10.2 Rn 1 m.w.N.

Rechnung darstellt, kann nicht davon ausgegangen werden, dass alle am Vertrag beteiligten Parteien automatisch nicht als Dritte in Betracht kommen. Daher gilt die Definition, dass Dritter nur derjenige ist, der außerhalb des Vertragsverhältnisses steht, nur für die Versicherung für eigene Rechnung, aber nicht für die Versicherung für fremde Rechnung.[658]

Der BGH hat bereits im Bereich der Kraftfahrzeug-Haftpflichtversicherung entschieden, dass der durch den Fahrer eines Kraftfahrzeugs (Kfz) verletzte Halter des Kfzs trotz seiner Position als Versicherungsnehmer als Dritter behandelt werden kann. Soweit dem Versicherungsnehmer ein vom Versicherungsvertrag gedeckter Schadensersatzanspruch gegen den Versicherer zusteht, gebiete es die Interessenlage, ihn auch an der Verbesserung des Schutzes des Unfallgeschädigten teilhaben zu lassen.[659] Diese Überlegung lässt sich gleichermaßen auf die D&O-Versicherung übertragen, welche ebenfalls eine Versicherung für fremde Rechnung darstellt.[660]

Das nicht normierte Trennungsprinzip steht der Abtretung des Anspruchs an den Versicherungsnehmer, also dem Zusammentreffen von Haftpflicht- und Deckungsanspruch, nicht entgegen. Die Abtretung des Freistellungsanspruchs an den Dritten wird nach § 108 Abs. 2 VVG ausdrücklich gesetzlich erlaubt. Allein deshalb muss sich das Trennungsprinzip der Abtretung beugen.[661]

cc. Zwischenergebnis

Ob der Versicherungsnehmer gleichzeitig geschädigter Dritter im Sinne des § 108 Abs. 2 VVG sein kann, ist entscheidend für die Frage der Wirksamkeit der Abtretung des Deckungsanspruchs. Ist der Versicherungsnehmer nämlich ein solcher Dritter, dann steht ein in den AVB festgeschriebenes Abtretungsverbot einer Abtretung an den geschädigten Versicherungsnehmer nicht entgegen.[662]

Mit seinen Entscheidungen hat der BGH die umstrittene Frage der Definition des Dritten geklärt, und damit der Abtretbarkeit des D&O-Versicherungsanspruchs auf Freistellung an den Versicherungsnehmer den Weg geebnet.

---

658 *Terno*, SpV 2014, 2, 5; vgl. auch *Schwienhorst*, in: Looschelders/Pohlmann, VVG, § 108 Rn. 6 ff.

659 BGH, VersR 1986, 40.

660 BGHZ 209, 373, 380.

661 BGHZ 209, 373, 380.

662 BGHZ 209, 373, 378 f.; *Armbrüster*, NJW 2016, 2155, 2156.

b. Auswirkung der höchstrichterlichen Entscheidungen

Als Konsequenz der höchstrichterlichen Entscheidungen kann die Abtretung des Freistellungsanspruchs an das Unternehmen nicht mehr durch die AVB ausgeschlossen werden. Ausgehend von den hohen Voraussetzungen an Individualvereinbarungen sowie der fundamentalen Bedeutung vorformulierter Versicherungsbedingungen im Bereich des Versicherungsgeschäfts führt dies faktisch zur Unmöglichkeit der Vereinbarung eines Abtretungsverbots.[663]

Das bisher übliche zweistufige Verfahren von Haftungsklage und anschließender Deckungsklage könnte in der Praxis nun infolge der Urteile teilweise durch ein einzelnes Verfahren nach Abtretung des Deckungsanspruchs ersetzt werden.[664]

Die beiden BGH-Urteile behandeln nicht nur die Abtretung, sondern auch die bereits erläuterte Entbehrlichkeit einer ernstlichen Inanspruchnahme[665]. Zusammen führen die beiden Ergebnisse zu einem gesteigerten Missbrauchsrisiko, beispielsweise durch eine freundliche Inanspruchnahme in Form des kollusives Zusammenwirkens durch Vortäuschen eines Versicherungsfalls. Wie oben bereits erwähnt, räumt auch der BGH dieses Risiko ein, aber weist es der Sphäre des Versicherers zu. Daher stellt sich die Frage, wie der Versicherer das Missbrauchsrisiko verringern kann.[666]

c. Lösungsansätze, um den Auswirkungen entgegenzuwirken

In den konkreten Entscheidungen erachtet der BGH eine ernsthafte Inanspruchnahme deshalb nicht als notwendig, weil er diese nicht in den Versicherungsbedingungen angelegt sieht. Deshalb sollten die Versicherungsbedingungen so gestaltet werden, dass neben der schriftlichen Geltendmachung des Schadensersatzanspruchs weitere Voraussetzungen notwendig sind. Dem Versicherer ist also zu raten, höhere Anforderungen an den Eintritt des Versicherungsfalls zu stellen. Solche zusätzlichen Voraussetzungen haben gegenüber dem Erfordernis einer ernsthaften Inanspruchnahme den Vorteil, dass sie nicht mehr genau konkretisiert werden müssen oder interpretationswürdig sind. Denn bei solchen Interpretationsfragen besteht die Gefahr einer Unwirksamkeit wegen Intransparenz nach § 307 Abs. 1 S. 2 BGB. Allerdings besteht bei zusätzlichen

---

663 *Armbrüster*, NJW 2016, 2155, 2156.

664 Dazu näher *Harzenetter*, NZG 2016, 728, 729, wonach die Abtretung „keineswegs in allen Fällen in Betracht kommen“ wird.

665 Zur ernstlichen Inanspruchnahme siehe Kapitel B. II. 8. der Arbeit.

666 So auch *Armbrüster*, NJW 2016, 2155, 2157 f.

Anforderungen in den Versicherungsbedingungen der Nachteil, dass die Attraktivität der D&O-Versicherung gemindert werden könnte. Deshalb haben sich solche Bedingungen, wie zum Beispiel die vorrangige Inanspruchnahme des Schädigers, bisher in der Praxis nicht verbreitet.[667]

Zu berücksichtigen ist, dass es dem Versicherer auch nach Abtretung des Freistellungsanspruchs möglich ist, diesem Anspruchsverlangen zu begegnen. Natürlich ist der Versicherer dann besonders von der Mithilfe und Unterstützung der Gesellschaft und des versicherten Organs zur Aufklärung der Haftung abhängig, sodass diese Obliegenheit genau festgelegt werden sollte. In der Praxis ist noch nicht geklärt, ob der Versicherer nur die schriftliche Auskunft oder sogar ein persönliches Aufklärungsgespräch fordern kann. Zu empfehlen ist, dass die Bedingungen feststellen, dass diese Aufklärungs- und Abwehrunterstützungsobliegenheiten unabhängig von einer Abtretung bestehen bleiben.[668]

d. Ausnahme bei Großrisiken nach § 210 VVG

Zu beachten ist, dass das Ausschlussverbot nach § 108 Abs. 2 VVG nicht für Großrisiken nach § 210 Abs. 2 S. 1 Nr. 3 VVG gilt. Ein solches Großrisiko ist bereits gegeben, wenn die geschädigte Gesellschaft mindestens zwei der drei Voraussetzungen erfüllt: mehr als 6,2 Millionen Euro Bilanzsumme, mehr als 12,8 Millionen Euro Nettoumsatzerlös und durchschnittlich mehr als 250 Mitarbeiter pro Wirtschaftsjahr.[669] Sind also mindestens zwei der drei Voraussetzungen gegeben, so ist ein in den Versicherungsbedingungen vereinbartes Abtretungsverbot nach den §§ 305 ff. BGB auf seine Wirksamkeit zu prüfen. Im Ergebnis ist noch nicht geklärt, ob ein Abtretungsverbot in diesem Fall doch wirksam ist. Allerdings ist ein vertraglich vereinbartes Abtretungsverbot, unter anderem wegen des großen Wettbewerbs um solche Großrisiken, in der Versicherungspraxis inzwischen unüblich.[670] Vor der Neufassung des § 108 Abs. 2 VVG durch die VVG-Novelle 2008, wurden solche Abtretungsverbote in den AVB dagegen regelmäßig vereinbart.[671]

---

667 Vgl. *Armbrüster*, NJW 2016, 2155, 2158, welcher Gerichtsklauseln als Beispiel für wenig attraktive und damit am Markt unbeliebte Anforderungen nennt.

668 *Armbrüster*, NJW 2016, 2155, 2158; Ziff. 7.3.2.2 AVB-AVG.

669 *Harzenetter*, NZG 2016, 728, 729; *Hoffmann-Becking*, ZHR 181, 737, 742.

670 Vgl. *Harzenetter*, NZG 2016, 728, 729; *Dreher/Thomas*, ZGR 2009, 31, 41.

671 *Dreher/Thomas*, ZGR 2009, 31, 41; *Langheid/Grote*, VersR 2005, 1165, 1172.

4. Zuständigkeit für die Geltendmachung des abgetretenen Anspruchs

Außerdem stellt sich durch die Neuerung der Abtretungsmöglichkeit die Frage, wer für die Geltendmachung des abgetretenen Anspruchs gegen den Versicherer zuständig ist.

Für Organhaftungsansprüche nach § 93 Abs. 2 AktG gegen den Vorstand ist gem. § 112 AktG der Aufsichtsrat zuständig. Allerdings wird der Organhaftungsanspruch durch die Abtretung des Deckungsanspruchs zu einem einheitlichen Zahlungsanspruch des Versicherungsnehmers gegen die Versicherung. Die Organhaftung wird nur inzident geprüft. Daher ist § 112 AktG zumindest nicht unmittelbar einschlägig.[672] Für die Frage der Zuständigkeit der Geltendmachung des abgetretenen Anspruchs könnte die Frage entscheidend sein, wer für den Abschluss der D&O-Versicherung zuständig ist.[673] Ist der Vorstand schon für den Abschluss der eigenen Versicherung nach § 78 AktG zuständig, so könnte er auch parallel für die Geltendmachung zuständig sein. Dagegen könnte aber sprechen, dass der Vorstand selbst eine versicherte Person darstellt und damit am Anspruchsverhältnis beteiligt ist. Diese Beteiligung könnte zu einer Verletzung der Neutralität führen, denn § 112 AktG soll sicherstellen, dass die Vertretung der Gesellschaft objektiv bleibt. Der Vorstand hat jedoch im Normalfall ein persönliches Interesse an dem Prozessergebnis.[674]

Für die Zuständigkeit des Aufsichtsrats nach § 112 AktG könnte sprechen, dass der Aufsichtsrat durch die ARAG-Entscheidung sowieso für die Anspruchsverfolgung hinsichtlich des Schadensersatzes der Gesellschaft gegen den Vorstand nicht nur zuständig, sondern sogar dazu verpflichtet ist.[675] Deshalb ist es sinnvoll, dass die Zuständigkeit für die Verfolgung des Schadensersatzanspruchs des Unternehmens gegen den Vorstand und die Zuständigkeit für die Geltendmachung des abgetretenen Freistellungsanspruchs zusammenfallen. Insbesondere bei einer separaten Versicherung oder nach dem TTT-Modell kommt es dann auch nicht zu einem Interessenkonflikt wegen einer möglichen Ausschöpfung der Versicherungssumme im Prozess gegen den Vorstand. Allerdings ist zu beachten, dass der Vorstand umgekehrt zur Verfolgung der Schadensersatzansprüche

---

672 *Harzenetter*, NZG 2016, 728, 731; *Grooterhorst/Looman*, NZG 2015, 215, 216 und *Baumann*, in: Großkomm VVG, AVB-AVG 2011/2013 Ziff. 10 Rn 48 bejahen aber eine entsprechende Anwendung.

673 Siehe Kapitel B. VI. der Arbeit.

674 *Harzenetter*, NZG 2016, 728, 731 f.

675 BGHZ 135, 244.

der Gesellschaft gegen den Aufsichtsrat genauso verpflichtet ist, da die Ausführungen der ARAG-Entscheidung auf diese Konstellation ebenfalls anzuwenden sind.[676]

Harzenetter dagegen schlägt eine doppelte Zuständigkeit vor, sodass Vorstand und Aufsichtsrat gleichermaßen die Gesellschaft bei der Geltendmachung vertreten. Diese doppelte Zuständigkeit kennt auch das Aktiengesetz, nämlich bei der Verteidigung einer Anfechtungsklage nach § 246 Abs. 2 AktG. Mit der doppelten Zuständigkeit würde die Praxis den sichersten Weg wählen.[677]

Die Bestellung eines besonderen Vertreters nach § 147 Abs. 2 AktG zur Geltendmachung des Anspruchs kommt nicht in Betracht, da der besondere Vertreter nur für die Geltendmachung der Ansprüche aus § 147 Abs. 1 AktG bestellt werden kann. Der gemeinsame Nenner dieser Ansprüche ist, dass sie sich immer gegen Aufsichtsrats- oder Vorstandsmitglieder als Anspruchsgegner richten. Der abgetretene Freistellungsanspruch besteht aber gegenüber dem Versicherer und passt damit nicht die Reihe der Ansprüche nach § 147 Abs. 1 AktG.[678]

Es sprechen jeweils gute Gründe für die Zuständigkeit des Vorstands und des Aufsichtsrats. Um Neutralität und Funktionalität zu gewährleisten sollte die doppelte Zuständigkeit von Vorstand und Aufsichtsrat als sicherste Methode für alle Beteiligten gewählt werden.

5. Abtretung bei den alternativen D&O-Versicherungsmodellen

Bei den Alternativen zur Unternehmenspolice stellt sich die Frage, ob sich an der Abtretung des Freistellungsanspruchs bei Bestehen einer Individualpolice, Twin-Tower- oder TTT-Police, etwas ändert. Denn wäre dies der Fall, so könnte sich eine negative Folge im Vergleich zur Unternehmenspolice ergeben, da die Abtretung des Freistellungsanspruchs der Vereinfachung des Verfahrens dient und ein Verlust dieser Möglichkeit einen Nachteil darstellen könnte.

Die alternativen Versicherungsmodelle ändern nichts an dem grundsätzlichen Aufbau der D&O-Versicherung als Haftpflichtversicherung, welche dem Trennungsprinzip unterliegt aus dem sich das zweistufige Verfahren von Haftungs- und Deckungsprozess ergibt. Die Möglichkeit der Abtretung des Freistellungsanspruchs des Organmitglieds besteht ebenso bei den Twin-Tower- oder TTT-Policen, da beide auf der Basis der Unternehmenspolice beruhen, welche von den höchstrichterlichen Entscheidungen behandelt wird. Die

676 *Lutter/Krieger/Verse*, Rechte und Pflichten des Aufsichtsrats, Rn 1025.
677 *Harzenetter*, NZG 2016, 728, 732 bezeichnet dies als „der für die Praxis sicherste Weg".
678 Vgl. *Harzenetter*, NZG 2016, 728, 732.

Individualpolice wird im Normalfall zusätzlich zur Unternehmenspolice vereinbart, weshalb auch hier die Grundsätze der Unternehmenspolice weiter genutzt werden können. Ist dagegen ausnahmsweise eine freistehende Individualpolice vereinbart, so kann man sich weiterhin auf die höchstrichterliche Rechtsprechung berufen, da diese eindeutig geklärt hat, dass das Unternehmen Dritter sein kann, selbst wenn es gleichzeitig Versicherungsnehmer ist. Im Fall der Individualpolice ist nicht das Unternehmen Versicherungsnehmer, sondern das Organmitglied selbst. Deshalb kann das Unternehmen in dieser Konstellation erst recht Dritter im Sinne des § 108 Abs. 2 VVG sein und eine Abtretung daher nicht in den Versicherungsbedingungen ausgeschlossen werden.

Somit hat im Ergebnis die Wahl eines alternativen Versicherungsmodells im Vergleich zur Unternehmenspolice im Hinblick auf die Möglichkeit der Abtretung des Freistellungsanspruchs keine nachteiligen Auswirkungen für das Organmitglied.

6. Wie genau findet die Abtretung statt?

Fraglich ist, wie die Abtretung des Freistellungsanspruchs des Versicherers an den Versicherungsnehmer genau abläuft. Die Abtretung richtet sich dabei nach §§ 398 ff. BGB. Also kann der Anspruch gem. § 398 BGB durch einen Abtretungsvertrag zwischen versichertem Organ und der Gesellschaft als Versicherungsnehmerin übertragen werden.

Weiterhin ist der Inhalt des Abtretungsvertrags zu klären, falls keine Beschränkungen in den Versicherungsbedingungen vorliegen. Für das versicherte Organ von überragender Bedeutung ist dabei, ob die Abtretung an Erfüllung statt gem. § 364 Abs. 1 BGB oder erfüllungshalber gem. § 364 Abs. 2 BGB erfolgt. Denn bei der Abtretung an Erfüllung statt kann das versicherte Organ endgültig nicht mehr in Anspruch genommen werden, während das versicherte Organ bei der Abtretung erfüllungshalber im Falle des Misserfolgs des Freistellunganspruchs weiter in Anspruch genommen werden kann.[679]

a. Abtretung an Erfüllung statt

Bei der Abtretung an Erfüllung statt wird der Haftungsanspruch der Gesellschaft gegen das versicherte Organ durch die Abtretung mit Wirksamwerden der Abtretung gem. § 364 Abs. 1 BGB erfüllt und erlischt damit.[680]

---

679 Vgl. *Harzenetter*, NZG 2016, 728, 730.

680 Dazu näher *Harzenetter*, NZG 2016, 728, 730; *Cyrus*, NZG 2018, 7, 11.

b. Abtretung erfüllungshalber

Die Abtretung des Freistellungsanspruchs erfüllungshalber kann als Regelfall angesehen werden.[681] Dabei erlischt der Haftungsanspruch gegen das versicherte Organ erst, wenn der Versicherer den Freistellungsanspruch erfüllt. Erfüllt er ihn dagegen nicht, weil die Klage gegen den Versicherer keinen Erfolg hat, so bleibt der Haftungsanspruch bestehen und die Gesellschaft kann den Schadensersatzanspruch gegen das versicherte Organ geltend machen. Üblicherweise wird deshalb im Rahmen der Abtretung des Freistellungsanspruchs ein „pactum de non petendo" vereinbart.[682] Dieses beinhaltet, dass der Gläubiger seine Forderung nicht oder nur vorübergehend nicht gegen den Schuldner geltend machen darf.[683] Damit steht dem Schuldner ein Leistungsverweigerungsrecht zu.[684] Das pactum de non petendo wird zusammen mit einem Verjährungsverzicht vereinbart, welcher bis zum endgültigen Erfolg oder Misserfolg der Klage gegen den Versicherer gilt. Ansonsten würde das Risiko bestehen, dass der Haftungsanspruch gegen das versicherte Organ während des Prozesses gegen den Versicherer verjährt.[685]

Laut *Hoffmann-Becking* kann das versicherte Organ den Freistellungsanspruch nur erfüllungshalber abtreten, da es ohne den fortbestehenden Haftungsanspruch keine Deckung mehr gibt.[686] *Cyrus* stimmt dem zu und meint, dass der Versicherer sich ansonsten darauf berufen könnte, dass der Haftungsanspruch durch die Abtretung an Erfüllung statt erlischt und es somit „nichts mehr zu regulieren gebe".[687] Es ist aber nicht ersichtlich, warum das versicherte Organ den Freistellungsanspruch erfüllungshalber abtreten sollte, wenn es dadurch den Deckungsprozess aus der Hand gibt und von der Gesellschaft bei vollständigem oder teilweisem Misserfolg der Klage gegen den Versicherer gleichwohl noch verklagt werden kann. Das versicherte Organ wird also einer Abtretung erfüllungshalber nur zustimmen, wenn es davon ausgehen kann, von der Gesellschaft

681 BGHZ 209, 373, 382 f.; *Cyrus*, NZG 2018, 7, 11; *Armbrüster*, r+s 2010, 441, 449; vgl. auch *Fetzer*, in: MüKo BGB, § 364 Rn 8.

682 *Harzenetter*, NZG 2016, 728, 730; *Hoffmann-Becking*, ZHR 181, 737, 743; *Grooterhorst/Looman*, NZG 2015, 215, 217 ff; *Brinkmann*, ZIP 2017, 301, 303.

683 *Krüger*, in: MüKo BGB, § 271 Rn 18; *Fetzer*, in: MüKo BGB, § 364 Rn 14, der neben pactum de non petendo den Begriff „Stillhalteabkommen" gebraucht.

684 *Fetzer*, in: MüKo BGB, § 364 Rn 13.

685 Vgl. *Harzenetter*, NZG 2016, 728, 730.

686 *Hoffmann-Becking*, ZHR 181, 737, 743.

687 *Cyrus*, NZG 2018, 7, 11.

nicht mehr in Anspruch genommen zu werden, zum Beispiel durch einen Vergleich mit der Gesellschaft.[688]

Ein solcher Haftungsvergleich, genauso wie bereits ein pactum de non petendo, kann erst drei Jahre nach Anspruchsentstehung und nur mit Zustimmung der Hauptversammlung geschlossen werden gem. § 93 Abs. 4 S. 3 AktG.[689] Üblicherweise ist in den AVB geregelt, dass auch der Versicherer dem Vergleich zustimmen muss, falls seine Rechte durch den Vergleich eingeschränkt werden.[690] Gesellschaft und Organmitglied einigen sich darauf, dass die Gesellschaft das Organmitglied „von der Haftung für den Differenzbetrag zur Versicherungssumme freistellt, der eventuell am Ende des Deckungsprozesses ungedeckt bleibt, also vom Versicherer nicht geschuldet wird". Der Versicherer wird dadurch nicht in seinen Rechten eingeschränkt.[691]

c. Freistellungsanspruch als alleiniger Gegenstand der Abtretung

Gem. § 100 VVG stehen dem Versicherten gegen den Versicherer zwei Ansprüche zu, der Freistellungsanspruch und der Rechtsschutzanspruch. Beide gemeinsam bilden den Deckungsanspruch. Abgetreten werden kann aber nur der Freistellungsanspruch, worauf schon der Wortlaut des § 108 Abs. 2 VVG hindeutet. Die Abtretung des Rechtsschutzanspruchs ist bereits durch § 399 Alt. 1 BGB ausgeschlossen, da es sich um einen höchstpersönlichen Anspruch handelt und ein Austausch des Anspruchsinhabers den Schuldinhalt ändern würde.[692] Der Rechtsschutzanspruch wäre für die Gesellschaft aber sowieso nutzlos.[693] Deshalb ist der Freistellungsanspruch alleiniger Gegenstand der Abtretung.

7. Sinn und Zweck der Abtretung

a. Vorteile für Versicherungsnehmer und Versicherten

Zu fragen ist nach den Motiven der Abtretung. Im Endeffekt geht es darum, der Gesellschaft als Versicherungsnehmerin eine Möglichkeit zu bieten, direkt gegen

---

688 *Hoffmann-Becking*, ZHR 181, 737, 743; ähnlich *Brinkmann*, ZIP 2017, 301, 305.

689 Vgl. *Hoffmann-Becking*, ZHR 181, 737, 743; *Fleischer*, in: Spindler/Stilz, AktG, § 93 Rn 287.

690 *Lange*, D&O-Versicherung und Managerhaftung, § 19 Rn 26; *Hoffmann-Becking*, ZHR 181, 737, 743.

691 *Hoffmann-Becking*, ZHR 181, 737, 743.

692 Vgl. *Brinkmann*, ZIP 2017, 301, 303; *Staudinger/Richters*, DB 2013, 2725, 2726.

693 *Lange*, D&O-Versicherung und Managerhaftung, § 21 Rn 29; *Brinkmann*, ZIP 2017, 301, 303.

den Versicherer vorzugehen, ohne vorher ihr eigenes Organmitglied als Versicherten verklagen zu müssen.[694] Gesetzliche Direktansprüche, wie beispielsweise § 115 VVG, sollen vorrangig die Rechtsdurchsetzung für den Geschädigten vereinfachen. Es bedarf bei Direktansprüchen nur eines einzigen Prozesses gegen den Versicherer und somit kann der Versicherungsnehmer direkt auf die Versicherungssumme zugreifen. Bei D&O-Versicherungsfällen ist dies von besonderer Bedeutung, da es sich häufig um hohe Schadensbeträge handeln kann, die in keinem Verhältnis zum Privatvermögen des versicherten Organmitglieds stehen. Die Versicherungssumme ist für die Gesellschaft deshalb viel interessanter.[695]

Durch das Wegfallen einer Stufe mittels der Abtretung wird ein geringerer Anteil der Deckungssumme für Prozesskosten verbraucht, womit ein höherer Betrag für die Anspruchsleistung zur Verfügung bleibt. Außerdem wird nicht nur der zweistufige Prozess durch einen einstufigen Prozess ersetzt, sondern der Freistellungsanspruch wandelt sich durch die Abtretung automatisch in einen Zahlungsanspruch des Geschädigten gegen den Versicherer. Im Vergleich zum zweistufigen Prozess entfällt damit sogar noch ein weiterer Schritt für die geschädigte Gesellschaft zur Durchsetzung des Zahlungsanspruchs gegen die Versicherung, nämlich die oben genannte Pfändung und Überweisung des Freistellunganspruchs. Der Zahlungsanspruch wird im einstufigen Prozess gem. § 106 Abs. 1 VVG durch Anerkenntnis, Vergleich oder rechtskräftiges Urteil, welches den Zahlungsanspruch und inzident den Haftungsanspruch feststellt, fällig.[696]

Abgesehen von den bereits genannten Nachteilen einer Abtretung erfüllungshalber und ausgehend von einer Abtretung an Erfüllung statt ergibt sich durch die Abtretung für das versicherte Organmitglied der Vorteil, dass er zumindest vorübergehend nicht mit einem Prozess gegen ihn rechnen muss. Auch die Gesellschaft selbst kann ein Interesse daran haben, dass ihr Organmitglied nicht verklagt wird, denn ein solcher Prozess ist häufig schädlicher für den Ruf des Unternehmens und des betroffenen Organmitglieds als ein Prozess gegen die Versicherung. Zu beachten ist außerdem, dass eine Klage gegen das eigene Organmitglied negative Auswirkungen auf das Arbeitsverhältnis zwischen der

694 *Staudinger/Richters*, DB 2013, 2725; *Brinkmann*, ZIP 2017, 301, 303.

695 So auch *Brinkmann*, ZIP 2017, 301, 303; zum Begriff des „Direktanspruchs" in diesem Zusammenhang erläutert *Lange*, r+s 2011, 185, 186 den Unterschied zwischen dem Direktanspruch nach § 115 VVG und dem abgetretenen Freistellungsanspruch; *Ihlas*, in: MüKo VVG, D&O, Rn 422 benutzt den Begriff des „faktischen Direktanspruchs".

696 Zum Streitstand der Fälligkeit nach § 106 S. 1 VVG oder § 14 Abs. 1 VVG siehe *Baumann*, r+s 2011, 229, 230 und Baumann, VersR 2010, 984, 986 ff m.w.N.

Gesellschaft und dem Organmitglied haben kann. Denn häufig bleibt das versicherte Organmitglied weiterhin für die Gesellschaft tätig. Die Belastung des Verhältnisses zwischen Gesellschaft und Organmitglied ist also von beiden Seiten in der Regel nicht erwünscht.[697]

Ein Unterschied zur üblichen Konstellation ist, dass das versicherte Organmitglied nach der Abtretung häufig auf der Seite der Gesellschaft steht und diese im Prozess gegen den Versicherer unterstützt, während das Mitglied sonst eher mit dem Versicherer gemeinsam versuchen wird, die Klage abzuwehren.[698] Die daraus entstehende Missbrauchsproblematik wurde bereits erläutert.[699]

b. Zeugenstellung des Versicherten als Vorteil des Versicherers

Außerdem besteht nach der Abtretung die Möglichkeit, das versicherte Organmitglied in dem Prozess gegen den Versicherer als Zeuge zu vernehmen. Dies ermöglicht der Gesellschaft eine wichtige Beweismöglichkeit, da das Organmitglied offensichtlich der eventuell pflichtverletzenden Handlung am nächsten steht. Dabei könnte ein Missbrauchsrisiko hinsichtlich einer freundlichen Inanspruchnahme entstehen, indem das Organmitglied zugunsten der Gesellschaft aussagt.[700] Dies würde wohl besonders für Familienunternehmen mit einer engen Bindung der Manager zu dem Unternehmen gelten. Allerdings ist zu beachten, dass das Organmitglied sich der Gefahr einer Strafbarkeit der Aussagedelikte nach §§ 153 ff. StGB aussetzen würde. Außerdem ist das Risiko einer falschen Zeugenaussage jedem Prozess immanent und auch Familienmitgliedern sollte nicht unterstellt werden, allein aufgrund ihrer Zugehörigkeit zugunsten der Angehörigen auszusagen. Eine erhöhte Missbrauchsgefahr aufgrund der Zeugenstellung des Organmitglieds als Folge der Nähebeziehung von Gesellschaft und Mitglied überzeugt mithin nicht. Vielmehr kann im Hinblick auf die Parallelen zu dem bisherigen zweigeteilten Prozessprinzip von Haftungs- und Deckungsprozess sogar die Behauptung aufgestellt werden, dass der einstufige Prozess für den Versicherer geradezu von Vorteil ist. Denn im Haftungsprozess kann das Organmitglied durch ein Geständnis der haftungsbegründenden Tatsachen die freundliche Inanspruchnahme unterstützen. Das Geständnis hat für

---

697 So auch *Brinkmann*, ZIP 2017, 301, 303 f.

698 Vgl. *Brinkmann*, ZIP 2017, 301, 304.

699 Siehe Kapitel B. VII. 3. b. der Arbeit.

700 So untersucht von *Böttcher*, NZG 2008, 645, 647 f. in Folge einer Stellungnahme des GDV zum Abschlussbericht der Kommission zur Reform des Versicherungsvertragsrechts vom 19.4.2004.

das Gericht nach § 138 Abs. 3 ZPO Bindungswirkung und das Urteil im Haftungsprozess kann sich daher auf diese Tatsachen stützen.[701]

Die Bindungswirkung des Urteils des Haftungsprozesses für den Deckungsprozess ist zwar nicht gesetzlich geregelt, aber von der Rechtsprechung anerkannt.[702] Im einstufigen Direktprozess gilt hingegen die freie richterliche Beweiswürdigung hinsichtlich der Aussage des Organmitglieds, sodass der Richter Anzeichen für eine freundliche Inanspruchnahme nachgehen kann. Der Richter wird generell die Beziehung zwischen Organmitglied und Gesellschaft berücksichtigen, besonders hinsichtlich des Wahrheitsgehalts der Zeugenaussage. Im Ergebnis entfällt damit bei dem einstufigen Direktprozess die Bindungswirkung eines Geständnisses des Organmitglieds aufgrund seiner Beteiligung als Zeuge, wodurch *Langheid* und *Böttcher* die Missbrauchsgefahr nicht als erhöht, sondern sogar als gemindert ansehen.[703]

c. Fazit

Zusammenfassend hat die Abtretung beziehungsweise der daraus folgende Direktprozess folglich für alle Parteien gewisse Vorteile, je nach Wahl der Abtretungsmöglichkeit.

8. Die Abtretungsvereinbarung

a. Zuständigkeit

Bei dem Abschluss der Abtretungsvereinbarung bezüglich des Freistellungsanspruchs mit einem Vorstandsmitglied oder ehemaligen Vorstandsmitglied wird die Gesellschaft gem. § 112 AktG von dem Aufsichtsrat vertreten.[704] Wird eine solche Abtretungsvereinbarung dagegen mit einem Aufsichtsratsmitglied beziehungsweise ehemaligen Aufsichtsratsmitglied geschlossen, so sollte die Gesellschaft umgekehrt nach § 78 AktG von ihrem Vorstand vertreten werden.[705]

---

701 Vgl. *Böttcher*, NZG 2008, 645, 648.

702 RGZ 3, 21, 25; RGZ 167, 243, 246, BGHZ 28, 137, 139, BGHZ 119, 276; vgl. *Böttcher*, NZG 2008, 645, 647.

703 *Böttcher*, NZG 2008, 645, 648; *Langheid*, VersR 2007, 865, 869; *Langheid*, NJW 2007, 3745, 3746 f.

704 Vgl. *Harzenetter*, NZG 2016, 728, 730.

705 Dazu kritisch fragend *Fassbach/Wettich*, KSzW 2016, 269, 276.

b. Die Voraussetzungen des § 93 Abs. 4 S. 3 AktG

Zu beachten ist, dass die Voraussetzungen des § 93 Abs. 4 S. 3 beziehungsweise §§ 116 S. 1, 93 Abs. 4 S. 3 AktG eingehalten werden müssen. Die Gesellschaft kann daher also erst drei Jahre nach Anspruchsentstehung auf Ersatzansprüche verzichten oder einen Vergleich vereinbaren, und dies auch nur, wenn die Hauptversammlung zustimmt und kein Widerspruch dagegen erhoben wird. Diese Voraussetzungen gelten nicht nur für den ausdrücklichen Verzicht und Vergleich, sondern auch für solche Vereinbarungen, welche wirtschaftlich die gleiche Wirkung haben wie ein Verzicht oder zumindest Teilverzicht.[706]

aa. Abtretung an Erfüllung statt beziehungsweise Verzichtswirkung

Behandelt die Vereinbarung also eine Abtretung an Erfüllung statt, so ist die Vorschrift einschlägig und die Voraussetzungen müssen eingehalten werden. Denn die Vereinbarung wirkt wie eine „vorweggenommene Verzichtserklärung der Gesellschaft zu Gunsten der versicherten Person".[707]

Fraglich ist, ob der Aufsichtsrat bei der Entscheidung über die Abtretung an Erfüllung statt, welche wie ein Verzicht wirkt, an die Pflichten aus der ARAG-Entscheidung gebunden ist oder ob ihm ein Ermessen nach der Business Judgement Rule erlaubt ist. Dies ist umstritten.[708] Einer Auffassung nach gelten die Grundsätze der ARAG-Entscheidung entsprechend erst recht für den Verzicht des Schadensersatzanspruchs, da dieser schließlich über die Nichtgeltendmachung des Schadensersatzanspruchs noch hinaus geht. Der BGH hat in der ARAG-Entscheidung die Voraussetzungen für eine solche Nichtgeltendmachung als Ausnahme von dem Grundsatz der Verfolgungspflicht festgesetzt.[709]

Nach der Gegenauffassung ist ein Grund für die Haftung des Aufsichtsrats bei Verletzung der Verfolgungspflicht mangels Geltendmachung von Ansprüchen gegen den Vorstand nach der ARAG-Entscheidung, dass der Aufsichtsrat bestraft werden soll, weil er die Hauptversammlung nicht beteiligt hat. Allerdings wäre diese Argumentation außer Kraft, wenn der Aufsichtsrat die Hauptversammlung durch die Vorlage des Verzichts zur Zustimmung beteiligt. Außerdem ist der Aufsichtsrat gerade nicht dazu verpflichtet, die Zustimmung der Hauptversammlung einzuholen, wenn die Voraussetzungen der ARAG-Entscheidung für die Nichtgeltendmachung der Ansprüche vorliegen. Somit unterliegt der

---

706 Vgl. *Harzenetter*, NZG 2016, 728, 730; *Spindler*, in: MüKo AktG, § 93 Rn 261.

707 *Harzenetter*, NZG 2016, 728, 730 f.

708 Vgl. *Harzenetter*, NZG 2016, 728, 731; *Brinkmann*, ZIP 2017, 301, 304.

709 Dazu ausführlich *Hasselbach*, DB 2010, 2037, 2040 ff.

Aufsichtsrat nur den strengen Voraussetzungen der ARAG-Entscheidung, wenn er die Hauptversammlung nicht an der Entscheidung über die Nichtgeltendmachung beteiligt. Ausgehend von einer Pflicht zur Beteiligung der Hauptversammlung steht dem Aufsichtsrat ein großer Ermessensspielraum zu.[710]

Harzenetter macht jedoch zutreffend geltend, dass dieser Meinungsstreit nicht entscheidend ist, da die Abtretung des Freistellungsanspruchs an Erfüllung statt bei – nach Auffassung des Aufsichtsrats – dem Anschein nach bestehendem Schadensersatzanspruchs bei „Aktiengesellschaften im Streubesitz" sehr unwahrscheinlich ist.[711]

bb. Abtretung erfüllungshalber

Die Abtretung erfüllungshalber dagegen wirkt nicht wie ein Verzicht. Sie mindert nicht die Durchsetzungsmöglichkeit des Haftungsanspruchs. Daher müssen die Voraussetzungen des § 93 Abs. 4 S. 3 AktG bei der Abtretung erfüllungshalber nicht eingehalten werden.[712] Im Vergleich zu einem dauerhaften pactum de non petendo bedarf das nur vorübergehende pactum de non petendo ebenfalls nicht den Voraussetzungen von § 93 Abs. 4 S. 3 AktG.[713]

c. Fazit

Ob der Vorstand bei Ansprüchen gegen den Aufsichtsrat beziehungsweise der Aufsichtsrat bei Ansprüchen gegen den Vorstand, allein für die Abtretung des Freistellungsanspruchs zuständig ist, oder ob es einer Zustimmung der Hauptversammlung bedarf und die anderen Voraussetzungen des § 93 Abs. 4 S. 3 AktG einzuhalten sind, ist also davon abhängig, ob eine Abtretung erfüllungshalber oder an Erfüllung statt vorliegt. Die Gesellschaft und ihre Organmitglieder sollten sich daher vor der Abtretung genau darüber informieren, welche Folgen die jeweilige Abtretungsform hat. Als Regelfall wird die Abtretung erfüllungshalber angesehen.

---

710 Dazu ausführlich *Dietz-Vellmer*, NZG 2011, 248, 251 ff; *Harzenetter*, NZG 2016, 728, 731.

711 *Harzenetter*, NZG 2016, 728, 731.

712 Vgl. *Harzenetter*, NZG 2016, 728, 731; Böttcher, NZG 2008, 645, 649 f.; *Grooterhorst/Looman*, NZG 2015, 215, 217.

713 *Grooterhorst/Looman*, NZG 2015, 215, 218; *Harzenetter*, NZG 2016, 728, 730 f.

9. Anwendung der Beweislastumkehr nach § 93 Abs. 2 S. 2 AktG

Eine weitere ungeklärte Frage im Rahmen der Abtretung des Freistellungsanspruchs ist, ob die Beweislastumkehr nach § 93 Abs. 2 S. 2 AktG im einstufigen Verfahren der Gesellschaft gegen den Versicherer angewendet werden kann. Dies ist in der Literatur sehr umstritten und wurde von der Rechtsprechung, bis dato soweit ersichtlich, noch nicht thematisiert.[714] Die Beweislastumkehr besagt, dass das Vorstandsmitglied selbst die Beweislast trägt, wenn strittig ist, ob es die erforderliche Sorgfalt angewendet hat. Dies gilt nach § 116 S. 1 in Verbindung mit § 93 Abs. 2 S. 2 AktG auch für die Aufsichtsratsmitglieder. Nach den allgemeinen Grundsätzen trifft die Beweislast die Gesellschaft als Klägerin.[715] Deshalb bedarf die Frage nach der Anwendung der Beweislastumkehr einer Klärung.

a. Keine Anwendung der Beweislastumkehr

Die herrschende Ansicht[716] hält die Beweislastumkehr für nicht anwendbar. Dann würde die Beweislast die Gesellschaft als Klägerin treffen. Im einstufigen Direktprozess ist der Schadensersatzanspruch gegen das Organmitglied nur eine Voraussetzung des Deckungsanspruchs und wird inzident geprüft. Die Beweislastumkehr nach § 93 Abs. 2 S. 2 AktG ist aber schon ihrem Wortlaut nach nur auf die Konstellation der unmittelbaren Inanspruchnahme des Organs durch das Unternehmen begrenzt. Der Wortlaut deutet in keiner Weise darauf hin, dass die Beweislast zu Lasten eines Dritten, hier dem beklagten Versicherer, angewendet werden kann. Vielmehr kann sie nur Anwendung finden, wenn das Organmitglied an dem Prozess beteiligt ist.[717]

Auch die systematische Auslegung unterstütze diese These, denn nach § 95 Abs. 5 S. 1 AktG können unter bestimmten Voraussetzungen auch die Gesellschaftsgläubiger den Innenhaftungsanspruch der Gesellschaft gegen das Organmitglied geltend machen. Die sinngemäße Anwendung des § 93 Abs. 2 S. 2 AktG wird von § 93 Abs. 5 S. 2 letzter HS AktG ausdrücklich gesetzlich vorgeschrieben, was wiederum darauf hindeutet, dass die Beweislastumkehr nur zwischen Gesellschaft und Organmitglied wirken soll.[718]

---

714 Dazu *Armbrüster*, NJW 2016, 2155, 2157 m.w.N.

715 *Dreher/Thomas*, ZGR 2009, 31, 43; *Grooterhorst/Looman*, NZG 2015, 215, 217.

716 So bezeichnet beispielsweise von *Rahlmeyer/Fassbach*, GWR 2015, 331, 332 m.w.N.; *Fleischer*, in: Spindler/Stilz, AktG, § 93 Rn 231 m.w.N.

717 Vgl. *Böttcher*, NZG 2008, 645, 648; *Dreher/Thomas*, ZGR 2009, 31, 43; *Brinkmann*, ZIP 2017, 301, 306.

718 Dazu ausführlich *Böttcher*, NZG 2008, 645, 648 f.

Letztendlich spricht auch die teleologische Auslegung gegen die Anwendung der Beweislastumkehr im Prozess zwischen Gesellschaft und Versicherer. Das Organmitglied trägt die Beweislast aus Gründen der Sachnähe, denn es kann den Sachverhalt und das entscheidende Verhalten besser darlegen und beweisen als die Gesellschaft, der regelmäßig die tieferen Einblicke in den Sachverhalt fehlen.[719] Außerdem kann die Gesellschaft das Organmitglied wegen seiner Parteistellung nicht als Zeugen benennen und könnte dadurch in Beweisschwierigkeiten geraten. Im einstufigen Direktprozess dagegen kann sie das Organmitglied als Zeugen benennen, wie bereits erläutert wurde.[720] Außerdem besteht im Direktprozess keine Sachnähe des Versicherers im Vergleich zur Gesellschaft, da die Versicherung keinerlei Einblick in die internen Geschehensabläufe der Gesellschaft hat. Die Beweislastumkehr trifft nach übereinstimmender Literaturansicht zum Beispiel auch nicht den Nachfolger des Vorstands auf Grund mangelnder Sachnähe.[721]

Böttcher gibt als Vertreter dieser Ansicht zwar zu bedenken, dass die Nichtanwendung der Beweislastumkehr eine erfolgreiche Klage der Gesellschaft deutlich erschwert und dass auch die Benennung des Organmitglieds als Zeuge die Nachteile nicht genügend ausgleichen kann. Allerdings zieht er daraus nur die Konsequenz, dass die Gesellschaft daher genau abwägen sollte, ob es für sie wirklich vorteilhafter ist, den Direktprozess gegen den Versicherer zu führen, aber dadurch die Beweislastumkehr zu verlieren. Wenn dies nicht der Fall ist, soll sie im Zweifel den klassischen zweistufigen Prozess nutzen.[722]

b. *Anwendung der Beweislastumkehr*

Nach einer anderen Ansicht bleibt die Beweislastumkehr aus § 93 Abs. 2 S. 2 AktG anwendbar, sodass die Gesellschaft auch im Direktprozess nur darlegen und beweisen müsste, dass ihr durch die mögliche Pflichtverletzung des Organmitglieds ein Schaden entstanden ist und wie hoch dieser Schaden ist.[723]

---

719 Vgl. *Grooterhorst/Looman*, NZG 2015, 215, 217; *Böttcher*, NZG 2008, 645, 649; *Dreher/Thomas*, ZGR 2009, 31, 44.

720 Siehe Kapitel B. VII. 7. b. der Arbeit.

721 So auch *Böttcher*, NZG 2008, 645, 649; *Grooterhorst/Looman*, NZG 2015, 215, 217; *Harzenetter*, NZG 2016, 728, 732.

722 *Böttcher*, NZG 2008, 645, 649.

723 Vgl. *Baumann*, in: Großkomm VVG, AVB-AVG 2011/2013 Ziff. 10 Rn 49; *Harzenetter*, NZG 2016, 728, 732; *Koch*, in: Hüffer/Koch, AktG, § 93 Rn 58e; *Voit*, in: Prölss/Martin, VVG, AVB-AVG Ziff. 10.2 Rn 2.

Die von § 93 Abs. 5 S. 2 letzter HS AktG ausdrücklich angeordnete sinngemäße Anwendung der Beweislastumkehr beruht laut *Baumann* gerade auf der Geltendmachung durch Dritte und soll scheinbar klarstellen, dass dem Vorstandsmitglied auch bei möglicherweise grober Sorgfaltspflichtverletzung die Möglichkeit der Entlastung zusteht. Im Direktprozess macht dagegen die Gesellschaft selbst den Anspruch geltend, und dieser behandelt nur die normale Fahrlässigkeit. Eine klarstellende Funktion wäre also gar nicht erforderlich. Auch die Argumentation, dass den Nachfolger des Vorstands nach strittiger Auffassung nicht die Beweislast trifft, gehe fehl, da der Versicherer nicht Rechtsnachfolger des Haftungsschuldners sei. Möglicherweise ist der Versicherer für den Fall mangelnder Sachnähe in einer erschwerten Lage. Allerdings besteht die Obliegenheit des Organmitglieds gegenüber dem verklagten Versicherer aus den AVB-AVG nach Ziffer 7.3.2.2 und Maßgabe von Ziffer 8.2 und 8.3, wonach das Organmitglied unter anderem alle entscheidenden Umstände mitteilen muss. Auch die klagende Gesellschaft als Versicherungsnehmerin kann eine Auskunftsobliegenheit gegenüber dem Versicherer treffen.[724]

Außerdem würde das Ergebnis der ersten Ansicht, nämlich die Nichtanwendung der Beweislastumkehr, dazu führen, dass bei der Abtretung des Freistellungsanspruchs erfüllungshalber zwei Prozesse von der Versicherungsnehmerin zu führen wären. Dies würde dem Grundsatz der Prozessökonomie und dem Zweck der Abtretung als Vereinfachung der Anspruchsdurchsetzung für die Versicherungsnehmerin widersprechen. Die Abwehrkosten würden sich dadurch ebenfalls erhöhen. Denn wenn der einstufige Direktprozess nur deshalb erfolglos bleibt, weil die Versicherungsnehmerin die Beweislast hinsichtlich des inzident zu prüfenden Haftpflichtanspruchs trifft, so müsste sie doch den Haftpflichtprozess gegen den Versicherten führen, in dem dieser wiederum nach § 93 Abs. 2 S. 2 AktG beweispflichtig wäre. Die Haftungsklage wäre aufgrund der Beweislastumkehr erfolgreich und deshalb würde der Versicherer die Freistellung schulden. Laut *Koch* widerspricht dieses „unsinnige Ergebnis" den Interessen aller drei Parteien und lässt sich nur dadurch vermeiden, dass die Beweislastumkehr bereits im Direktprozess Anwendung findet.[725]

Im Ergebnis bleibt die Beweislastverteilung damit nach dieser Ansicht trotz der Abtretung gleich.[726]

---

724 *Baumann*, in: Großkomm VVG, AVB-AVG 2011/2013 Ziff. 10 Rn 50.
725 *Koch*, VersR 2016, 765, 768.
726 Vgl. *Baumann*, in: Großkomm VVG, AVB-AVG 2011/2013 Ziff. 10 Rn 50.

c. *Vereinbarung eines Beweislastverteilungsvertrags als Kompromiss?*

Grooterhorst/Looman schließen sich der ersten Meinung an und sehen daher keine Anwendbarkeit der Beweislastumkehr im Direktprozess. Sie schlagen allerdings vor, die Beweislastverteilung nach § 93 Abs. 2 S. 2 AktG durch den Abschluss eines sogenannten „Beweislastvertrags" zwischen der Gesellschaft und dem Versicherer, beispielsweise in den AVB, vertraglich zu vereinbaren. Dadurch würde die Beweislastverteilung im Ergebnis auch nach der Abtretung des Freistellungsanspruchs gleichbleiben.[727]

Dem versicherten Organmitglied könnte daraus der Vorteil erwachsen, dass infolgedessen eine Abtretung an Erfüllung statt möglich wird. Für den Versicherer entsteht zwar der Nachteil, dass die Beweislastumkehr anwendbar bleibt, allerdings ist dies vergleichbar mit der bisherigen Situation im zweistufigen Prozess. Denn durch die Bindungswirkung des Haftpflichturteils im Deckungsprozess gegen den Versicherer wirkt sich die Beweislastumkehr hier ebenfalls zum Nachteil des Versicherers aus. Außerdem würde der Versicherer durch eine Beweislastvereinbarung die Attraktivität der Abtretung steigern und dadurch möglicherweise auf dem Versicherungsmarkt hervorstechen.

Die Beweislastvereinbarung könnte nur zwischen den Parteien des Versicherungsvertrags geschlossen werden beziehungsweise zwischen dem geschädigten Unternehmen und dem Versicherer. Eine solche Vereinbarung zwischen Gesellschaft und Organmitglied wäre dagegen als Vertrag zu Lasten Dritter unwirksam.[728] Solche Beweislastverträge werden von der Rechtslehre und auch der Rechtsprechung überwiegend als zulässig angesehen.[729] Die Zulässigkeit folgt aus dem Grundsatz der Privatautonomie. Daher muss die Vereinbarung solche Merkmale behandeln, welche nicht zwingend, sondern dispositiv sind.[730]

Die Beweislastumkehr gem. § 93 Abs. 2 S. 2 AktG ist zwar zwingend und gläubigerschützend[731], allerdings betrifft diese Vorschrift nur das Verhältnis zwischen Gesellschaft und Organmitglied und dürfte deshalb auch nur in diesem Verhältnis zwingend sein. Somit sollte die Beweislastumkehr im Verhältnis zwischen Gesellschaft und Versicherer nicht zwingend und damit abdingbar sein.[732] Der Sinn und Zweck der Beweislastverteilung nach § 93 Abs. 2 S. 2 AktG ist die

---

727 *Grooterhorst/Looman*, NZG 2015, 215, 218.

728 *Grooterhorst/Looman*, NZG 2015, 215, 218 f.

729 Vgl. BGH, NJW 1998, 2967, 2968; *Prütting*, in: MüKo ZPO, § 286 Rn 166.

730 Vgl. *Laumen*, in: Prütting/Gehrlein, ZPO, § 286 Rn 102.

731 Vgl. *Spindler*, in: MüKo AktG, § 93 Rn 213.

732 *Grooterhorst/Looman*, NZG 2015, 215, 219.

Sachnähe des Organmitglieds zu dem schadensbegründenden Sachverhalt. Dies ist nicht übertragbar auf den Versicherer, aber freiwillig müsste der Versicherer diesen Schutz wohl aufgeben dürfen. Die gläubigerschützende Funktion der Beweislastumkehr würde durch den Beweislastvertrag erst recht erhalten bleiben beziehungsweise sogar erst wiederhergestellt werden.

Auch wenn man der zweiten Meinung folgt und die Beweislastverteilung im Direktprozess nach § 93 Abs. 2 S. 2 AktG für anwendbar hält, würde der Beweislastvertrag bestehen bleiben, da der Vertrag in diesem Fall sowieso nur feststellende Wirkung hätte.[733]

d. Fazit

Es gibt also drei verschiedene Möglichkeiten, wovon zwei zum selben Ergebnis, nämlich der Anwendung der Beweislastumkehr gem. § 93 Abs. 2 S. 2 AktG auch nach der Abtretung des Freistellungsanspruchs im einstufigen Direktprozess, führen. Allerdings kommt die dritte Ansicht von *Grooterhorst/Looman* nur über den Umweg einer Beweislastvereinbarung zu diesem Ergebnis. Ob diese überhaupt wirksam wäre und bei Vereinbarung in den AVB einer Inhaltskontrolle nach §§ 305 ff. BGB standhalten würde, ist nicht geklärt. Dies ist also kein sicherer Weg für das Unternehmen.

Die Effektivität der Durchsetzungsfähigkeit der D&O-Versicherung im einstufigen Direktprozess würde in jedem Fall durch die Nichtanwendung der Beweislastumkehr für die Gesellschaft als Versicherungsnehmerin zumindest deutlich erschwert, wenn nicht sogar unmöglich gemacht. Die Gesellschaft müsste dann doch wieder den Weg über den zweistufigen Prozess gehen. Es würde also dem Sinn und Zweck der Abtretung des Freistellungsanspruchs zur Vereinfachung der Durchsetzung des Zahlungsanspruchs der Versicherungsnehmerin gegen den Versicherer in einem einstufigen Deckungsprozess widersprechen, die Anwendung der Beweislastumkehr nach § 93 Abs. 2 S. 2 AktG auszuschließen. Daher ist die zweite Ansicht, welche die Anwendbarkeit bejaht, vorzugswürdig. Natürlich kann die Gesellschaft, wenn der D&O-Versicherer dies extra freiwillig anbietet, die Möglichkeit der Vereinbarung eines Beweislastvertrags nutzen und damit auf „Nummer sicher gehen". Falls das Gericht die Beweislastumkehr doch nicht als anwendbar sieht, besteht dann nämlich der Schutz über die Vereinbarung. Falls die Anwendbarkeit der Beweislastumkehr nicht bezweifelt wird, ist die Beweislastvereinbarung einfach nur deklaratorisch. Diese Ausführungen gelten allerdings nur bei einer Abtretung erfüllungshalber, denn nur bei dieser

---

733 *Grooterhorst/Looman*, NZG 2015, 215, 219.

bleibt das Haftungsverhältnis zwischen Gesellschaft und Organmitglied unberührt. Bei einer Abtretung an Erfüllung statt ist dagegen keine Haftungsklage gegen das Organmitglied mehr möglich. Bei einer Nichtanwendung der Beweislastumkehr aus § 93 Abs. 2 S. 2 AktG wäre diese bei der Abtretung an Erfüllung statt also völlig außen vor, und es bestünde keine Möglichkeit mehr, sie geltend zu machen.

10. Verjährung

a. Verjährungsfrist des abgetretenen Freistellungsanspruchs beziehungsweise des Zahlungsanspruchs

Welche Verjährungsfrist für den abgetretenen Freistellungsanspruch gilt, ist noch nicht geklärt. Zur Anwendung könnten die allgemeinen Verjährungsvorschriften nach §§ 195 ff. BGB kommen, welche grundsätzlich auch im Versicherungsrecht gelten oder die aktienrechtlichen Verjährungsvorschriften nach § 93 Abs. 6 AktG.[734] Die Verjährungsfrist beträgt gem. § 195 BGB drei Jahre und gem. § 93 Abs. 6 AktG fünf beziehungsweise zehn Jahre.

Ansprüche aus einem Versicherungsvertrag, wie der Freistellungsanspruch, verjähren nach den allgemeinen Verjährungsvorschriften gem. § 195 ff. BGB.[735] Warum sollte sich an der Verjährung etwas ändern, nur weil der Anspruch abgetreten wird? Durch die Abtretung des Anspruchs wandelt sich zwar der Freistellungsanspruch in einen Zahlungsanspruch, allerdings sind keine Anhaltspunkte ersichtlich, wieso deshalb eine andere Verjährungsfrist gelten sollte. Deshalb ändert sich durch die Abtretung des Freistellungsanspruchs nichts an der Verjährungsfrist, und es gelten weiterhin §§ 195 ff. BGB.[736]

b. Fälligkeit des abgetretenen Freistellungsanspruchs beziehungsweise des Zahlungsanspruchs

Entscheidend für den Beginn der Verjährungsfrist ist nach § 199 Abs. 1 BGB unter anderem die Anspruchsentstehung, welche mit der Fälligkeit des Anspruchs

---

734 Vgl. *Grooterhorst/Looman*, NZG 2015, 215, 218; *Langheid*, in: Langheid/Rixecker, VVG § 108 Rn 23.

735 Vgl. *Rixecker*, in: Langheid/Rixecker, VVG, § 15 Rn 2, 6; *Koch*, in: Großkomm VVG, § 100 Rn 139, 140.

736 So auch *Wandt*, in: Langheid/Wandt, MüKo VVG, § 108 Rn 125; *Koch*, in: Großkomm VVG, § 108 Rn 71.

eintritt. Wann der abgetretene Freistellungsanspruch – der sich in einen Zahlungsanspruch gewandelt hat – fällig ist, ist aber ebenfalls noch offen.[737]

aa. § 106 VVG

Eine Ansicht stützt sich auf § 106 VVG. Danach ist die Fälligkeit des Zahlungsanspruchs nach der Fälligkeit des Freistellungsanspruchs zu beurteilen. Eine Anwendbarkeit von § 14 VVG durch die Umwandlung in einen Zahlungsanspruch ist ausgeschlossen, da sich bei einer Haftpflichtversicherung die Fälligkeit der Versicherungsleistung grundsätzlich nach § 106 VVG richtet. Die Fälligkeit hängt damit von dem Zeitpunkt der rechtskräftigen Feststellung des Anspruchs durch Urteil, Anerkenntnis oder Vergleich ab. Das Urteil muss jedoch das Verhältnis von Versichertem und Versicherungsnehmer betreffen. Eine inzidente Feststellung innerhalb der Leistungsklage gegen den Versicherer ist nicht möglich.[738]

bb. § 106 VVG analog

Die andere Ansicht wendet § 106 VVG analog an, weil das für die Haftpflichtversicherung typische Dreiecksverhältnis gegeben bleibt. Denn mit der Zahlung des Versicherers an den Geschädigten wird der Versicherungsnehmer automatisch von seiner Haftpflichtschuld befreit. Die Anerkennung oder der Vergleich zwischen Versicherer und Geschädigtem sind mit der Regelung des § 106 VVG vergleichbar, weil damit naturgemäß auch der Freistellungsanspruch festgestellt wird.[739]

cc. § 14 VVG

Nach einer weiteren Ansicht regelt § 106 VVG nur die Fälligkeit des Freistellungsanspruchs und nicht eines Zahlungsanspruchs. Daher ist die allgemeine Vorschrift nach § 14 VVG einschlägig, wonach die Fälligkeit mit Beendigung der zur Feststellung des Versicherungsfalls und des Umfangs der Leistung des Versicherers notwendigen Erhebungen eintritt.[740] Die Fälligkeit liegt dann spätestens mit dem Klageabweisungsantrag vor, denn nach der Rechtsprechung tritt

---

737 Vgl. *Armbrüster*, r+s 2010, 441, 450 f.; *Grooterhorst/Looman*, NZG 2015, 215, 218.

738 Dazu näher *Schramm/Wolf*, r+s 2009, 358, 360; *Lange*, r+s 2011, 185, 194 f.

739 *Baumann*, VerR 2010, 984, 987; *Baumann*, r+s 2011, 229, 230.

740 *Von Rintelen*, r+s 2010, 133, 137; *Armbrüster*, r+s 2010, 441, 450 f.

durch eine Leistungsablehnung oder die Weigerung der Prüfung des Sachverhalts bereits die Fälligkeit des Anspruchs aus der Versicherung ein.[741]

dd. Fazit

Zusammenfassend richtet sich die Fälligkeit entweder nach § 106 VVG direkt beziehungsweise analog, oder nach § 14 VVG. Allerdings regelt § 106 VVG ausdrücklich nur die Fälligkeit des Freistellungsanspruchs. Dieser Freistellungsanspruch wandelt sich jedoch mit der Abtretung in einen Zahlungsanspruch. Zahlungsansprüche gegen den Versicherer werden aber explizit von § 14 VVG geregelt. Zu beachten ist, dass die hier vertretenen Ansichten hinsichtlich einer Anwendbarkeit des § 106 VVG bereits entstanden sind, bevor die Möglichkeit der Abtretung des Freistellungsanspruchs durch die höchstrichterlichen Entscheidungen anerkannt wurde. Diese Ansichten könnten also mit Blick auf die aktuelle Rechtsprechung veraltet sein. Da die Abtretung nun nach der höchstrichterlichen Rechtsprechung anerkannt ist, sollte sich die Fälligkeit des Zahlungsanspruchs nach § 14 VVG richten.[742] Folglich tritt die Fälligkeit damit regelmäßig bis zum Ende der mündlichen Verhandlung ein, da dann die notwendigen Erhebungen zur Feststellung des Versicherungsfalls und des Leistungsumfangs vorliegen.[743]

c. Hemmung der Verjährung des Haftpflichtanspruchs

Zum Schutz seines Haftpflichtanspruchs gegen den Versicherten vor Verjährung sollte der Geschädigte Maßnahmen zur Hemmung der Verjährung[744] vornehmen. Welche dafür in Frage kommen, wird im Folgenden erläutert.

aa. Anspruchsanmeldung

Sobald der Anspruch aus dem Versicherungsvertrag bei dem Versicherer angemeldet worden ist, wird die Verjährung gem. § 15 VVG gehemmt, bis dem Anspruchssteller die Entscheidung des Versicherers in Textform zugeht. Die Hemmung tritt nicht dadurch ein, dass die geschädigte Versicherungsnehmerin von dem Versicherer Leistung verlangt.[745] Vielmehr muss für die

---

741 Vgl. BGH, VersR 1954, 388; BGH, VersR 1966, 627, 628; BGH, VersR, 2002, 472, 473; *Von Rintelen*, r+s 2010, 133, 138.

742 Vgl. *Armbrüster*, r+s 2010, 441, 450.

743 *Armbrüster*, r+s 2010, 441, 450; *Hösker*, VersR 2013, 952, 955.

744 Vgl. *Koch*, VersR 2016, 765, 768.

745 OLG Köln, r+s 1985, 235; *Klenk*, in: Looschelders/Pohlmann, § 15 Rn 12.

Hemmungswirkung der Berechtigte, hinsichtlich Side A also der Versicherte, den Versicherungsanspruch erheben.[746] Bei einer Abtretung des angemeldeten Freistellungsanspruchs des Versicherten an die geschädigte Versicherungsnehmerin wirkt die Hemmung auch zu ihren Gunsten.[747]

bb. Stundung, Anerkenntnis

Laut *Koch* ist die Abtretung des Freistellungsanspruchs normalerweise mit einer Stundung des Haftpflichtanspruchs verbunden.[748] Diese Stundung endet bei einer Abtretung erfüllungshalber mit der Erfüllung oder mit dem misslungenen Versuch der anderweitigen Befriedigung.[749] Durch die Stundung ist die Verjährung gem. § 205 BGB gehemmt.[750] Wenn allerdings ausdrücklich vereinbart wurde oder die Auslegung ergibt, dass keine Stundung gewollt ist, könnte dagegen die Verjährung drohen. Denn der Prozess gegen den Versicherer kann sich oft länger hinziehen, als die Verjährungsfrist dauert. Wird der Prozess nun verloren, steht dem Versicherungsnehmer durch die Verjährung keine Regressmöglichkeit mehr zu. In Betracht kommt außerdem ein Anerkenntnis nach § 212 Abs. 1 Nr. 1 BGB oder eine vorsorgliche Verjährungsverlängerung.[751]

cc. Verhandlungen

Eine Verjährung kann auch durch Verhandlungen zwischen Versicherer und Geschädigtem nach § 203 BGB gehemmt werden.[752] Unter den Verhandlungsbegriff fällt jeder Austausch von Meinungen hinsichtlich des Schadensfalls, wenn der Ersatz oder eine Verhandlung eindeutig und direkt abgelehnt werden.[753] Ausreichend für eine Hemmung gem. § 203 BGB sind bereits „schwebende" Verhandlungen, welche den Haftpflichtanspruch oder ihn begründende Tatsachen betreffen.[754] Für solche Verhandlungen genügt, dass die eine Partei eine Erklärung in der Art abgibt, dass die andere Partei

---

746 *Lange*, D&O-Versicherung und Managerhaftung, § 14 Rn 179.

747 KG, VersR 1999, 841, 842; *Klenk*, in: Looschelders/Pohlmann, § 15 Rn 19.

748 *Koch*, in: Großkomm VVG § 108 Rn 71.

749 BGHZ 116, 278, 282; BGHZ 170, 276, 279; *Koch*, in: Großkomm VVG § 108 Rn 71.

750 OLG Karlsruhe, ZEV 2016, 88, 89; *Grothe*, in: MüKo BGB, § 205 Rn 3.

751 Vgl. *Koch*, in: Großkomm VVG § 108 Rn 71 f.

752 *Koch*, in: Großkomm VVG § 108 Rn 72; *Retter*, in: Schwintowski/Brömmelmeyer, VVG, § 108 Rn 43.

753 BGH, NJW 2007, 64, 65; *Lange*, D&O-Versicherung und Managerhaftung, § 14 Rn 180.

754 *Lange*, D&O-Versicherung und Managerhaftung, § 2 Rn 218.

davon ausgehen darf, „der Erklärende lasse sich auf die Erörterungen über die Berechtigung des Anspruchs oder dessen Umfang ein".[755] Die Hemmung endet, sobald die Verhandlungen beendet sind. Die Verhandlungen enden zu dem Zeitpunkt, zu dem eine der beiden Parteien die Kommunikation einstellt.[756] Die bloße Verweigerung eines Vorschlags der Gegenpartei reicht hierfür nicht aus, vielmehr muss die Beendigung des Meinungsaustausches hinsichtlich des Anspruchs deutlich hervortreten.[757] Möglich ist dies durch eine ausdrückliche Erklärung[758], aber auch durch das „Einschlafen" der Verhandlungen. Ein solches „Einschlafenlassen" der Verhandlungen liegt vor, wenn die gegnerische Partei keine Antwort mehr gibt, bis zu dem Zeitpunkt, an dem sie spätestens hätte erfolgen müssen beziehungsweise erwartbar gewesen wäre.[759]

Das versicherte Organmitglied muss sich wegen der in den AVB-AVG erteilten Regelungsvollmacht das verjährungshemmende Verhalten seines D&O-Versicherers zurechnen lassen.[760] Dies geht sogar so weit, dass das Verhalten selbst dann zugerechnet wird, wenn überhaupt kein Deckungsschutz besteht, beispielsweise aufgrund einer Obliegenheitsverletzung.[761]

dd. Streitverkündung

Tritt all dies nicht ein, so ist zu prüfen, ob die Verjährungshemmung durch eine Streitverkündung des Geschädigten nach § 204 Abs. 1 Nr. 6 BGB möglich ist. Dafür müssten die Voraussetzungen der Streitverkündung gem. § 72 ZPO vorliegen.[762] Nach § 72 Abs. 1 ZPO muss eine Partei glauben, dass sie für den Fall des für sie ungünstigen Ausgangs des Rechtsstreits einen Anspruch auf Gewährleistung oder Schadloshaltung gegen einen Dritten hat. Zwar hat der Geschädigte bei einer Abweisung der Klage mangels Deckung keinen Anspruch auf Schadloshaltung oder Gewährleistung. Es ist allerdings ausreichend für einen

---

755 BGHZ 182, 76, 80 f.

756 Vgl. *Lange*, D&O-Versicherung und Managerhaftung, § 2 Rn 219; dazu ausführlich *Grothe*, in: MüKo BGB, § 203 Rn 8.

757 *Luckey*, VersR 2011, 896; *Lange*, D&O-Versicherung und Managerhaftung, § 2 Rn 219; *Grothe*, in: MüKo BGB, § 203 Rn 8.

758 *Lange*, D&O-Versicherung und Managerhaftung, § 2 Rn 219; *Grothe*, in: MüKo BGB, § 203 Rn 8.

759 BGH, VersR 2009, 945, 946; *Luckey*, VersR 2011, 896; *Grothe*, in: MüKo BGB, § 203 Rn 8.

760 Vgl. *Lange*, D&O-Versicherung und Managerhaftung, § 2 Rn 220; Ziff. 4.4 AVB-AVG.

761 *Lange*, D&O-Versicherung und Managerhaftung, § 2 Rn 220.

762 Vgl. BGH, NJW 1979, 264, 265; *Koch*, in: Großkomm VVG § 108 Rn 72.

Anspruch auf Schadloshaltung, wenn der Anspruch gegen den Dritten bei Obsiegen der Partei gegenstandslos wird und „der Dritte nicht für den streitbefangenen Anspruch selbst haftet, sondern aus einem selbstständigen Grund".[763]

Das sind solche Ansprüche gegen Dritte, welche statt des Beklagten „als Verursacher desselben Schadens oder als Vertragsgegner in Betracht kommen".[764] Kommt also neben dem Beklagten noch ein weiterer Schuldner in Frage, so ist die Streitverkündung nur unzulässig nach dem Zweck der Vorschrift, wenn die Ansprüche von Anfang an gegen den Beklagten und gegen den Dritten geltend gemacht werden können. Also nur bei Ansprüchen, bei denen aus Klägersicht bereits zum Zeitpunkt der Streitverkündung eine gesamtschuldnerische Haftung von Beklagtem und Drittem möglich ist.[765]

Überträgt man diese Voraussetzungen auf die Struktur der hiesigen Fallkonstellation, ist eine Streitverkündung des Geschädigten nach § 72 ZPO durchaus möglich. Denn bei einer Abtretung des Freistellungsanspruchs erfüllungshalber muss der Gläubiger vorrangig den abgetretenen Freistellungsanspruch, der sich in einen Zahlungsanspruch gewandelt hat, geltend machen. Der Haftpflichtanspruch gegen den Versicherten wird bei erfolgreicher Inanspruchnahme des Versicherers bis zu der gedeckten Höhe gegenstandslos. Folglich kann der Freistellungsanspruch gegen den Versicherer und der Haftpflichtanspruch gegen den Versicherten nicht von Anfang an nebeneinander geltend gemacht werden. Daher sind die Voraussetzungen des § 72 ZPO gegeben.[766] Diese Erwägungen bezüglich der allgemeinen Haftpflichtversicherung könnten auf die D&O-Versicherung übertragbar sein. Schließlich kann der Freistellungsanspruch inzwischen auch im Rahmen der D&O-Versicherung abgetreten werden. Nur wird hier eben an den Versicherungsnehmer als Geschädigten abgetreten, sodass ein Haftpflichtanspruch des Versicherungsnehmers gegen den Versicherten besteht.[767]

---

763 *Koch*, in: Großkomm VVG § 108 Rn 73; vgl. auch OLG Köln, NJW-RR 1991, 1535; RGZ 130, 297, 299.

764 OLG Köln, NJW-RR 1991, 1535.

765 OLG Köln, NJW-RR 1991, 1535; vgl. auch BGHZ 8, 72, 80; *Koch*, in: Großkomm VVG § 108 Rn 73.

766 So für die allgemeine Haftpflichtversicherung *Koch*, in: Großkomm VVG § 108 Rn 74 und *Koch*, FS Winter, 345, 363 f.

767 Anderer Ansicht ist dagegen *Lange*, D&O-Versicherung und Managerhaftung, § 2 Rn 221.

ee. Fazit

Die geschädigte Gesellschaft kann also zum Schutz ihres Haftpflichtanspruchs gegen die Verjährung verjährungshemmende Maßnahmen ergreifen. Dafür kommt die Anspruchsanmeldung, die Stundung, das Anerkenntnis, Verhandlungen oder die Streitverkündung in Betracht.

11. Vergleich von Abtretung an Erfüllung statt oder erfüllungshalber

Vorangehend wurden die Abtretung an Erfüllung statt und die Abtretung erfüllungshalber in verschiedenen Zusammenhängen und in unterschiedlichen Bereichen gegenübergestellt. Am Ende soll nun ein abschließender Gesamtvergleich stattfinden und die Vorteile sowie die Nachteile der beiden Abtretungsformen zusammengefasst werden.

Die Abtretung an Erfüllung statt ist für das versicherte Organmitglied von Vorteil, schon allein, weil das Mitglied dadurch von der Haftung endgültig verschont bleibt. Allerdings ist kaum vorstellbar, dass die Abtretung an Erfüllung statt in der Praxis insbesondere bei Publikumsgesellschaften durchsetzbar ist.[768] Denn eine Publikumsgesellschaft zeichnet sich in den meisten Fällen dadurch aus, dass es keinen geschlossenen Gesellschafterkreis gibt, sondern eine unbestimmte Anzahl an Kapitalgebern.[769] Der Regelfall der Abtretung erfüllungshalber dagegen ist für das versicherte Organmitglied nachteilig, weil für ihn die Haftungsrisiken aufgrund des komplizierten Prozesses und der unübersichtlichen Prognosemöglichkeiten nur schwer kalkulierbar sind.[770]

Ob die Abtretung an Erfüllung statt oder erfüllungshalber gewählt wird, zieht in jedem Fall unterschiedliche Konsequenzen nach sich. Die einzelnen Auswirkungen, beispielsweise auf die Abtretungsvereinbarung hinsichtlich der Voraussetzung des § 93 Abs. 4 S. 3 AktG oder bezüglich der Beweislastumkehr nach § 93 Abs. 2 S. 2 AktG, wurden bereits erläutert.[771] Abschließend ist den Versicherungsparteien zu raten, diese unterschiedlichen Folgen und die eigenen Vor- und Nachteile gründlich abzuwägen und zu beurteilen, bevor eine endgültige Entscheidung über die Art der Abtretung getroffen wird. Ein einheitlicher Rat kann hier nicht gegeben werden, da es nicht nur auf den jeweiligen Einzelfall ankommt, sondern die unterschiedlichen Interessen der Versicherungsparteien dazu führen, dass jeweils nur eine Art der Abtretung zum überwiegenden

---

768 *Harzenetter*, NZG 2016, 728, 733.

769 BGH, NJW 1978, 755; *Häublein*, in: BeckOK HGB, § 161 Rn 72.

770 *Harzenetter*, NZG 2016, 728, 733.

771 Siehe Kapitel B. VII. 8. b. und 9. der Arbeit.

Vorteil einer Partei ist. Eventuell kann durch vertragliche Vereinbarung oder Vereinbarung in den Versicherungsbedingungen ein Kompromiss für alle Beteiligten gefunden werden, der die jeweiligen Interessen berücksichtigt und die gewünschten Folgen durch Parteivereinbarung herbeiführt. Die Gestaltung eines solchen Kompromisses ist aber Aufgabe der Praxis und muss sich je nach Einzelfall richten, sodass ein konkreter Vorschlag hier nicht sinnvoll ist.

12. Zukunftsaussicht

Ob sich der einstufige Direktprozess gegen den D&O-Versicherer nach Abtretung des Freistellungsanspruchs durch das versicherte Organmitglied an die geschädigte Gesellschaft in Zukunft als Regelfall der prozessualen Durchsetzung von Ansprüchen der Innenhaftung etabliert, bleibt abzuwarten.[772] Zwar dient er der Vereinfachung der gerichtlichen Durchsetzung des Versicherungsanspruchs und könnte auch zu einer Reduzierung der Prozesskosten führen, indem ein Prozess wegfällt beziehungsweise inzident integriert wird. Allerdings bestehen hinsichtlich der Abtretung noch einige ungeklärte Fragen und Probleme, die zu Unsicherheiten bezüglich des Verfahrensablaufs führen könnten. Wünschenswert wären höchstrichterliche Entscheidungen innerhalb der Problemfelder, sowie eine erweiterte Auseinandersetzung der Literatur mit den offenen Rechtsfragen und die Herausbildung herrschender Meinungen zur Orientierung der Versicherungsparteien. Ebenfalls wäre eine entsprechende Anpassung der AVB-AVG und der Versicherungsbedingungen der einzelnen D&O-Versicherer zumindest ein hilfreicher Beitrag.

VIII. Achtes Kapitel: Der Selbstbehalt des Aufsichtsrats

Durch das Bestehen eines Selbstbehalts kann ein festgesetzter Schadensanteil von dem Versicherungsschutz ausgenommen werden, den das Organ selbst zu zahlen hat. Gesetzlich ist er für den Vorstand in § 93 Abs. 2 S. 3 AktG geregelt, nicht jedoch für den Aufsichtsrat. Wäre es sinnvoll, den Selbstbehalt des Aufsichtsrats ebenso gesetzlich festzuschreiben? Durch die im März 2020 veröffentlichte neue Fassung des DCGK ist diese Frage aktueller denn je geworden. Dazu sogleich.

---

772 Vgl. *Harzenetter*, NZG 2016, 728, 733.

1. Allgemeines

Die Höhe des Selbstbehalts beträgt gem. § 93 Abs. 2 S. 3 AktG mindestens 10 Prozent des Schadens bis zur Höhe des Eineinhalbfachen der festen jährlichen Vergütung des Vorstandsmitglieds. In Ziffer 3.8 des DCGK wird dieser Gesetzeswortlaut nur noch einmal wiederholt.

Durch die Lektüre der Gesetzesbegründung können diese Werte genauer entschlüsselt werden. Denn darin heißt es, dass zwei Werte für die Höhe des Selbstbehalts entscheidend sind. Einerseits eine prozentuale Quote, welche sich jeweils auf jeden einzelnen Schadensfall bezieht. Andererseits eine absolute Obergrenze, die für alle Schadensfälle zusammen in einem Jahr gilt, aber bei Großschäden bereits bei einem einzigen Schadensfall erreicht werden kann. Das Vorstandsmitglied hat sich bei jedem einzelnen Schadensfall mit einem vertraglich festzusetzenden Prozentsatz an dem Schaden zu beteiligen, welcher mindestens 10 Prozent des Schadens betragen muss. Der Wert der absoluten Obergrenze muss mindestens dem Eineinhalbfachen der jährlichen Festvergütung entsprechen. Diese Orientierung an der Festvergütung soll der einfacheren Handhabbarkeit dienen, denn für eine Orientierung an den Gesamtbezügen nach § 87 Abs. 1 S. 1 AktG wäre eine Schätzung der künftigen Vorteile erforderlich.[773]

Die systematische Stellung könnte zu der Annahme führen, dass die Regelung des § 93 Abs. 2 S. 3 AktG nur die Innenhaftung betrifft. Allerdings wird in § 93 Abs. 2 S. 3 AktG nicht zwischen der Außen- und der Innenhaftung unterschieden. Außerdem entspricht es dem Sinn und Zweck der Außenhaftung, dass solche Schadensfälle miteinbezogen werden. Insbesondere da eine Pflichtverletzung des Organmitglieds gegenüber dem Unternehmen auch zu einer Außenhaftung des Mitglieds gegenüber Dritten führen kann.[774] Zu beachten ist außerdem, dass das Vorstandsmitglied auch bei Vorliegen eines Vergleichs, der typischen Form der Erledigung[775], den Selbstbehalt erbringen muss.[776]

2. Regelung des Selbstbehalts für den Aufsichtsrat

Für den Vorstand ist der Selbstbehalt gesetzlich festgeschrieben gem. § 93 Abs. 2 S. 3 AktG. Dagegen war der Selbstbehalt für den Aufsichtsrat bis zur Kodexreform

773 BT-Drs. 16/13433, S. 11.

774 Vgl. *Fleischer*, in: Spindler/Stilz, AktG, § 93 Rn 244; *Hopt/Roth*, in: Großkomm AktG, § 93 Rn 457.

775 Vgl. *Lange*, D&O-Versicherung und Managerhaftung § 19 Rn 1 ff.; zum Vergleich näher in Kapitel B. II. 9. der Arbeit.

776 *Lange*, D&O-Versicherung und Managerhaftung § 16 Rn 96.

2019 nur im Deutschen Corporate Governance Kodex (DCGK) empfohlen[777] und wird von der Verweisung in § 116 S. 1 AktG explizit ausgenommen. Woran liegt es, dass der Selbstbehalt nur für den Vorstand gesetzlich festgeschrieben ist und nicht für den Aufsichtsrat? Bereits im Gesetzgebungsverfahren wurde kritisiert, dass kein Selbstbehalt für Aufsichtsratsmitglieder normiert wurde.[778] Der Selbstbehalt des Vorstands war vor seiner gesetzlichen Manifestierung ebenfalls nur im DCGK empfohlen und bis zu seiner Normierung höchst umstritten.[779]

a. *Gesetzesbegründung zu § 93 Abs. 2 S. 3 AktG*

Es lohnt sich einen Blick in die damalige Gesetzesbegründung des Gesetzes zur Angemessenheit der Vorstandsvergütung (VorstAG) zu werfen. Dort heißt es, dass die Einführung der Selbstbehaltspflicht die in § 76 Abs. 1 AktG festgeschriebene „persönliche Verpflichtung und Verantwortung des Vorstands" gegenüber der Gesellschaft zur ordentlichen und gewissenhaften Geschäftsleitung unterstützen soll. Der Neuregelung wird zugleich eine „verhaltenssteuernde Wirkung" zugeschrieben, denn die persönliche Haftung mit dem Privatvermögen soll Pflichtverletzungen der Vorstandsmitglieder präventiv entgegenwirken. Die anteilsmäßige Beschränkung des Selbstbehalts auf eine Mindesthöhe und eine Obergrenze ist notwendig, um dem Ausfallrisiko des Unternehmens zu Lasten des Gesellschaftsvermögens und damit zu Lasten der Anleger bei einer Haftung des Vorstandsmitglieds Genüge zu leisten.[780]

Der Selbstbehalt geht demnach laut Gesetzgeber unter anderem mit der ordentlichen und gewissenhaften Geschäftsleitung der Vorstandsmitglieder aus § 76 Abs. 1 AktG einher. Fraglich ist, ob dies sinngemäß auch auf die Aufsichtsratsmitglieder übertragen werden kann. Der Aufsichtsrat hat gem. § 111 Abs. 1 AktG die Geschäftsführung zu überwachen. Die Geschäftsführung des Vorstands und deren Überwachung durch den Aufsichtsrat ergänzen sich somit gegenseitig. Deshalb dient eine ordentliche und gewissenhafte Überwachung durch den Aufsichtsrat auch gleichzeitig der ordentlichen Geschäftsleitung des Vorstands, denn die Überwachung der Geschäftsführung soll gerade die

777 Der Selbstbehalt des Aufsichtsrats war bis zur Kodexreform 2019 in Ziffer 3.8 DCGK empfohlen.

778 *Goette*, S. 7 in seiner Stellungnahme im Rahmen der öffentlichen Anhörung des Rechtsausschusses zum VorstAG am 25.05.2009, abrufbar über das Webarchiv des BT: https://www.bundestag.de/ausschuesse/a06_Recht/webarchiv-inhalt-539700.

779 *Peltzer*, FS Westermann 2008, 1257, 1271 f.

780 BT-Drs. 16/13433, S. 11.

Qualität dieser sichern. Jener Teil der Gesetzesbegründung kann daher ohne Bedenken sinngemäß auf den Aufsichtsrat übertragen werden und bietet keine Anhaltspunkte dafür, warum der Selbstbehalt nur für den Vorstand gesetzlich vorgeschrieben ist. Im Gegenteil unterstützt er vielmehr aufgrund der Vergleichbarkeit der Funktionen die These, dass der Selbstbehalt genauso für den Aufsichtsrat normiert werden sollte.

Auch *van Kann* „verwundert" es, dass die Anforderungen an Aufsichtsratsmitglieder von dem Gesetzgeber auf der einen Seite deutlich erhöht werden, aber es auf der anderen Seite an einer Korrektur durch einen zwingenden Selbstbehalt fehlt. Er macht geltend, dass der Gesetzgeber dem Selbstbehalt des Aufsichtsrats möglicherweise nicht die gleiche verhaltenssteuernde Wirkung wie dem Selbstbehalt des Vorstands zuspricht, wenn sich beide Selbstbehalte an der Jahresvergütung orientieren. Denn die jährliche Vergütung des Aufsichtsrats ist im Normalfall deutlich geringer als das Jahresgehalt des Vorstands.[781]

Die vom Gesetzgeber hervorgehobene verhaltenssteuernde Wirkung könnte aber ebenfalls auf die Aufsichtsratsmitglieder übertragbar sein. Die persönliche Haftung der Vorstandsmitglieder soll mit ihrer präventiven Funktion dazu führen, dass es gar nicht erst zu Pflichtverletzungen der Vorstandsmitglieder kommt, um eine persönliche Haftung mit deren Privatvermögen zu verhindern. Auch die Mitglieder des Aufsichtsrats haften durch die sinngemäße Anwendung der Schadensersatznorm nach §§ 116 S. 1, 93 Abs. 2 S. 1 AktG persönlich mit ihrem Privatvermögen für Pflichtverletzungen. Eine verhaltenssteuernde Wirkung zur präventiven Verhinderung von Pflichtverletzungen ist für den Aufsichtsrat somit genauso sinnvoll. Der Aufsichtsrat kann schließlich bei ordnungsgemäßer Überwachung des Vorstands sogar gegebenenfalls Pflichtverletzungen durch diesen verhindern. Daher ist die verhaltenssteuernde Wirkung für den Aufsichtsrat mindestens ebenso von Bedeutung wie für den Vorstand.

Das Argument des Mangels einer verhaltenssteuernden Wirkung bei gleicher prozentualer Höhe und Begrenzung des Selbstbehalts von Vorstand und Aufsichtsrat trotz der deutlich geringeren Festvergütung des Aufsichtsrats kann letztendlich nicht überzeugen. Die absolute Höhe der Selbstbeteiligung wird bei den Mitgliedern des Aufsichtsrats zwar deutlich geringer sein als bei den Vorstandsmitgliedern, da sich die Höhe an der niedrigeren Vergütung orientiert. Aber dies ist in Relation zu setzen mit der Wahrscheinlichkeit eines Schadensrisikos durch den Aufsichtsrat, also dem Risiko der Gesellschaft zur Entstehung eines Schadens durch Pflichtverletzungen des Aufsichtsrats. Für den Aufsichtsrat besteht

781 *Van Kann*, NZG 2009, 1010, 1011.

ein vergleichbares Schadensrisiko wie für den Vorstand, obwohl der Aufsichtsrat eine viel niedrigere Vergütung erhält. Dementsprechend ist es angemessen, dass sich die Höhe seiner persönlichen Schadensbeteiligung an der Höhe seiner Vergütung orientiert. Vergütung, Selbstbeteiligung, Schadens- und Haftungsrisiko stehen dadurch in angemessener Relation zueinander.

b. DCGK

aa. Allgemeines

Auch wenn der Selbstbehalt des Aufsichtsrats nicht gesetzlich normiert ist, so war dieser doch zumindest in Ziffer 3.8 des DCGK bis zur Kodexreform 2019 festgeschrieben. Mit Bezug auf den Selbstbehalt des Vorstands war dort formuliert, dass ein entsprechender Selbstbehalt für D&O-Versicherungen des Aufsichtsrats vereinbart werden soll.[782]

Zwar sind die Unternehmen nicht an die Vorgaben des DCGK gebunden, da es sich nur um eine Empfehlung handelt. Dennoch ist zu beachten, dass die Empfehlungen zu 87,5 % befolgt werden und die Quote von DAX-Unternehmen sogar bei 95,9 % liegt.[783] Der Kodex selbst ist zwar nicht als Rechtsnorm anzusehen[784], allerdings besteht für den Vorstand sowie den Aufsichtsrat von börsennotierten Aktiengesellschaften im Sinne des § 161 Abs. 1 S. 1 AktG beziehungsweise kapitalmarktorientierten Aktiengesellschaften im Sinne des § 161 Abs. 1 S. 2 AktG eine Entsprechenserklärungspflicht gem. § 161 AktG. Danach sind Vorstand und Aufsichtsrat jährlich zur Erklärung verpflichtet, ob den Empfehlungen des DCGK entsprochen wurde und wird, beziehungsweise welchen Empfehlungen nicht entsprochen wurde und warum nicht.[785]

Bei der Beratung des VorstAG, welches die Selbstbehaltspflicht festschrieb, wurde explizit geäußert, dass die Frage hinsichtlich einer vorgeschriebenen Vereinbarung eines Selbstbehalts für Aufsichtsratsmitglieder dem DCGK überlassen

---

782 Absätze zwei und drei der Ziffer 3.8 DCGK bis zur Kodexreform 2019: „Schließt die Gesellschaft für den Vorstand eine D&O-Versicherung ab, ist ein Selbstbehalt von mindestens 10 % des Schadens bis mindestens zur Höhe des Eineinhalbfachen der festen jährlichen Vergütung des Vorstandsmitglieds zu vereinbaren. In einer D&O-Versicherung für den Aufsichtsrat soll ein entsprechender Selbstbehalt vereinbart werden."

783 *v. Werder/Danilov*, DB 2018, 1997, 1999.

784 *Bachmann*, in: Kremer/Bachmann/Lutter/v. Werder, DCGK, Rn 80; *Fuhrmann*, in: Fuhrmann/Linnerz/Pohlmann, DCGK, Ziff. 1 Rn 4.

785 Vgl. *Lutter*, in: Kremer/Bachmann/Lutter/v. Werder, DCGK, Rn 1800, 1846; *Fuhrmann*, in: Fuhrmann/Linnerz/Pohlmann, DCGK, Ziff. 1 Rn 4.

wird.[786] Bereits die erste Fassung des DCGK aus dem Jahre 2002 enthielt die Empfehlung eines Selbstbehalts für Vorstand und Aufsichtsrat.[787] Diese Empfehlung wurde vor ihrer gesetzlichen Verpflichtung aber nur von höchstens 50 % der börsennotierten Unternehmen befolgt.[788] Nach der gesetzlichen Verpflichtung zu einem Selbstbehalt des Vorstands im Jahre 2009 empfahl der DCGK, anstatt wie zuvor einen angemessenen Selbstbehalt des Aufsichtsrats, einen Selbstbehalt entsprechend dem gesetzlichen Selbstbehalt des Vorstands.[789]

Die Empfehlung eines Selbstbehalts auch für den Aufsichtsrat stieß in der Literatur durchaus auf Zustimmung und wurde „als konsequent" bezeichnet, solange man von einer verhaltenssteuernden Wirkung des Selbstbehalts ausgeht[790] oder als „nur folgerichtig" „zur Sicherung einer effektiven Kontrolle des Vorstands durch den Aufsichtsrat".[791] Auch *Lange* zieht den Vergleich zwischen Vorstand und Aufsichtsrat hinsichtlich unternehmerischer Entscheidungen. Er stellt fest, dass eine Angleichung des Haftungsrisikos, zum Beispiel bei zustimmungsbedürftigen Geschäften, durch einen Selbstbehalt für den Aufsichtsrat „dem Grunde nach sinnvoll sein wird".[792]

Die Kodex-Empfehlung einer Höhe des Selbstbehalts für den Aufsichtsrat entsprechend der für den Vorstand bedeutet, dass auch für den Aufsichtsrat die zwei Quotenregelungen des § 93 Abs. 2 S. 3 AktG zu beachten sind, nämlich mindestens 10 Prozent des Schadens bis mindestens zur Höhe des Eineinhalbfachen der festen jährlichen Vergütung. Da die Vergütung eines Aufsichtsratsmitglieds im Normalfall deutlich unter der eines Vorstandsmitglieds liegt, wird die Selbstbehaltsgrenze in Höhe von 10 Prozent des Schadens regelmäßig aufgrund der großen Schadenshöhe kaum Auswirkungen haben. Dies soll anhand eines Beispiels erläutert werden: Liegt ein Schaden in Höhe von einer Millionen Euro vor und die Aufsichtsratsvergütung beträgt 50.000 Euro, so muss das Mitglied das Eineinhalbfache dieser Vergütung, also einen Selbstbehalt in Höhe von

---

786 BT-Drs. 16/13433, S. 11 f.; vgl. auch *Bachmann*, in: Kremer/Bachmann/Lutter/v. Werder, DCGK, Rn 690.

787 *Weber-Rey*, WM 2009, 2255, 2261; der Kodex in der Fassung von Februar 2002 kann im Webarchiv der Homepage des DCGK eingesehen werden: https://dcgk.de/de/kodex/archiv.html.

788 Berichten *v. Werder/Talaulicar*, DB 2009, 689,691 in ihrem Kodexreport 2009 zur siebten empirischen Studie zur Akzeptanz des DCGK in der Praxis.

789 Vgl. *Weber-Rey*, WM 2009, 2255, 2261.

790 *Hecker*, BB 2009, 1654, 1655.

791 *Weber-Rey*, WM 2009, 2255, 2261.

792 *Lange*, D&O-Versicherung und Managerhaftung, § 16 Rn 47.

„nur" 75.000 Euro tragen. Zu beachten ist aber, dass das Aufsichtsratsmitglied, genauso wie die Mitglieder des Vorstands, den Selbstbehalt wiederum versichern lassen kann. Wählt das Aufsichtsratsmitglied eine private Versicherung seines Selbstbehalts, so muss die Entsprechenserklärung dadurch nicht eingeschränkt werden. Würde dagegen die Gesellschaft selbst eine solche Versicherung des Selbstbehalts abschließen, so müsste die Entsprechenserklärung eingeschränkt werden. Eine solche Versicherung durch die Gesellschaft wird in der Praxis aber „wohl kaum der Fall" sein.[793]

Die Befolgungsquote des Selbstbehalts für den Aufsichtsrat lag zu Beginn noch bei niedrigen 43,5 %.[794] Inzwischen ist diese aber deutlich gestiegen und lag nun 2018 bei 71,3 %.[795] Insofern spricht dies für eine steigende Akzeptanz dieser Regelung und damit für einen Schritt in die Richtung von Überlegungen zu einer gesetzlichen Normierung des Selbstbehalts für den Aufsichtsrat.

bb. Kodexreform

Die Kodex-Kommission veröffentlichte am 06.11.2018 einen Reformentwurf des DCGK. In diesem Entwurf wurde der DCGK grundlegend überarbeitet. Ein primäres Ziel der Kodexreform ist unter anderem die bessere Lesbarkeit des Kodex durch die Streichung einiger Wiederholungen des Gesetzeswortlautes sowie mehrerer Empfehlungen.[796] In diesem Sinne wurde der dritte Absatz der früheren Ziffer 3.8 des DCGK gestrichen. Die Kodex-Kommission macht geltend, dass sie die Kritik an diesem Absatz aufnimmt und deshalb den Absatz streicht.[797] Auf die Begründung der Kodex-Kommission wird nachfolgend eingegangen.[798]

---

793 *Bachmann*, in: Kremer/Bachmann/Lutter/v. Werder, DCGK, Rn 691.

794 *v. Werder/Talaulicar*, DB 2010, 853, 855.

795 Der Kodexreport 2018 von *v. Werder/Danilov*, DB 2018, 1997, 1999 bezieht sich auf die Fassung des DCGK von Februar 2017; auch *Dose*, Aktionärsklage, D&O-Versicherung und Vorstandshandeln, S. 128 sieht zumindest eine „positive Tendenz" hin zur Akzeptanz eines Selbstbehalts für Aufsichtsratsmitglieder.

796 Entwurf des DCGK v. 25.10.2018, S. 40, abrufbar unter: https://www.dcgk.de/de/konsultationen/archiv/konsultation-2019.html.

797 Entwurf des DCGK v. 25.10.2018, S. 57, abrufbar unter: https://www.dcgk.de/de/konsultationen/archiv/konsultation-2019.html.

798 Siehe Kapitel B. VIII. 2. b. dd. der Arbeit.

cc. Entsprechenserklärungen

Zuerst soll aber der Fokus auf die Gründe gelegt werden, welche Unternehmen in ihren Entsprechenserklärungen bei der Abweichung der Empfehlung des Selbstbehalts des Aufsichtsrats angaben.

Wirft man einen Blick auf die Begründungen der Entsprechenserklärungen zum DCGK von einigen Kapitalgesellschaften vor der Kodexreform 2019 findet man folgende Beispiele:

(1) Daimler AG, Entsprechenserklärung 2018

Die Daimler AG hat für den Aufsichtsrat eine D&O-Versicherung mit einem ihrer Ansicht nach angemessenen Selbstbehalt vereinbart, welcher aber nicht der Höhe des gesetzlich für Vorstandsmitglieder vorgeschriebenen Selbstbehalts entspricht. Dies wird mit der Beschränkung der „Vergütungsstruktur des Aufsichtsrats auf eine funktionsbezogene fixe Vergütung ohne erfolgsorientierte Bestandteile" begründet. Ein Selbstbehalt in der gesetzlich für Vorstandsmitglieder festgelegten Höhe würde im Vergleich zu den Vorstandsmitgliedern, „deren Vergütung aus fixen und erfolgsorientierten Bestandteilen besteht", bei einer wirtschaftlichen Betrachtungsweise zu unverhältnismäßigen Ergebnissen führen.[799]

Die Daimler AG hat damit der Empfehlung der Vereinbarung eines Selbstbehalts für den Aufsichtsrat entsprochen, aber die Höhe des Selbstbehalts auf einen nach eigener Einschätzung angemesseneren Wert reduziert. Damit folgt sie der ehemaligen Empfehlung des DCGK, welche nur eine angemessene Höhe des Selbstbehalts gefordert hatte. Die Begründung der unterschiedlichen Höhe des Selbstbehalts der Aufsichtsratsmitglieder im Vergleich zu der der Vorstandsmitglieder, mit der unterschiedlichen Vergütungsstrukturen, ist durchaus nachvollziehbar, da ein Vergleich der beiden Vergütungen zu deutlichen Unterschieden führt. Denn während sich die Vergütung des Vorstands nach § 87 Abs. 1 S. 1 AktG richtet und neben der jährlichen Festvergütung aus erfolgsorientierten Bestandteilen besteht, bezieht der Aufsichtsrat im Normalfall nur seine jährliche Festvergütung ohne erfolgsabhängige Bestandteile. Wäre der Selbstbehalt des Aufsichtsrats genauso hoch wie der des Vorstands und würde sich bei beiden nur an der Festvergütung orientieren ohne Berücksichtigung der zusätzlichen erfolgsabhängigen Komponente der Vorstandsvergütung, wäre keine gleiche und

799 Erklärung von Vorstand und Aufsichtsrat der Daimler AG gemäß § 161 AktG zum Deutschen Corporate Governance Kodex, Dezember 2018, abrufbar unter: https://www.daimler.com/konzern/corporate-governance/erklaerungen/.

damit gerechte Verteilung gewährleistet. Diese Argumentation spricht daher für eine Differenzierung der Berechnungsmethodik für die Höhe des Selbstbehalts von Vorstand und Aufsichtsrat.

(2) Schaltbau Holding AG, Entsprechenserklärung 2017/ADVA Optical Networking SE, Entsprechenserklärung 2018

Beide Unternehmen haben für ihre Aufsichtsratsmitglieder D&O-Versicherungen ohne Selbstbehalt abgeschlossen. Die Schaltbau Holding AG begründet dies damit, dass ein solcher Selbstbehalt, nach ihrer Ansicht, nicht die Motivation und Verantwortung der Aufsichtsratsmitglieder bei der Wahrnehmung ihrer Aufgaben stärke.[800] Die Begründung der ADVA Optical Networking SE ist sehr ähnlich, denn die Gesellschaft ist ebenfalls der Ansicht, dass die Motivation und das Verantwortungsbewusstsein der Aufsichtsratsmitglieder bei ihrer Aufgabenwahrnehmung nicht durch einen solchen Selbstbehalt erhöht werden.[801]

Beide Gesellschaften machen geltend, dass der Selbstbehalt keine Auswirkung auf die Motivation und Verantwortung der Aufsichtsratsmitglieder habe. Der Selbstbehalt soll bei Vorstandsmitgliedern einer Pflichtverletzung präventiv entgegenwirken. Warum dies nicht genauso für Aufsichtsratsmitglieder gelten soll, ist nicht ersichtlich. Als präventive Maßnahme kann der Selbstbehalt das Verantwortungsbewusstsein der Aufsichtsratsmitglieder stärken, da mit einem größeren Verantwortungsgefühl das Risiko von Pflichtverletzungen und damit der persönlichen Haftung sinkt.

(3) ElringKlinger AG, Entsprechenserklärung 2018

Die ElringKlinger AG hat für ihre Aufsichtsratsmitglieder D&O-Versicherungen mit Selbstbehalt abgeschlossen. Allerdings liegt die Höhe des Selbstbehalts für die Aufsichtsratsmitglieder unter der Höhe des Selbstbehalts der Vorstandsmitglieder. Die Gesellschaft ist der Ansicht, dass eine solche Ungleichbehandlung wegen der unterschiedlichen Funktionen gerechtfertigt sei. Der Gesetzgeber hätte eine solche Unterscheidung akzeptiert, weil es für Aufsichtsratsmitglieder

---

800 Entsprechenserklärung, Schaltbau Holding AG, Dezember 2017, https://schaltbau-group.com/de/investor-relations/corporate-governance/entsprechenserklaerung/.

801 Entsprechenserklärung, ADVA Optical Networking SE, November 2018, https://www.advaoptical.com/de-de/about-us/investors/corporate-governance/declaration-on-corporate-governance-pursuant-to-section-289f-and-section-315d/declaration-of-compliance.

keine vergleichbare Vorschrift wie zum Selbstbehalt der Vorstandsmitglieder gibt.[802]

Wie die Daimler AG, hat auch die ElringKlinger AG für ihre Aufsichtsratsmitglieder eine D&O-Versicherung mit Selbstbehalt abgeschlossen, jedoch ohne die dem Selbstbehalt der Vorstandsmitglieder entsprechenden Höhe. Bei ihrer Rechtfertigung mit dem Hinweis auf die unterschiedlichen Funktionen, ist allerdings unklar, welche Funktionen gemeint sind. Wahrscheinlich werden wohl die unterschiedlichen Funktionen von Aufsichtsrat und Vorstand gemeint sein. Da diese beiden Funktionen sich jedoch gegenseitig ergänzen und deren Trennung zur Sicherung der Neutralität und Unabhängigkeit zwar wichtig ist, aber genauso eine Verbindung beziehungsweise ein Zusammenhang der beiden Funktionen besteht, ist dies kein Argument, was eindeutig allein für eine Differenzierung spricht. Insbesondere wurde auch bereits festgestellt, dass mit der Pflichtverletzung eines Vorstandsmitglieds häufig eine Pflichtverletzung der Aufsichtspflicht der Aufsichtsratsmitglieder einhergeht. Diese Kongruenz spricht vielmehr dafür, dass sich ein Selbstbehalt gleichermaßen auswirkt. Warum sich die Funktion auf die Höhe des Selbstbehalts auswirkt, bleibt hier unklar.

(4) Koenig & Bauer AG, Entsprechenserklärung 2019

Die Koenig & Bauer AG hat für ihre Aufsichtsratsmitglieder eine D&O-Versicherung mit Selbstbehalt abgeschlossen, allerdings ist der Selbstbehalt geringer als empfohlen. Eine Anpassung auf die empfohlene Höhe soll im Aufsichtsrat im Laufe des Geschäftsjahrs erneut besprochen werden.[803] Damit unterscheidet sich die aktuelle Entsprechenserklärung von der Entsprechenserklärung aus dem Jahre 2016. In dieser heißt es nämlich noch, dass eine Anpassung an die empfohlene Höhe nicht geplant ist, da der Aufsichtsrat der Koenig & Bauer AG „unabhängig von der Höhe des Selbstbehalts seinen Pflichten mit hohem Engagement und Verantwortungsbewusstsein jederzeit und vollumfänglich nachkommt“[804].

---

802 Entsprechenserklärung des Aufsichtsrats und des Vorstands nach § 161 Aktiengesetz zum Deutschen Corporate Governance Kodex, ElringKlinger AG, Dezember 2018, https://www.elringklinger.de/de/unternehmen/corporate-governance/entsprechenserklaerung/2018.

803 Entsprechenserklärung zum Deutschen Corporate Governance Kodex, Koenig & Bauer AG, Februar 2019, abrufbar unter: https://www.koenig-bauer.com/de/investor-relations/corporate-governance/entsprechenserklaerung/, in der von einem derzeitigen Selbstbehalt in Höhe von 2.500 Euro die Rede ist.

804 Entsprechenserklärung zum Deutschen Corporate Governance Kodex, Koenig & Bauer AG, Februar 2016, abrufbar unter: https://www.koenig-bauer.com/de/investor-relations/corporate-governance/entsprechenserklaerung/.

Offensichtlich haben die Organe der Koenig & Bauer AG ihre Sichtweise geändert, sodass die Höhe des Selbstbehalts jetzt doch in Verbindung mit der Qualität der Tätigkeit der Aufsichtsratsmitglieder gebracht wird. Eine Anhebung der Höhe auf den empfohlenen Wert erscheint also in nächster Zeit möglich, auch wenn die Empfehlung aus dem DCGK gestrichen wurde.

(5) ORBIS AG, Entsprechenserklärung 2018

Die ORBIS AG hat in ihrer Entsprechenserklärung formuliert, dass die D&O-Versicherung derzeit keinen Selbstbehalt für den Aufsichtsrat vorsieht, da „verantwortungsvolles Handeln für alle Organmitglieder selbstverständliche Pflicht ist und ein solcher Selbstbehalt daher nicht geeignet ist, das Verantwortungsbewusstsein ihrer Vorstands- und Aufsichtsratsmitglieder bei der Erfüllung ihrer Aufgaben noch weiter zu verbessern.“ Die ORBIS AG hat gegenüber den Vorstandsmitgliedern die vertragliche Pflicht einer Versicherung ohne Selbstbehalt. Eine weitere Verbesserung der verantwortungsvollen Organtätigkeit sei nicht notwendig und der Selbstbehalt deshalb seinem Sinn und Zweck nach ungeeignet.[805] Die vertragliche Vereinbarung weicht damit von § 93 Abs. 2 S. 3 AktG ab. Der DCGK dient der Transparenz und Nachvollziehbarkeit des deutschen Corporate Governance Systems. Er soll das Vertrauen von Anlegern, Kunden, Mitarbeitern und der Öffentlichkeit hinsichtlich der Geschäftsleitung und Überwachung deutscher börsennotierter Unternehmen verbessern.[806] Die bloße Feststellung der ORBIS AG, dass der Selbstbehalt seinem Sinn und Zweck nach ungeeignet sei, seine Ziele zu fördern, widerspricht dem Konzept des DCGK. Zusätzlich fehlt eine ausreichende Begründung. Das schlichte Widersprechen der Zielförderung ist ungenügend und zieht sogar die Gesetzesbegründung in Zweifel.

(6) Zwischenfazit

Schon durch einen groben Überblick der unterschiedlichen Entsprechenserklärungen lässt sich ein gewisser Grundsatz erkennen, dass die Mehrheit der Gesellschaften, welche der Empfehlung des Selbstbehalts des Aufsichtsrats nicht entsprochen haben, durchaus für ihre Aufsichtsratsmitglieder eine D&O-Versicherung mit entsprechendem Selbstbehalt vereinbart hat. Allerdings weicht

---

805 Entsprechenserklärung von Vorstand und Aufsichtsrat nach § 161 AktG, November 2018, ORBIS AG, https://www.orbis.de/de/unternehmen/investor-relations/corporate-governance-kodex/2018.html.

806 Präambel, DCGK.

dieser Selbstbehalt regelmäßig hinsichtlich seiner Höhe von der Empfehlung des DCGK ab. Die Gesellschaften haben in diesen Fällen eine geringere und damit in ihren Augen angemessenere Höhe vereinbart.

Die Gesellschaften, ohne jeglichen Selbstbehalt ihrer Aufsichtsratsmitglieder, konnten in ihren Entsprechenserklärungen keine überzeugenden Argumente für die Abweichung liefern.

(7) Exkurs zur Entsprechenserklärung 2018 von VW

Die Volkswagen AG hat der Ziffer 3.8 des DCGK entsprochen und damit in der D&O-Versicherung des Aufsichtsrats einen Selbstbehalt in der geforderten Höhe vereinbart.[807] Interessant im Zusammenhang mit dem VW Konzern beziehungsweise dem Dieselskandal ist jedoch Folgendes:

Erstens findet sich unterhalb der Überschrift „Interessenkonflikte" auf der Webseite der Volkswagen AG zur Arbeitsweise von Vorstand und Aufsichtsrat dieser Eintrag:

> *„Herr Hans Dieter Pötsch war bis Oktober 2015 Mitglied des Vorstands der Volkswagen AG. Sein Wechsel in den Aufsichtsrat war unabhängig von der Dieselthematik bereits geplant. Um denkbare Interessenkonflikte zu vermeiden, hat Herr Pötsch zu Diskussionen und Beschlussfassungen des Aufsichtsrats, die sein Verhalten im Zusammenhang mit der Dieselthematik betreffen könnten, grundsätzlich den Sitzungsraum verlassen."*[808]

Hans Dieter Pötsch hat als Aufsichtsratsvorsitzender die Entsprechenserklärung von November 2018 als Vertreter für den Aufsichtsrat unterschrieben.

Hendricks jedenfalls sieht eine Haftungsgefahr von Pötsch, da dieser als Aufsichtsratschef dazu verpflichtet ist, Schadensersatzansprüche gegen Winterkorn und andere Verantwortliche zu prüfen und eventuell durchzusetzen. Er zieht den Vergleich zu der Haftung von Rolf-Ernst Breuer. Dieser war ehemals Vorstandsvorsitzender und danach Aufsichtsratsvorsitzender der deutschen Bank. In seiner Zeit als Vorstandsvorsitzender wurde er für den Zusammenbruch der

---

807 Erklärung des Vorstands und des Aufsichtsrats der Volkswagen AG zu den Empfehlungen der „Regierungskommission Deutscher Corporate Governance Kodex" gemäß § 161 AktG, November 2018, abrufbar unter: https://www.volkswagenag.com/de/InvestorRelations/corporate-governance/declaration-of-conformity.html.

808 Erklärung zur Arbeitsweise von Vorstand und Aufsichtsrat der Volkswagen AG, abrufbar unter: https://www.volkswagenag.com/de/InvestorRelations/corporate-governance/WP.html.

Kirch-Gruppe verantwortlich gemacht und die gerichtliche Auseinandersetzung zog sich über ein Jahrzehnt hin.[809]

Zweitens wird in der Entsprechenserklärung zu Ziffer 5.3.2 Abs. 3 S. 2 des DCGK bezüglich der Unabhängigkeit des Vorsitzenden des Prüfungsausschusses folgendes erklärt:

> *„Nach der Formulierung dieser Empfehlung ist unklar, ob der Prüfungsausschussvorsitzende „unabhängig" im Sinne der Ziffer 5.3.2 Abs. 3 Satz 2 des DCGK ist. Die gegebenenfalls fehlende „Unabhängigkeit" könnte sich aus der Mitgliedschaft im Aufsichtsrat der Porsche Automobil Holding SE, der Verwandtschaft zu anderen Mitgliedern im Aufsichtsrat der Porsche Gesellschaft und der Porsche Automobil Holding SE, seiner mittelbaren Minoritätsbeteiligung an der Porsche Automobil Holding SE sowie geschäftlichen Beziehungen zu anderen Mitgliedern der Familien Porsche und Piëch, die ebenfalls mittelbar an der Porsche Automobil Holding SE beteiligt sind, ergeben. Diese Beziehungen begründen aber nach Auffassung von Aufsichtsrat und Vorstand weder einen Interessenkonflikt noch beeinträchtigen sie die Amtsführung des Prüfungsausschussvorsitzenden. Höchstvorsorglich wird jedoch diese Abweichung erklärt."*[810]

Prüfungsausschussvorsitzender zur Zeit dieser Entsprechenserklärung ist Ferdinand Oliver Porsche.[811] Dieses aufschlussreiche Statement zeigt deutlich die möglichen Interessenkonflikte auf, die ein Familienunternehmen mit sich bringen kann. Nämlich die Gefahr der mangelnden Neutralität und Unabhängigkeit, welche gerade für die Beziehung zwischen Vorstand und Aufsichtsrat unabdingbar sind.[812]

dd. Fazit

Durch die Kodexreform 2019 wurde die Empfehlung des Selbstbehalts für den Aufsichtsrat gestrichen. In dem Entwurf des überarbeiteten DCGK wird die Streichung damit begründet, dass verbreitet von dieser Empfehlung abgewichen wird, „weil ein Selbstbehalt (von mindestens dem Eineinhalbfachen der

---

809 *Hendricks*, Versicherungsmonitor v. 14.03.2016, https://versicherungsmonitor.de/2016/03/14/dieselgate-viele-offene-fragen/.

810 Erklärung des Vorstands und des Aufsichtsrats der Volkswagen AG zu den Empfehlungen der „Regierungskommission Deutscher Corporate Governance Kodex" gemäß § 161 AktG, November 2018, abrufbar unter: https://www.volkswagenag.com/de/InvestorRelations/corporate-governance/declaration-of-conformity.html.

811 Erklärung zu Ausschüssen des Aufsichtsrats der Volkswagen AG, abrufbar unter: https://www.volkswagenag.com/de/InvestorRelations/corporate-governance/AR/Committees_Supervisory_Board.html.

812 Dazu näher in Kapitel B. I. 3. j. ee. der Arbeit.

Festvergütung, vgl. § 93 Abs. 2 Satz 3 AktG für Vorstandsmitglieder) kein geeignetes Mittel darstelle, das Verantwortungsbewusstsein und die Motivation der Aufsichtsratsmitglieder zu steigern."[813]

Die Feststellung, dass die Abweichung von der Empfehlung mit dieser Begründung erfolgt, stimmt mit der oben erfolgten Untersuchung überein. In den Entsprechenserklärungen wurde teilweise mit der gleichen Begründung von der Empfehlung abgewichen. Widersprochen werden muss dagegen der Aussage, dass verbreitet von der Empfehlung abgewichen wird, denn im Gegenteil sind in den letzten Jahren immer mehr Gesellschaften der Empfehlung des Selbstbehalts für den Aufsichtsrat gefolgt, sodass die Befolgungsquote deutlich gestiegen ist.[814] Die Empfehlung wurde also eher positiv in der Unternehmenswelt aufgenommen. Überhaupt ist es unklar, warum als Konsequenz der von der Regierungskommission festgestellten, „verbreiteten" Abweichung von der Empfehlung, die Empfehlung komplett gestrichen wird. Sollte als Folge der „verbreiteten" Abweichung nicht vielmehr eine Umsetzung im Gesetzestext erfolgen? Nur durch einen gesetzlich vorgeschriebenen Selbstbehalt kann eine Abweichung verhindert werden. Als Vergleich kann der Selbstbehalt des Vorstands herangezogen werden. Dieser war bis zu seiner gesetzlichen Regelung auch nur im DCGK empfohlen. Statt einer Streichung erfolgte hier also die gesetzliche Umsetzung. Die Regierungskommission geht nicht darauf ein, warum der Selbstbehalt des Aufsichtsrats anders behandelt wird als der Selbstbehalt des Vorstands.

Im Ergebnis kann eine Abweichung im Sinne des vollständigen Fehlens eines Selbstbehalts des Aufsichtsrats somit nicht ausreichend begründet werden. Dagegen ist die Höhe des Selbstbehalts noch fraglich und wird im Laufe des Kapitels erörtert.[815]

c. *Sinn und Zweck des Selbstbehalts*

Entscheidend für die Übertragbarkeit der gesetzlichen Selbstbehaltsregelung des Vorstands auf den Aufsichtsrat ist der Sinn und Zweck des Selbstbehalts. Als Telos des Selbstbehalts wird das Bestehen der persönlichen Haftung trotz der D&O-Versicherung angesehen. Das Organ soll nicht vollständig von der Haftung befreit werden, damit der Sinn und Zweck der aktienrechtlichen Organhaftung – nämlich die „haftungsbedingte Verhaltenssteuerung" – nicht unterlaufen

813 Entwurf des DCGK v. 25.10.2018, S. 57, abrufbar unter: https://www.dcgk.de/de/konsultationen/archiv/konsultation-2019.html.

814 Siehe Kapitel B. VIII. 2. b. bb. der Arbeit.

815 Siehe Kapitel B. VIII. 2. f. der Arbeit.

wird.[816] Diese präventive „Verhaltenssteuerungsfunktion“ soll zumindest einen Teil der möglichen Schäden verhindern, indem das Organmitglied durch die Gefahr einer drohenden persönlichen Haftung zu einem sorgfältigeren und verantwortungsbewussteren Handeln hinsichtlich seiner Geschäftsleitungs- oder Überwachungstätigkeit veranlasst wird.[817] In der Gesetzesbegründung wird dem Selbstbehalt deshalb eine „verhaltenssteuernde Wirkung“ zugedacht.[818]

Wenn dies also der Sinn und Zweck des Selbstbehalts ist, so erschließt sich nicht, warum § 93 Abs. 2 S. 3 AktG explizit von § 116 AktG ausgenommen wird. Sollte nicht genauso auch für den Aufsichtsrat ein Unterlaufen der verhaltenssteuernden Haftungswirkung verhindert werden? Schließlich ist auch die Schadensersatzhaftung des Aufsichtsrats mit der Organhaftung des Vorstands durch den Verweis in § 116 AktG gleichgeschaltet. Die Pflichtverletzungen des Aufsichtsrats können, wie bereits festgestellt, die gleichen Auswirkungen wie die des Vorstands mit sich bringen beziehungsweise gehen oft mit diesen einher. Da der Aufsichtsrat regelmäßig für die Pflichtverletzungen des Vorstands mithaften kann, kommt die präventive Verhaltenssteuerungswirkung des Selbstbehalts des Vorstands auch dem Aufsichtsrat zu Gute. Genauso kann hinsichtlich des Selbstbehalts des Aufsichtsrats argumentiert werden. Denn der Aufsichtsrat kann bei sorgfältiger und ordnungsgemäßer Ausführung seiner Überwachungstätigkeit Pflichtverletzungen des Vorstands verhindern. Insofern kann also genauso vertreten werden, dass der Selbstbehalt des Aufsichtsrats dem Vorstand zu Gute kommen würde.

d. Kritik

Kritik hinsichtlich des Selbstbehalts gibt es unter anderem deshalb, weil es möglich ist, den Selbstbehalt wiederum versichern zu lassen.[819] Ein Verbot der „Eigenversicherung des Selbstbehalts“ ist aus Gründen der Verfassungsmäßigkeit unterlassen worden. Voraussetzung für die Zulässigkeit der Eigenversicherung ist aber, dass nicht das Unternehmen, sondern das Vorstandsmitglied selbst die Prämie zahlt, weil es ansonsten zu einer Umgehung des Selbstbehaltszwecks

816 *Ulmer*, FS Canaris 2007, Band II, 451, 468; vgl. BT-Drs. 16/13433, S. 11; *Dreher/Thomas*, ZGR 2009, 31, 33.
817 Vgl. *Ulmer*, FS Canaris 2007, Band II, 451, 464; *Hopt/Roth*, in: Großkomm AktG, § 93 Rn 28.
818 BT-Drs. 16/13433, S. 11.
819 Dazu ausführlich in Kapitel B. IV. 4. a. cc. der Arbeit.

kommen würde.[820] Dennoch wird von der Literatur kritisiert, dass die Gesellschaft eine höhere Vergütung an das Organmitglied auszahlen kann und damit faktisch die Prämie doch selbst trägt.[821] Das Risiko der Umgehung des Sinn und Zwecks des Selbstbehalts bei einer Anpassung des Vorstandsgehalts zur faktischen Übernahme der Prämienzahlung der Eigenversicherung des Selbstbehalts sollte den Unternehmen bekannt sein. Wenn sie gleichwohl eine Anpassung vornehmen, so kann auch der Gesetzgeber sie nicht vor einer Umgehung schützen, und sie sind selbst für ein möglicherweise höheres Schadensrisiko verantwortlich. Dem Selbstbehalt nur aufgrund dieser Möglichkeit seine Funktion abzusprechen, führt nicht zu einem befriedigenden Ergebnis. Es darf wohl darauf vertraut werden, dass die Gesellschaften dem Zweck des Selbstbehalts Rechnung tragen.

Dennoch wurde aber schon bereits im Laufe des Gesetzgebungsverfahrens weitere Kritik an der Selbstbehaltspflicht gem. § 93 Abs. 2 S. 3 AktG geäußert. *Hirte* spricht dem Selbstbehalt grundsätzlich eine verhaltenssteuernde Wirkung zu, relativiert dies aber im Hinblick auf die D&O-Versicherung. Die D&O-Versicherung dürfe nicht mit anderen Versicherungen, wie etwa der KfZ-Versicherung verglichen werden. Einen Einfluss auf das Verhalten des versicherten Organmitglieds könne der Selbstbehalt nämlich nur dann haben, wenn das Mitglied selbst einen Einfluss auf das Schadensereignis hat, was nur bei Vorsatz und grober Fahrlässigkeit der Fall ist. Der Vorsatz ist von der D&O-Versicherung aber gar nicht umfasst. Die grobe Fahrlässigkeit ist nur insoweit versichert, als dass eine unwissentliche Pflichtverletzung vorliegt. Angesichts dessen hatten die D&O-Versicherer bisher auch keine Nachlässe bei Vereinbarung eines D&O-Selbstbehalts gewährt, wie es beispielsweise bei der KfZ-Versicherung der Fall ist.[822]

Von *Kremer* wird die Selbstbehaltspflicht als inakzeptabler „Eingriff in die Vertragsfreiheit der Unternehmen, ihrer Vorstände und der

---

820 *Hopt/Roth*, in: Großkomm AktG, § 93 Rn 456; vgl. *Fleischer*, in: Spindler/Stilz, AktG, § 93 Rn 254; dagegen sieht *Thüsing*, S. 13 in seiner Stellungnahme im Rahmen der öffentlichen Anhörung des Rechtsausschusses zum VorstAG am 25.05.2009, abrufbar über das Webarchiv des BT: https://www.bundestag.de/ausschuesse/a06_Recht/webarchiv-inhalt-539700 zwar eine „gewisse Anreizwirkung“ durch die Prämienzahlung, aber diese sei nicht zu vergleichen mit der angestrebten Wirkung des Selbstbehalts.

821 Vgl. *Dreher*, AG 2008, 429, 433; *Hopt/Roth*, in: Großkomm AktG, § 93 Rn 456.

822 *Hirte*, S. 3 f. in seiner Stellungnahme im Rahmen der öffentlichen Anhörung des Rechtsausschusses zum VorstAG am 25.05.2009, abrufbar über das Webarchiv des BT: https://www.bundestag.de/ausschuesse/a06_Recht/webarchiv-inhalt-539700.

Versicherungsunternehmen" bezeichnet. Die deutsche Organhaftung gehöre sowieso schon „zu den strengsten der Welt" und die D&O-Versicherung biete keinesfalls einen Rundumschutz, weshalb die versicherten Organmitglieder bereits ohne Selbstbehalt aufgrund des hohen Haftungsrisikos ein entsprechendes Interesse an der Vermeidung von Pflichtverletzungen haben. Durch die Selbstbehaltspflicht werde dieses Interesse nicht noch weiter gesteigert, sondern von ihr gehe ein negativer Einfluss auf das Verhalten des Organmitglieds aus. Denn daraus könnte eine größere Zurückhaltung bei der Eingehung unternehmerischer Risiken folgen, welche für den wirtschaftlichen Erfolg des Unternehmens notwendig sind. Dies wird von *Kremer* als „falsches Signal" gewertet. Er sieht sogar die Gefahr, dass in Folge der Selbstbehaltspflicht in Zukunft gar keine D&O-Versicherung mehr abgeschlossen wird und es im Schadensfall somit an einem solventen Schuldner fehlen könnte.[823]

Wie bereits geschildert, ist die D&O-Selbstbehaltspflicht nur in Deutschland zu finden. Daraus ergibt sich eine deutliche Ungleichbehandlung von Organmitgliedern deutscher Kapitalgesellschaften gegenüber Mitgliedern ausländischer Konzerne. Insbesondere gilt die D&O-Versicherung nicht nur für deutsche, sondern auch für ausländische Haftungsrisiken. Folge davon könnte sein, dass die Manager Positionen bei ausländischen Unternehmen gegenüber deutschen bevorzugen. Diese deutsche Isolierung widerspricht auch dem Konzept des europäischen Binnenmarkts.[824]

Tesarczyk äußert nicht nur allgemeine Kritik an dem Pflichtselbstbehalt, sondern nimmt explizit zum Selbstbehalt des Aufsichtsrats Stellung. Er empfiehlt den Selbstbehalt des Aufsichtsrats nicht und stützt dies insbesondere auf den Vergleich der Vergütungen von Vorstand und Aufsichtsrat. Ein Aufsichtsratsmitglied verdiene im Regelfall trotz des hohen Haftungsrisikos deutlich weniger als ein Vorstandsmitglied, sodass ein Selbstbehalt die Attraktivität des

---

823 *Kremer*, S. 7 f. in seiner Stellungnahme im Rahmen der öffentlichen Anhörung des Rechtsausschusses zum VorstAG am 25.05.2009, abrufbar über das Webarchiv des BT: https://www.bundestag.de/ausschuesse/a06_Recht/webarchiv-inhalt-539700; dagegen stellt *Koch*, AG 2009, 637, 642 nach ausführlicher Prüfung die verfassungsmäßige Verhältnismäßigkeit fest.

824 *Tesarczyk*, S. 5 und *Kremer*, S. 8 in seiner Stellungnahme im Rahmen der öffentlichen Anhörung des Rechtsausschusses zum VorstAG am 25.05.2009, abrufbar über das Webarchiv des BT: https://www.bundestag.de/ausschuesse/a06_Recht/webarchiv-inhalt-539700.

Aufsichtsratsmandats weiter verringern und infolgedessen die Rekrutierung geeigneter Mitglieder erschweren würde.[825]

Ziel des Pflichtselbstbehalts war insbesondere die Anpassung der Vergütung der Vorstandsmitglieder zur nachhaltigeren Unternehmensführung.[826] Der Gesetzgeber hat also einen Fokus auf die Vergütung der Vorstandsmitglieder gelegt, worauf auch der Name des „Gesetzes zur Angemessenheit der Vorstandsvergütung“ eindeutig schließen lässt. Deshalb stellt sich die Frage, ob der Selbstbehalt des Aufsichtsrats überhaupt mit dem Willen des Gesetzgebers übereinstimmen würde.

e. *Gesetzesbegründung und Gesetzeswortlaut des § 116 AktG*

Der § 116 S. 1 AktG nimmt die Selbstbehaltspflicht gem. § 93 Abs. 2 S. 3 AktG bei seiner Verweisung explizit aus. In der Gesetzesbegründung findet man dazu nur Folgendes:

> „Diese Regelung bewirkt, dass wie bisher bei Abschluss einer D&O-Versicherung für Aufsichtsratsmitglieder nicht zwingend ein Selbstbehalt vereinbart werden muss. Diese Frage kann dem Deutschen Corporate Governance Kodex überlassen werden.“[827] Aus dieser Stellungnahme lässt sich keine Tendenz des Gesetzgebers schließen. Zwar hat sich der Gesetzgeber dazu entschieden, keine Selbstbehaltspflicht des Aufsichtsrats zu regeln. Allerdings spricht dies nicht gegen eine Selbstbehaltspflicht, sondern vielmehr für eine generelle Offenheit bezüglich dieser Pflicht. Der Gesetzgeber hat sich dazu nicht geäußert, woraus sich zurückführen lässt, dass er sich noch nicht für eine genaue Zielsetzung hinsichtlich des Aufsichtsrats entschieden hat. Durch die Überlassung der Frage an den Kodex kann aber der Schluss gezogen werden, dass der Gesetzgeber eine Regelung nicht für erforderlich hält, solange der Kodex die Frage hinreichend regelt.

Bis zur Kodexreform hat der DCGK diese Frage geregelt, indem er einen Selbstbehalt für den Aufsichtsrat empfohlen hat. Durch die Kodexreform werden aber jegliche Ausführungen zur D&O-Versicherung gestrichen. Aus dieser Streichung folgt, dass der Selbstbehalt des Aufsichtsrats überhaupt nicht mehr geregelt ist. Einerseits kann der Schluss gezogen werden, dass der Gesetzgeberwille dem Willen der Kodexkommission folgt. Der DCGK empfiehlt nicht mehr den

---

825 *Tesarczyk*, S. 6 f. in seiner Stellungnahme im Rahmen der öffentlichen Anhörung des Rechtsausschusses zum VorstAG am 25.05.2009, abrufbar über das Webarchiv des BT: https://www.bundestag.de/ausschuesse/a06_Recht/webarchiv-inhalt-539700.

826 BT-Drs. 16/13433, S. 1; vgl. *Lutter*, Handelsblatt v. 05.05.2009, S. 8, S. 9: „die von weiten Teilen der Bevölkerung gewünschte und erhoffte Reduzierung der überhöhten Vorstandsgehälter“; vgl. *van Kann*, NZG 2009, 1010.

827 BT-Drs. 16/13433, S. 11 f.

Selbstbehalt des Aufsichtsrats, sodass auch für den Gesetzgeber keine Notwendigkeit besteht eine Selbstbehaltspflicht zu regeln, wenn diese nicht einmal von dem Kodex gefordert wird. Andererseits empfahl der DCGK zum Zeitpunkt der Gesetzesbegründung bereits einen Selbstbehalt für den Aufsichtsrat,[828] sodass diese Frage bis zur Streichung aus Sicht des Gesetzgebers genügend geregelt war. Durch die Streichung ist die momentane Situation aber nicht mehr vergleichbar mit der damaligen Regelungslage. Außerdem wurde bereits herausgearbeitet, dass die Begründung der Kodexkommission zur Frage der Streichung nicht überzeugend ist. Deshalb kann davon ausgegangen werden, dass der aktuelle Gesetzgeberwille zumindest nicht allein aufgrund der Streichung gegen eine Selbstbehaltspflicht des Aufsichtsrats spricht. Vielmehr kann sogar geltend gemacht werden, dass der Gesetzgeber offen für eine Neuregelung zum Selbstbehalt des Aufsichtsrats ist, um diese Frage endgültig zu beantworten.

Der Gesetzeswortlaut des § 116 S. 1 AktG unterstützt diese These insofern, dass § 93 Abs. 2 S. 3 AktG zwar explizit ausgenommen wird, aber § 116 S. 1 AktG auch ohne diesen Satzbauteil ohne weiteres sinnvoll bestehen bleiben könnte. Der Wortlaut kann so ausgelegt werden, dass die Selbstbehaltspflicht des Vorstands nicht eins zu eins auf den Aufsichtsrat übertragen werden soll. Allerdings ist eben gerade nicht vorgeschrieben, dass der Selbstbehalt des Aufsichtsrats nicht vertraglich vereinbart werden kann. Somit spricht auch der Gesetzeswortlaut nicht für den Selbstbehalt des Aufsichtsrats, aber eben auch nicht dagegen.

Im Ergebnis ist zwar nicht festzustellen, dass eine Selbstbehaltspflicht des Aufsichtsrats dem Gesetzgeberwillen entspricht. Jedoch kann davon ausgegangen werden, dass der Gesetzgeberwille zumindest nicht gegen eine solche Regelung spricht.

f. Reformvorschlag

Wie in den vorherigen Kapiteln aufgezeigt, gibt es zwar Argumente gegen den Selbstbehalt an sich. Allerdings gelten diese nicht nur für den Selbstbehalt des Aufsichtsrats, sondern auch für den Selbstbehalt des Vorstands. Dennoch hat sich der Gesetzgeber dazu entschieden eine Selbstbehaltspflicht des Vorstands einzuführen. Allein die niedrigere Vergütung des Aufsichtsrats im Vergleich zum Vorstand spricht speziell gegen den Selbstbehalt des Aufsichtsrats. Dieser Tatsache kann jedoch über die Anpassung einer angemessenen Selbstbehaltshöhe genügend Rechnung getragen werden. Zusammenfassend lässt sich mithin

---

828 Ziff. 3.8 DCGK a.F. 2008; der Kodex in der Fassung v. Juni 2008 kann im Webarchiv der Homepage des DCGK eingesehen werden: https://dcgk.de/de/kodex/archiv.html.

feststellen, dass die vergleichbare Situation von Vorstand und Aufsichtsrat für eine gleiche Behandlung auch hinsichtlich des D&O-Selbstbehalts sprechen. Daraus resultieren zwei Möglichkeiten. Einerseits die generelle Streichung der Selbstbehaltspflicht nach § 93 Abs. 2 S. 3 AktG im Sinne einer Gleichbehandlung und andererseits ebenfalls im Sinne einer Gleichbehandlung[829] die gesetzliche Regelung des Selbstbehalts für den Aufsichtsrat. Die überzeugenderen Gründe sprechen aber für eine Selbstbehaltspflicht, allen voran die Erhaltung von Sinn und Zweck der Organhaftung auch bei Bestehen einer D&O-Versicherung.[830] Wie aber könnte der Selbstbehalt des Aufsichtsrats umgesetzt werden und wie würde die höhenmäßige Beschränkung im Vergleich zum Selbstbehalt des Vorstands aussehen?

aa. 1. Möglichkeit: Vollständiger Verweis ohne Ausnahme

Eine Möglichkeit wäre natürlich den § 116 S. 1 AktG so abzuändern, dass er § 93 Abs. 2 S. 3 AktG nicht mehr von der Verweisung ausnimmt. Als Folge würde der Selbstbehalt des Vorstands „sinngemäß" auf den Aufsichtsrat angewendet werden. Die Berechnungsmethode der Höhe des Selbstbehalts wäre damit für Vorstand und Aufsichtsrat gleich.

§ 116 S. 1 AktG könnte also folgendermaßen aussehen:

Für die Sorgfaltspflicht und Verantwortlichkeit der Aufsichtsratsmitglieder gilt § 93 über die Sorgfaltspflicht und Verantwortlichkeit der Vorstandsmitglieder sinngemäß.

bb. 2. Möglichkeit: Eingeschränkte Anwendung des § 93 Abs. 2 S. 3 AktG

Eine weitere Möglichkeit wäre eine eingeschränkte Anwendung des § 93 Abs. 2 S. 3 AktG auf den Aufsichtsrat, sodass noch genug Spielraum, insbesondere für die Höhe des Selbstbehalts, vorhanden bleibt. Die genaue höhenmäßige

---

829 Auch Albers CCZ 2009, 222, 226 moniert die „Ungleichbehandlungen" des Vorstands im Vergleich zum Aufsichtsrat.

830 So auch *Ferck*, Der Selbstbehalt in der D&O-Versicherung für Organmitglieder von Aktiengesellschaften, S. 175, der bereits vor der Einführung der Selbstbehaltspflicht des Vorstands geltend macht, dass die Selbstbehaltspflicht der Organmitglieder möglichst ausgeweitet werden soll; vgl. *Melot de Beauregard/Gleich*, NJW 2013, 824, 828; vgl. *van Kann*, NZG 2009, 1010, 1013: „Wenn das Gesetz die persönliche Haftung als Korrektiv gegen zu wagemutiges Vorstandshandeln vorsieht, die Praxis aber die Wirkung durch vermeintliche Rund-um-sorglos-Versicherungen eliminiert, bildet der obligatorische Selbstbehalt eine passende Antwort".

Begrenzung des Selbstbehalts des Aufsichtsrats könnte dann dem DCGK überlassen werden.

§ 116 AktG könnte folgendermaßen aussehen:

Für die Sorgfaltspflicht und Verantwortlichkeit der Aufsichtsratsmitglieder gilt § 93 mit Ausnahme des Absatzes 2 Satz 3 über die Sorgfaltspflicht und Verantwortlichkeit des Vorstandsmitglieds sinngemäß. ***§ 93 Absatz 2 Satz 3 kann dem Grunde nach ebenfalls entsprechend angewendet werden, muss aber hinsichtlich seiner Grenzwerte an die Vergütung des Aufsichtsrats angepasst werden, um die Verhältnismäßigkeit zu gewährleisten.*** *Die Aufsichtsratsmitglieder sind insbesondere zur Verschwiegenheit über erhaltene vertrauliche Berichte und vertrauliche Beratungen verpflichtet. Sie sind namentlich zum Ersatz verpflichtet, wenn sie eine unangemessene Vergütung festsetzen (§ 87 Absatz 1).*

Eine solche Gesetzesänderung würde zwar für eine höhenmäßige Anpassung des Selbstbehalts sorgen. (Wie eine höhenmäßige Anpassung des Selbstbehalts im DCGK aussehen könnte, wird bei Möglichkeit 4 vorgestellt.) Allerdings wäre dies mit einer derartigen Verkomplizierung der Norm verbunden, dass dies nicht vom Gesetzgeber gewollt sein kann. Außerdem würde es erneut Kritik hageln, wenn der Gesetzgeber die Höhe des Selbstbehalts dem DCGK überlassen würde, da er erstens nicht zu viele Kompetenzen abgeben sollte. Zweitens sollte er es sich nicht so „leicht“ machen und die Verantwortung hinsichtlich der Höhe einfach aus der Hand geben.

Außerdem ist zu beachten, dass der DCGK sich laut seiner Präambel „in erster Linie an börsennotierte Gesellschaften und Gesellschaften mit Kapitalmarktzugang im Sinne des § 161 Absatz 1 Satz 2 des Aktiengesetzes“ richtet, auch wenn nicht kapitalmarktorientierten Gesellschaften ebenfalls die Beachtung empfohlen wird.[831] Nach § 161 Abs. 1 AktG sind nur börsennotierte Gesellschaften und Gesellschaften, die auf andere Weise Kapitalmarktzugang haben, zur Entsprechenserklärung hinsichtlich des DCGK verpflichtet.

cc. 3. Möglichkeit: Höhenmäßige Anpassung des Selbstbehalts

Die dritte Möglichkeit wäre eine Gesetzesänderung in der Weise, dass der Selbstbehalt des Vorstands von dem Verweis nicht ausgenommen wird, aber der Gesetzgeber selbst die höhenmäßige Anpassung vornimmt.

§ 116 AktG könnte dann folgendermaßen aussehen:

Für die Sorgfaltspflicht und Verantwortlichkeit der Aufsichtsratsmitglieder gilt § 93 über die Sorgfaltspflicht und Verantwortlichkeit der Vorstandsmitglieder sinngemäß. ***§ 93 Absatz 2 Satz 3 ist für den Aufsichtsrat aber insofern anzupassen, dass der Selbstbehalt***

831 Präambel, DCGK.

> ***des Aufsichtsrats mindestens 7 Prozent des Schadens bis mindestens zur Höhe der festen jährlichen Vergütung des Aufsichtsratsmitglieds beträgt.*** *Die Aufsichtsratsmitglieder sind insbesondere zur Verschwiegenheit über erhaltene vertrauliche Berichte und vertrauliche Beratungen verpflichtet. Sie sind namentlich zum Ersatz verpflichtet, wenn sie eine unangemessene Vergütung festsetzen (§ 87 Absatz 1).*

Bei dieser Möglichkeit müsste der Gesetzgeber eine verpflichtende Höhe angeben. Dies ist insofern sinnvoll, da der Gesetzgeber bereits für den Vorstand in § 93 Abs. 2 S. 3 AktG die minimale Höhe des Selbstbehalts durch Grenzwerte festgelegt hat. Um eine vergleichbare Regelung für den Aufsichtsrat schaffen zu können, ist also eine vom Gesetzgeber vorgegebene Begrenzung des Minimums erforderlich. Die hier gewählten Grenzwerte von mindestens 7 Prozent des Schadens bis mindestens zur Höhe der festen jährlichen Vergütung des Aufsichtsratsmitglieds entsprechen ungefähr zwei Drittel der Grenzwerte des Vorstandsmitglieds. Diese Anpassung auf ein geringeres Niveau orientiert sich an den Argumenten der Abweichungsbegründungen in den oben aufgeführten Entsprechenserklärungen und dient der Angemessenheit. Denn der Aufsichtsrat bekommt regelmäßig nicht nur eine weitaus geringere Vergütung als der Vorstand, sondern im Regelfall auch nur eine Festvergütung ohne erfolgsorientierte Bestandteile. Folglich erscheint eine geringere Höhe des Selbstbehalts für den Aufsichtsrat angemessen.

dd. 4. Möglichkeit: Anpassung des DCGK

Möglich wäre es auch, auf eine Gesetzesänderung zu verzichten, dafür aber die ehemalige Empfehlung des DCGK wieder einzufügen und anzupassen. Die Anpassung könnte sich an der Höhe des Selbstbehalts für den Aufsichtsrat der dritten Möglichkeit orientieren.

Der Absatz 3 der Ziffer 3.8 des DCGK könnte dann folgendermaßen aussehen:

> *In einer D&O-Versicherung für den Aufsichtsrat soll ein entsprechender Selbstbehalt vereinbart werden. Die Höhe des Selbstbehalts des Aufsichtsrats soll mindestens 7 Prozent des Schadens bis mindestens zur Höhe der festen jährlichen Vergütung des Aufsichtsratsmitglieds betragen.*

Allerdings wäre der Selbstbehalt in diesem Fall für den Aufsichtsrat weiterhin nicht verpflichtend, sondern nur von dem DCGK empfohlen. Damit würde keine Vergleichbarkeit zwischen dem Selbstbehalt des Aufsichtsrats und dem Selbstbehalt des Vorstands bestehen. Folglich würde dem Selbstbehalt des Aufsichtsrats dadurch weiterhin weniger Bedeutsamkeit zugesprochen, als dem Selbstbehalt des Vorstands.

Außerdem ist der Auswirkungsbereich des DCGK durch die Beschränkung auf die Kapitalmarktgesellschaften in § 161 AktG begrenzt. Damit wäre mangels Gesetzesänderung die Empfehlung des Selbstbehalts für den Aufsichtsrat auch weiterhin nur auf diese Gesellschaften beschränkt.

ee. Abwägung

Es wurden verschiedene Möglichkeiten aufgezeigt, wie der Selbstbehalt des Aufsichtsrats weiter ausgestaltet werden könnte. Bei einem Vergleich dieser Möglichkeiten würde eine Wiederaufnahme und Anpassung des DCGK ohne Gesetzesänderung (Möglichkeit 4) den geringsten Fortschritt mit sich bringen. Eine eingeschränkte Anwendung des § 93 Abs. 2 S. 3 AktG (Möglichkeit 2) würde zu einer unnötigen Verkomplizierung der Gesetzesanwendung führen und damit nicht die notwendige Klarheit bringen. Übrig bleibt damit der vollständige Verweis des § 116 S. 1 AktG auf den § 93 AktG (Möglichkeit 1) oder der Verweis verbunden mit einer höhenmäßigen Anpassung des Selbstbehalts (Möglichkeit 3).

Erfolgt die Entscheidung für einen vollständigen Verweis, so werden Vorstand und Aufsichtsrat dadurch grundsätzlich der Höhe nach gleichbehandelt. Dies könnte aber im Ergebnis zu einer Benachteiligung des Aufsichtsrats führen, da sich der Selbstbehalt am Festgehalt orientiert und dem Aufsichtsrat im Vergleich zum Vorstand neben seinem Festgehalt regelmäßig kein erfolgsorientierter Anteil zusteht. Auch *Lange* macht geltend, dass eine Deckelung des Selbstbehalts für den Aufsichtsrat durch das 1,5-fache des Jahresgehalts „möglicherweise nicht zweckmäßig" ist und aufgrund der typischen Ausgestaltung der Aufsichtsratstätigkeit als Nebentätigkeit, „ein geringerer Selbstbehalt angemessen" sein könnte.[832]

Erfolgt die Entscheidung dagegen für den mit einer höhenmäßigen Anpassung des Selbstbehalts verbundenen Verweis, so ist eine Durchsetzung des Selbstbehalts für den Aufsichtsrat durch die gesetzliche Verpflichtung gesichert. Den unterschiedlichen Vergütungsmodellen und -höhen würde durch die Anpassung der Höhe des Selbstbehalts ausreichend Rechnung getragen. Folglich kann nur mit dieser Möglichkeit der Kritik an der mangelnden Pflicht des Selbstbehalts für den Aufsichtsrat und an der Höhe dieses Selbstbehalts genüge getan werden.

---

832 *Lange*, D&O-Versicherung und Managerhaftung § 16 Rn 47.

3. Fazit

Für die gesetzliche Normierung des Selbstbehalts des Aufsichtsrats sprechen zahlreiche gute und überzeugende Argumente, während eine berechtigte Kritik speziell gegen den Selbstbehalt des Aufsichtsrats rar ist. Kritik an der Selbstbehaltspflicht des Vorstands besteht hingegen zur Genüge, kann jedoch letztendlich nicht überzeugen. Hat sich die Position des Aufsichtsrats unter anderem durch einen höheren Grad der Professionalisierung stetig neben der Position des Vorstands weiterentwickelt, so fehlt es für eine vergleichbare Organhaftung der beiden Tätigkeiten noch an einem vergleichbaren Selbstbehalt. Der Mangel eines vergleichbaren Selbstbehalts wird der sonstigen Vergleichbarkeit, wie zum Beispiel der Auswirkungen der Pflichtverletzungen von Vorstand und Aufsichtsrat, nicht gerecht. Insofern besteht Handlungsbedarf aufseiten des Gesetzgebers sowie erneuter Handlungsbedarf der Kodex-Kommission im Rahmen einer weiteren Kodexreform. Als Orientierung für eine Umsetzung der Selbstbehaltspflicht für den Aufsichtsrat können die oben erläuterten Reformvorschläge dienen.

IX. Neuntes Kapitel: Versicherungssumme bei Großschadensfällen

Bei Großschadensfällen, wie dem Dieselskandal, ist die Haftungssumme so hoch, dass die Versicherungssumme nicht mehr ansatzweise ausreicht. Der vermuteten Deckungssumme der D&O-Versicherung der VW-Organe in Höhe von 500 Millionen Euro stehen, wie bereits ausgeführt, Schadensersatzforderungen in Milliardenhöhe entgegen. Daher bedarf es einer baldigen Lösungsmöglichkeit hinsichtlich dieses Problems, möglicherweise in Form einer Gesetzesänderung, um das Risiko für Topmanager zu verringern.[833]

1. Versicherungskonsortien und Exzedentenversicherungen

Für höhere Deckungssummen bedarf es eines „Versicherungsprogramms“, das aus verschiedenen Versicherungsunternehmen besteht. Dafür wird grundsätzlich neben der Grunddeckungsversicherung eine Exzedentenversicherung geschlossen, durch die eine stufenweise Versicherungsdeckung möglich ist.[834]

833 *Hendricks* im Interview mit Handelsblatt, Wochenende 08./09./10.09.2017, S. 22.
834 Vgl. *Hemeling*, FS Hoffmann-Becking 2013, 491, 496; dazu ausführlich *Knöfel*, VersR 2018, 513 ff.

a. D&O-Versicherer

In Deutschland gibt es momentan ungefähr 30-40 Versicherer, welche D&O-Versicherungen anbieten. Dazu gehören auch ausländische Versicherer. Manche Versicherer bieten Versicherungen für jegliche Unternehmensgröße an, andere sind auf den Mittelstand oder DAX-Unternehmen spezialisiert.[835] Intensiv betreiben die Versicherungssparte der D&O-Versicherung aber nur 10-20 Versicherer.[836]

b. Versicherungskonsortien und Mitversicherung

Mehrere Versicherer können sich zu einem „Versicherungskonsortium" zusammenschließen. Dabei haften sie gleichrangig aus dem D&O-Vertrag, aber möglicherweise mit verschiedenen Anteilen.[837] Dadurch ist nicht nur eine Risikoverteilung möglich[838], sondern der Zusammenschluss dient auch der Erhöhung der Versicherungssumme[839]. Diese Form der Versicherung fällt unter den Begriff der „Mitversicherung".[840] Eine Mitversicherung zeichnet sich dadurch aus, dass sich mehrere Versicherer einverständlich primär an der Versicherung des gleichen Interesses für den gleichen Zeitraum gegen die gleiche Gefahr beteiligen und jeder Versicherer nur für einen Teil des versicherten Risikos haftet, dafür aber auch nur einen Teil der Prämie bekommt.[841]

Es werden unterschiedliche Ansichten vertreten, wie die Mitversicherung ausgestaltet ist. Eine Ansicht geht davon aus, dass jeder Mitversicherer einzeln einen Versicherungsvertrag mit dem Versicherungsnehmer abschließt und es damit so viele Versicherungsverträge gibt wie Mitversicherer.[842] *Lange* vertritt dagegen die Auffassung, dass auch bei mehreren Mitversicherern nur ein

---

835 So *Daftari/Franzen*, VW 2011, 340, 342, die eine steigende Anbieterzahl hinsichtlich D&O-Versicherungen sehen.

836 *Ihlas*, D&O, S. 110.

837 Vgl. *Lange*, D&O-Versicherung und Managerhaftung § 4 Rn 5; *v. Schenk*, NZG 2015, 494, 498.

838 *Dreher/Lange*, VersR 2005, 717.

839 Vgl. *Kretschmer*, VersR 2008, 33; *Lange*, D&O-Versicherung und Managerhaftung § 4 Rn 5.

840 *Lange*, D&O-Versicherung und Managerhaftung § 4 Rn 5; ausführlich zum Begriff und den Formen der Mitversicherung *Schaloske*, VersR 2007, 606 ff.

841 *Dreher/Lange*, VersR 2005, 717, 718; dazu ausführlich *Schaloske*, VersR 2007, 606, 607.

842 Vgl. BGH, VersR 2012, 178, 179; OLG Hamburg, VersR 2008, 1249; *Dreher/Lange*, VersR 2005, 717, 718; *Armbrüster*, in: Prölss/Martin, VVG, Vorbem. zu § 77 Rn 2; *Langheid*, in: Langheid/Rixecker, VVG, § 77 Rn 7.

einziger Versicherungsvertrag besteht. Dies muss zumindest für den Fall gelten, wenn der Versicherungsnehmer nur einen einzigen Versicherungsschein erhält und darauf mehrere Versicherungsverträge mit verschiedenen Versicherern nicht erkennbar sind.[843] Er stützt dies unter anderem auf eine BGH-Entscheidung, in welcher der BGH nur von einem einzigen Versicherungsvertrag spricht und nicht von mehreren Verträgen.[844] Doch auch *Lange* geht von mehreren Versicherungsverträgen aus, wenn sich die Versicherungsbedingungen der Mitversicherer unterscheiden.[845] Schlussendlich kann festgestellt werden, dass die Zusammenfassung der Versicherungsverträge zu einem Versicherungsvertrag sicherlich zu einer Vereinfachung sowie zur Verbesserung der Übersichtlichkeit führen und der Einheitlichkeit dienen könnte. Auf der anderen Seite ist jedoch nicht ersichtlich, welche echten Nachteile den Beteiligten entstehen, wenn von mehreren Versicherungsverträgen ausgegangen wird. Somit sollten sich die Beteiligten zur Vermeidung von Konflikten bei Abschluss einer Mitversicherung von vornherein darüber einigen, welche Form der Versicherung sie abschließen.

Es gibt zwei verschiedene Arten von Versicherungskonsortien. Einmal die sogenannte „Mitversicherungsgemeinschaft", welche auf Dauer und für eine Vielzahl von Risiken angelegt ist.[846] Die zweite Art beschränkt sich auf die Mitversicherung eines einzigen Risikos[847] und wird als „Mitversicherung im Einzelfall"[848], „Einzelfallmitversicherung"[849] oder „Adhoc-Konsortium"[850] bezeichnet. Die zweite Konsortienart wird von *Schaloske* die „Grundform der gemeinsamen Risikodeckung" genannt.[851] Soweit ersichtlich, gibt es in Deutschland nur eine einzige Mitversicherungsgemeinschaft in der D&O-Sparte.[852] Die Konsortienbildung kann von den Mitversicherern selbst initiiert werden, wird aber typischerweise durch den Versicherungsmakler der Versicherungsnehmerin angeregt.[853]

---

843 *Lange*, D&O-Versicherung und Managerhaftung § 4 Rn 6.

844 BGH, NJW 2012, 296; *Lange*, D&O-Versicherung und Managerhaftung § 4 Rn 6.

845 *Lange*, D&O-Versicherung und Managerhaftung § 4 Rn 6.

846 Dazu näher *Schaloske*, VersR 2008, 734, 735; *Lange*, D&O-Versicherung und Managerhaftung § 4 Rn 7.

847 Vgl. *Schaloske*, VersR 2008, 734, 735; *Lange*, D&O-Versicherung und Managerhaftung § 4 Rn 7.

848 *Schaloske*, VersR 2008, 734, 735.

849 *Armbrüster*, in: Prölss/Martin, VVG, Vorbem. zu § 77 Rn 7.

850 *Lange*, D&O-Versicherung und Managerhaftung § 4 Rn 7.

851 *Schaloske*, VersR 2008, 734, 735.

852 *Lange*, D&O-Versicherung und Managerhaftung § 4 Rn 7.

853 *Schaloske*, VersR 2008, 734, 735; *Schaloske*, VersR 2007, 606, 607; *Lange*, D&O-Versicherung und Managerhaftung § 4 Rn 7.

Den organisatorischen Nachteilen der Vielzahl von Mitversicherern wird durch das Bestimmen eines führenden Versicherers entgegengewirkt. Dieser ist für die Vertragsabwicklung verantwortlich und mit den wesentlichen Befugnissen ausgestattet.[854] Der führende Versicherer ist außergerichtlich und im Deckungsverhältnis der einzige Ansprechpartner der Versicherungsnehmerin und der versicherten Organmitglieder.[855] In einer sogenannten „Prozessführungsklausel“ wird zu Gunsten einer vereinfachten Prozessführung vereinbart, dass allein der führende Versicherer zu verklagen ist.[856] Die Klausel enthält in der Regel gleichzeitig ein „pactum de non petendo“, worauf sich die anderen Mitversicherer berufen können, falls die Versicherungsnehmerin auch gegen sie vorgehen will.[857]

Es gibt verschiedene Prozessführungsklauseln mit unterschiedlichen Wirkungen, weshalb den Beteiligten eine sorgsame Formulierung anzuraten ist.[858] Um einen gerechten Ausgleich herzustellen, kann in der Klausel ein Anerkenntnis der Mitversicherer vereinbart werden. Danach erkennen die übrigen Mitversicherer „die gegen den führenden Versicherer rechtskräftig gewordene Entscheidung gegenüber dem Versicherungsnehmer als auch für sie verbindlich an.“[859] Dies wird auch als „Anschlussklausel“ bezeichnet.[860] Aus dem Ergebnis der vereinfachten Prozessführung mittels solcher Klauseln erwächst allen Vertragsbeteiligten der Vorteil, dass die Prozesskosten gesenkt werden können.[861]

Versicherungskonsortien können sich an einer Exzedentenversicherung beteiligen.[862]

---

854 Vgl. *Lange/Dreher*, VersR 2008, 289.

855 *Lange*, D&O-Versicherung und Managerhaftung § 4 Rn 14; vgl. auch *Diller*, in: AVB-RSW – Kommentar, § 5 Rn 81.

856 *Schaloske*, VersR 2007, 606, 614; *Lange*, D&O-Versicherung und Managerhaftung § 4 Rn 14; vgl. auch *Diller*, in: AVB-RSW – Kommentar, § 5 Rn 81.

857 Vgl. *Lange*, D&O-Versicherung und Managerhaftung § 4 Rn 14; *Lange/Dreher*, VersR 2008, 289, 292; *Diller*, in: AVB-RSW – Kommentar, § 5 Rn 83.

858 Empfiehlt *Schaloske*, VersR 2007, 606, 614.

859 *Armbrüster*, in: Prölss/Martin, VVG, Vorbem. zu § 77 Rn 22 mit einem Klauselbeispiel.

860 *Lange*, D&O-Versicherung und Managerhaftung § 4 Rn 17.

861 Dazu näher *Kretschmer*, VersR 2008, 33, 35, der anhand von aufgeführten Führungsklauseln ausführlich auf deren Sinn und Zweck eingeht.

862 Vgl. *Lange*, D&O-Versicherung und Managerhaftung § 4 Rn 28; dazu näher in Kapitel B. IX. 1. d. der Arbeit.

c. Exzedentenversicherung

Während bei den Versicherungsgemeinschaften eine anteilige und gleichrangige Haftung der Versicherer besteht, zeichnet sich die Exzedentenversicherung, auch Anschlussversicherung genannt, durch eine nachrangige Haftung aus. Im Vergleich zur anteiligen Haftung haften die Versicherer bei der Exzedentenversicherung nach einer vertraglich festgelegten Reihenfolge.[863]

Die Exzedentenversicherung dient ebenfalls dazu, eine höhere Versicherungssumme zu ermöglichen. Sie besteht aus verschiedenen „Layern". Der erste Layer wird als „Primary" bezeichnet oder als „Grundvertrag".[864] Die weiteren Layer werden 1., 2., etc. Exzedent[865] oder „first excess layer", „second excess layer", usw. genannt. Als sogenannter „attachment point" wird der Betrag bezeichnet, ab welchem der nachfolgende Layer das Risiko trägt.[866]

Gegenüber der Versicherung durch ein Versicherungskonsortium hat die Exzedentenversicherung den Vorteil, dass sie grundsätzlich niedrigere Prämien hat. Dies folgt aus dem geringeren Risiko der Inanspruchnahme, dass die Exzedenten bei einem höheren attachment point haben.[867]

Zwischen der Versicherungsnehmerin und den einzelnen Mitversicherern bestehen jeweils selbstständige Versicherungsverträge.[868] Dadurch könnte bei der Mitversicherung in Form der Exzedentenversicherung gegenüber der Mitversicherung durch ein Versicherungskonsortium der Nachteil entstehen, dass die Versicherungsnehmerin und die versicherten Organmitglieder die Obliegenheiten aus den verschiedenen Versicherungsverträgen gegenüber jedem Exzedentenversicherer einzeln zu erfüllen haben. Beispielsweise muss ein Versicherungsfall gegenüber jedem einzelnen Versicherer rechtzeitig angezeigt werden.[869] Allerdings ist umstritten, ob bei der Mitversicherung durch ein Versicherungskonsortium die Anzeige gegenüber dem führenden Versicherer ausreicht oder ob ebenfalls eine Anzeige gegenüber jedem einzelnen

---

863 *Lange*, D&O-Versicherung und Managerhaftung § 4 Rn 29; *Knöfel*, VersR 2018, 513; *Bastuck/Stelmaszczyk*, NZG 2011, 241, 242.

864 Vgl. *Loritz/Hecker*, VersR 2012, 385, 386; *Knöfel*, VersR 2018, 513 m.w.N.; *Drave*, DVS 7/2018, 35 nennt noch den Begriff der „Basisdeckung".

865 *Loritz/Hecker*, VersR 2012, 385, 386.

866 *Lange*, D&O-Versicherung und Managerhaftung § 4 Rn 31.

867 Vgl. *Lange*, D&O-Versicherung und Managerhaftung § 4 Rn 32.

868 *Drave*, DVS 7/2018, 35; *Loritz/Hecker*, VersR 2012, 385, 386.

869 *Lange*, D&O-Versicherung und Managerhaftung § 4 Rn 33; *Drave*, DVS 7/2018, 35, 36.

Mitversicherer notwendig ist.[870] Geht man davon aus, dass die Anzeige gegenüber dem führenden Versicherer ausreicht, so ist dies ein Vorteil des Versicherungskonsortiums im Vergleich zur Exzedentenversicherung. Folgt man dagegen der Ansicht, welche auch im Falle eines Versicherungskonsortiums jeweils die Anzeige gegenüber allen Mitversicherern fordert, so besteht kein Nachteil der Exzedentenversicherung im Vergleich zu der Mitversicherung durch ein Versicherungskonsortium.

Ein Nachteil kann jedoch dann vorliegen, wenn sich die einzelnen Versicherungsverträge inhaltlich unterscheiden und dadurch Deckungslücken sowie ein größerer Verwaltungsaufwand entstehen. In jedem Fall muss jeder Versicherer, dessen Versicherungsvertrag durch den Versicherungsfall betroffen ist, einzeln verklagt werden. Da die Deckungsklage gegen den führenden Versicherer im Falle eines Versicherungskonsortiums ausreicht, ist dies ein Nachteil der Exzedentenversicherung gegenüber dem Versicherungskonsortium.[871]

Die Versicherungsverträge der Mitversicherer eines Layers ähneln in ihren Bedingungswerken mal mehr und mal weniger denen des Primarys.[872] Um die Versicherungsverträge anzugleichen, kann eine „Following form"-Vereinbarung beschlossen werden. Aus dieser folgt, dass die Versicherungsverträge der Exzedenten den Bedingungen des Primarys folgen.[873]

Weiterhin ist eine „Drop down"-Vereinbarung möglich, wonach ein Exzedent nicht erst mit Erreichen des attachment point deckungspflichtig ist, sondern schon vorher mit Ausschöpfung der Deckungssumme des Primarys. Dadurch kann ein Exzedent die Funktion des Primarys übernehmen.[874] Die „Drop down"-Vereinbarung wird auch als Summenausschöpfungsdeckung bezeichnet.[875] Die

---

870 Dazu *Lange*, D&O-Versicherung und Managerhaftung § 4 Rn 33; dafür spricht sich *Drave*, DVS 7/2018, 35, 36 f. aus; dagegen erwägen *Schaloske*, VersR 2007, 606, 609 und *Dreher/Lange*, VersR 2005, 717, 721 diese Möglichkeit nicht.

871 Vgl. *Drave*, DVS 7/2018, 35, 36; *Lange*, D&O-Versicherung und Managerhaftung § 4 Rn 33.

872 *Loritz/Hecker*, VersR 2012, 385, 386.

873 Dazu ausführlich *Knöfel*, VersR 2018, 513, 515; vgl. auch *Lange*, D&O-Versicherung und Managerhaftung § 4 Rn 34; *Drave*, DVS 7/2018, 35, 36.

874 *Lange*, D&O-Versicherung und Managerhaftung § 4 Rn 39 f; *Drave*, DVS 7/2018, 35, 36.

875 Vgl. *Bastuck/Stelmaszczyk*, NZG 2011, 241, 242; *Drave*, DVS 7/2018, 35, 36; *Knöfel*, VersR 2018, 513.

Vereinbarung dient der Schließung von Deckungslücken zwischen Primary und Exzedenten.[876]

d. Kombination von Versicherungskonsortium und Exzedentenversicherung

Möglich ist die Kombination der Mitversicherung durch ein Versicherungskonsortium und eine Exzedentenversicherung. Typischerweise wird die Deckungssumme innerhalb des jeweiligen Layers auf mehrere Mitversicherer eines Versicherungskonsortiums verteilt.[877]

Bei Großkonzernen und der maximal möglichen Deckungssumme sind meist fast alle der größten Industrieversicherer auf dem deutschen Markt involviert. So waren beispielsweise bei der D&O-Versicherung der Siemens AG mit einer Deckungssumme von insgesamt 250 Millionen Euro aus der Versicherungsperiode 2006/2007 insgesamt 11 Versicherer beteiligt. Die Versicherung bestand hierbei aus einem Grundvertrag mit einer Deckungssumme von 50 Millionen Euro, sowie der Allianz als führendem Versicherer mit dem höchsten Anteil und den 4 Exzedenten mit einer Deckungssumme von jeweils 50 Millionen Euro.[878]

---

876 *Bastuck/Stelmaszczyk*, NZG 2011, 241, 242; *Lange*, D&O-Versicherung und Managerhaftung § 4 Rn 42.

877 *Lange*, D&O-Versicherung und Managerhaftung § 4 Rn 45; *Loritz/Hecker*, VersR 2012, 385, 386; *Knöfel*, VersR 2018, 513.

878 Einladung der Siemens AG zur Hauptversammlung 2010, S. 89, abrufbar über das Hauptversammlungs-Archiv: https://new.siemens.com/global/de/unternehmen/investor-relations/hauptversammlung.html.

e. GDV-Statistik – Bruttobeiträge hinsichtlich D&O

*Inländisches Direktgeschäft der GDV-Mitgliedsunternehmen**

Jahr	Beiträge[1]		Leistungen[2]		Schadenquote nach Abwicklung[3]	Schaden-Kosten-Quote[4]
	in Mio. EUR	*Veränderung ggü. Vorjahr[5]*	*in Mio. EUR*	*Veränderung ggü. Vorjahr[5]*		
2016	259	3,3%	281	3,4%	99,1%	--
2017	233	-10,2%	203	-27,7%	85,3%	--
2018	247	5,6%	252	25,0%	112,9%	--

Fußnoten und Quelle

* Die D&O-Statistik des GDV erfasst das inländische Direktgeschäft von derzeit 33 Unternehmen, die sich an der Statistik beteiligen. Insgesamt dürften rund 50 GDV-Mitgliedsunternehmen D&O-Versicherungen anbieten.

1 verdiente Bruttobeiträge der beteiligten Unternehmen; die GDV-Mitgliedsunternehmen dürften ein Beitragsvolumen von etwa 310 Mio. EUR aufweisen; das gesamte Marktvolumen im inländischen Direktgeschäft in der D&O-Versicherung dürfte bei rund 500 Mio. EUR liegen; ohne Versicherungsteuer

2 Bruttoaufwendungen für Versicherungsfälle des Geschäftsjahres

3 Schadenquote nach Abwicklung; Bruttoaufwendungen nach Abwicklung für Versicherungsfälle in Relation zu den verdienten Bruttobeiträgen

4 Combined Ratio: Schaden-Kosten-Quote nach Abwicklung; nicht vorhanden

5 Aufgrund geänderter Meldebeteiligung und einzelner Berichtigungen sind die Absolutwerte für 2018 und 2017 nicht direkt miteinander vergleichbar. Die Veränderungsraten von 2018 zum Vorjahr sind um diese Effekte bereinigt und lassen sich nicht aus den ausgewiesenen Absolutzahlen ableiten.

Quelle: GDV

Der GDV, welcher auch die AVB-AVG veröffentlicht, hat für die Geschäftsjahre 2016–2018 eine Statistik[879] hinsichtlich der Zahlen zum inländischen Direktgeschäft der Managerhaftpflicht von 33 Mitgliedsunternehmen veröffentlicht. Diese Statistik umfasst allerdings nur die GDV-Mitgliedsunternehmen und davon wiederum bloß 33 von rund 50 Anbietern von D&O-Versicherungen. Insofern kann sie nur als Orientierung genommen werden und nicht die allgemeine Praxis wiederspiegeln. Das gesamte Marktvolumen des inländischen Direktgeschäft in der D&O-Versicherung wird in der Fußnote 1 der Statistik auf rund 500 Millionen Euro geschätzt. Die GDV-Mitgliedsunternehmen sollen dabei ein Beitragsvolumen von circa 310 Millionen Euro aufweisen.

Laut dieser Statistik betragen die eingenommenen Bruttobeiträge, also das Prämienvolumen, der an der Statistik beteiligten Unternehmen 233 Millionen Euro für das Geschäftsjahr 2017. Damit sind die Beiträge im Vergleich zum vorangegangenen Geschäftsjahr 2016 um mehr als 10 Prozent zurückgegangen. Bruttoaufwendungen für Versicherungsfälle wurden 2017 allerdings nur in Höhe von 203 Millionen Euro geleistet. Das bedeutet, dass die Bruttoaufwendungen im Vergleich zum Vorjahr 2016 um mehr als ein Viertel gesunken sind.

Damit sind im Ergebnis zwar die eingenommenen Bruttobeiträge zurückgegangen, allerdings sind gleichzeitig die Bruttoaufwendungen noch deutlich stärker gesunken, sodass insgesamt – laut der Statistik – die Wirtschaftlichkeit der D&O-Versicherungen für Versicherer in diesem Zeitraum gestiegen ist. Die Folgerung der sinkenden Schadensquote widerspricht den Ergebnissen der Recherche im Rahmen dieser Arbeit, welche eher auf eine steigende Schadensrate hinsichtlich Schadenshöhe und -fällen hindeutet.[880]

Das könnte zum einen daran liegen, dass die GDV-Statistik nicht alle D&O-Versicherer erfasst, sondern nur ihre eigenen Mitglieder. Beispielsweise ist die Allianz-Tochter AGCS kein GDV-Mitglied. Außerdem ist der Markt so klein, dass mehr als ein Großschaden bereits eine erhebliche Auswirkung auf den Prämiengewinn hat. Damit sind die statistischen Ergebnisse stark abhängig von den Schadensfällen des jeweiligen Jahres, weil ein einziger Großschaden die Zahlen erheblich beeinflussen kann, sodass ein komplett anderes Ergebnis entsteht. Der Dieselskandal könnte zum Beispiel in Zukunft einen solchen Großschaden für

---

879 D&O-Statistik des GDV, https://www.gdv.de/de/zahlen-und-fakten/versicherungsbereiche/directors-and-officers--d-o--36526.

880 Siehe beispielsweise Kapitel B. I. 3. der Arbeit.

die D&O-Versicherer darstellen, sobald die D&O-Versicherung der VW-Organmitglieder in Anspruch genommen wird.[881]

Ferner ist das von dem GDV für den deutschen D&O-Markt geschätzte Prämienvolumen in Höhe von 500 Millionen Euro nicht die einzige Angabe. Denn es wird auch ein deutlich höheres Prämienvolumen von 700 Millionen Euro von anderer Seite vermutet.[882] Offenbar ist die Statistik damit kein aussagekräftiger Maßstab, sondern nur eine Teilanalyse des D&O-Marktes, die zu einer Einschätzung der ungefähren Größeneinordnung beitragen kann. Zum anderen ist zu bedenken, dass die Statistik nur den kurzen Zeitraum von zwei Jahren umfasst. Der erhebliche Einfluss eines Großschadens auf die Zahlen des deutschen D&O-Markts führt dazu, dass die Ergebnisse von Jahr zu Jahr völlig unterschiedlich sein können. Somit unterliegt die Statistik erheblichen Schwankungen je nach Geschäftsjahr. Die aktuelle Statistik für das Geschäftsjahr 2018 wurde kurz vor Abschluss dieser Arbeit veröffentlicht. Hiernach sind zwar die Beiträge wieder gestiegen, allerdings haben sich die Leistungen der Versicherer noch stärker erhöht. Damit entspricht das Ergebnis steigender Schadensaufwendungen für das Geschäftsjahr 2018 den Untersuchungsergebnissen dieser Arbeit. Für die kommenden Geschäftsjahre ist insbesondere im Hinblick auf die Corona-Krise ein „Anstieg von Managerhaftungsfällen und Schadenmeldungen" durch eine erhöhte Zahl an Insolvenzen zu erwarten.[883]

2. Kostenanrechnungsklausel

Einer der Hauptgründe für eine unzureichende Versicherungssumme ist die Kostenanrechnungsklausel. Diese Klausel bestimmt, dass die meist immensen Abwehrkosten auf die Deckungssumme angerechnet werden. Eine solche Klausel gehört zwar zum Versicherungsstandard, allerdings ist die Zulässigkeit

---

881 Vgl. *Hagen*, Versicherungsmonitor v. 04.03.2019, https://versicherungsmonitor.de/2019/03/04/armon-versicherer-haben-deutlich-blut-gelassen/; SZ v. 04.03.2019, https://www.sueddeutsche.de/wirtschaft/d-o-policen-rettungsring-fuer-die-chefs-1.4353735; *Schmidt-Kasparek*, VersicherungsJournal v. 23.01.2020, https://www.versicherungsjournal.de/markt-und-politik/managerhaftpflicht-jahrelange-praemiensteigerungen-erwartet-137786.php; laut *Lutter* zitiert im Artikel von *Votsmeier*, Handelsblatt, Wochenende 08./09./10.09.2017, S. 22 hat VW die verantwortlichen D&O-Versicherer bereits informiert.

882 Vgl. *Hagen*, Versicherungsmonitor v. 04.03.2019, https://versicherungsmonitor.de/2019/03/04/armon-versicherer-haben-deutlich-blut-gelassen/; *Doralt*, ZGR 2019, 996, 997 in FN 3.

883 *Schramm*, AssCompact Mai 2020, 102, 103.

noch umstritten und nicht höchstrichterlich geklärt.[884] Unsicherheit herrscht insbesondere durch ein Urteil des OLG Frankfurt a.M., wonach die Kostenanrechnungsklausel unangemessen sowie benachteiligend und damit gem. § 307 Abs. 1 S. 2, Abs. 2 Nr. 1 BGB unwirksam sei.[885] Die Kostenanrechnungsklausel ist in jedem Fall in den AVB-AVG vorgesehen.[886]

Die Versicherung umfasst gem. § 101 Abs. 1 S. 1 VVG auch die gerichtlichen und außergerichtlichen Abwehrkosten, soweit diese geboten sind. Da der Versicherer gem. § 100 VVG zur Abwehr unbegründeter Ansprüche verpflichtet ist, wird die Kostentragungspflicht auch als eine der Hauptleistungspflichten des Versicherers gesehen.[887] Gem. § 101 Abs. 2 S. 1 VVG ist der Versicherer dazu verpflichtet, die gesamten Abwehrkosten zu ersetzen, auch wenn die Prozesskosten und die Schadensersatzkosten gemeinsam die Versicherungssumme übersteigen. Fraglich ist nun also, ob § 101 Abs. 2 VVG abdingbar ist und durch eine Kostenanrechnungsklausel ersetzt werden kann.[888]

a. Umstrittene Abdingbarkeit des § 101 Abs. 2 VVG

Da § 101 VVG nicht in § 112 VVG als Vorschrift von der nicht zum Nachteil des Versicherungsnehmers abgewichen werden darf aufgezählt wird, wird eine individualvertragliche Abdingbarkeit als zulässig angesehen.[889] Die Kostenanrechnungsklausel wird aber nicht individualvertraglich vereinbart, sondern in den Versicherungsbedingungen verankert.

Eine Ansicht erachtet die Abdingbarkeit des § 101 Abs. 2 VVG durch die Versicherungsbedingungen als unzulässig. Ein Argument ist, dass der Versicherer selbst für die Prozesskosten verantwortlich sei, da er zuvor einer außergerichtlichen Abhandlung des Schadensersatzes nicht zugestimmt hat und der Anspruch aber – entgegen der Vermutung des Versicherers – vom Gericht als begründet

---

884 Vgl. *Armbrüster*, NJW 2016, 897, 898; *Terno*, r+s 2013, 577, 579; *Werber*, VersR 2014, 1159, 1163.

885 OLG Frankfurt a.M., VersR 2012, 432; dazu ausführlich *Grooterhorst/Looman*, r+s 2014, 157 ff.; *Werber*, VersR 2014, 1159 ff.

886 Ziff. 4.3 AVB-AVG.

887 Vgl. *Grooterhorst/Looman*, r+s 2014, 157; *Terno*, r+s 2013, 577, 579; *Werber*, VersR 2014, 1159, 1161.

888 So auch *Grooterhorst/Looman*, r+s 2014, 157, 158; *Werber*, VersR 2014, 1159, 1163.

889 Vgl. *Grooterhorst/Looman*, r+s 2014, 157, 158; *Lücke*, in: Prölss/Martin, VVG, § 101 Rn 33; *Schimikowski*, in: Rüffer/Halbach/Schimikowski, VVG, § 101 Rn 4.

angesehen wird.[890] Das VVG folge dem Grundsatz, dass der Versicherer die Kosten tragen muss, welche durch seine Weisung entstanden sind.[891] Eine Klausel, die eine Anrechnung der Abwehrkosten auf die Deckungssumme festlegt, sei eine Abweichung von wesentlichen Grundgedanken der gesetzlichen Regelung und damit gem. § 307 Abs. 2 BGB unwirksam.[892] Es soll keinen Unterschied machen, ob das Gericht die Schadensersatzforderungen als begründet oder unbegründet ansieht.[893]

Nach der anderen Ansicht kann § 101 Abs. 2 VVG durch die Versicherungsbedingungen abbedungen werden. Dafür wird angeführt, dass die Kostenanrechnungsklausel in der Branche zum Versicherungsstandard gehöre und für die Kalkulation der Prämie notwendig sei. Bei der D&O-Versicherung bestehe darüber hinaus das besondere Risiko, dass im Regelfall nicht nur gegen ein Organmitglied, sondern gleich gegen mehrere Versicherte ein Schadensersatzanspruch geltend gemacht wird. Für den Versicherer sei es deshalb schwierig die Zahl der möglichen Haftungsschuldner abzusehen. Somit bestehe bei der D&O-Versicherung durchaus ein berechtigtes Interesse des Versicherers an einer Risikominimierung durch die Möglichkeit der Kostenanrechnung.[894]

b. Lösungsansatz

Durch das Urteil des OLG Frankfurt a.M. ist eine gewisse Unsicherheit entstanden, was die Zulässigkeit der Kostenanrechnungsklausel in der Praxis angeht, in der Literatur ist sie ohnehin umstritten.[895] Es bedarf zur Lösung einer höchstrichterlichen Klärung.

---

890 OLG Frankfurt a.M., VersR 2012, 432, 434; *Grooterhorst/Looman*, r+s 2014, 157, 158; *Terno*, r+s 2013, 577, 579.

891 *Schimikowski*, in: Rüffer/Halbach/Schimikowski, VVG, § 101 Rn 4 verweist dabei auf § 83 Abs. 3 VVG, während *Weber*, VersR 2014, 1159, 1163 den Unterschied zwischen „Weisung“ i.S.d. § 83 Abs. 3 VVG und „Veranlassung“ i.S.d. § 101 Abs. 2 VVG erläutert, wonach eine „Verweisung“ „schon vom Wortsinn weniger als eine‚Weisung‘“ verlangt.

892 OLG Frankfurt a.M., VersR 2012, 432, 434; *Grooterhorst/Looman*, r+s 2014, 157, 158; *Terno*, r+s 2013, 577, 580.

893 Vgl. *Lücke*, in: Prölss/Martin, VVG, § 101 Rn 21; *Grooterhorst/Looman*, r+s 2014, 157, 158.

894 *Grooterhorst/Looman*, r+s 2014, 157, 159; Armbrüster, NJW 2016, 897, 898; *Terno*, r+s 2013, 577, 581 f.

895 So auch *Peppersack*, Das Kürzungs- und Verteilungsverfahren in der D&O-Versicherung, S. 51, m.w.N.

Ein Lösungsansatz dieses Problems muss die Interessen aller Beteiligten berücksichtigen.[896] Der Versicherungsnehmer ist daran interessiert, dass die Deckungssumme nicht durch die Prozesskosten verbraucht wird und ihm dadurch für berechtigte Schadensersatzforderungen keine Versicherungssumme mehr zur Verfügung steht. Das versicherte Organmitglied muss befürchten, dass bei einer Erschöpfung der Deckungssumme durch die hohen Rechtsabwehrkosten der Versicherungsschutz nicht mehr gewährleistet ist. Der Versicherer dagegen möchte nicht unbegrenzt über die Deckungssumme hinaus zur Leistung verpflichtet sein und seine Leistungspflicht kalkulieren können. Ein Mittelweg könnte die Limitierung der Kostenanrechnung durch Sublimits oder die Vereinbarung einer gesonderten Versicherungssumme für die Rechtsabwehr sein. Dadurch könnte beiden Interessen ausreichend Rechnung getragen werden.[897]

Dem Versicherer ist also zu raten, entweder die Kostenanrechnungsklausel durch ein Sublimit anzupassen oder eine gesonderte Deckungssumme für die Prozesskosten zu vereinbaren. Die Vereinbarung einer gesonderten Deckungssumme kann vertraglich erfolgen. Für die Limitierung der Kostenanrechnungsklausel kann ein Sublimit vereinbart werden, welches dem Versicherungsschutz des Versicherten zu Gute kommt, aber auch das Zahlungsrisiko des Versicherers genügend begrenzt. Die genaue Begrenzung in Zahlen ist der Praxis zu überlassen und in die Hände der Versicherer zu geben.

3. Zusammenfassendes Fazit

Das Problem der unzureichenden Versicherungssumme bei Großschadensfällen ist den D&O-Versicherern durchaus bewusst. Um dieser Gefahr entgegenzuwirken schließen sich die Versicherer zu Versicherungskonsortien zusammen und bieten die Möglichkeit einer Exzedentenversicherung an. Dadurch können immerhin Deckungssummen von bis zu 500 Millionen Euro erreicht werden.[898] Im Vergleich zur Schadenssumme beispielsweise im Rahmen des Dieselgate-Skandals für VW in Milliardenhöhe, erscheint die maximal mögliche Deckungssumme allerdings äußerst gering. Doch eine Möglichkeit noch höhere Deckungssummen zu erreichen ist nur schwer vorstellbar. Zwar könnten zur Vergrößerung eines Konsortiums mehr Versicherer beteiligt werden oder noch mehr Layer einer Exzedentenversicherung vereinbart werden. Jedoch sind

896 Dazu näher *Peppersack*, Das Kürzungs- und Verteilungsverfahren in der D&O-Versicherung, S. 54 f.

897 Ausführlich *Werber*, VersR 2014, 1159, 1163 ff.; vgl. auch *Terno*, r+s 2013, 577, 582.

898 *Hendricks*, CCZ 2008, 64.

häufig bereits die meisten großen Versicherer an den maximalen Deckungssummen beteiligt. Dasselbe gilt für die Exzedentenversicherungen bei Maximalsummen. Bei D&O-Versicherungen im Bereich der Höchstgrenze einer Versicherungssumme wird im Normalfall wohl sogar die Kombination von Versicherungskonsortium und Exzedentenversicherung vorliegen, um eine größtmögliche Deckung zu erzielen.

Die Limitierung der Kostenanrechnungsklausel dient zwar nicht der Vergrößerung der Versicherungssumme, aber dafür der Begrenzung der Erschöpfung dieser. Dadurch kann der Versicherungsschutz des versicherten Organmitglieds gestärkt werden, welches somit nicht mehr den vollständigen Verlust seines Deckungsschutzes durch einen Gerichtsprozess fürchten muss.

Die Kombination von Versicherungskonsortium und Exzedentenversicherung führt zusammen mit einer Limitierung der Kostenanrechnungsklausel zu einer Verbesserung des Versicherungsschutzes für das versicherte Organmitglied. Dadurch erledigt sich die Problematik der ausgeschöpften Versicherungssumme bei Großschadensfällen zwar nicht vollständig, aber es wird zumindest eine deutliche Stärkung hinsichtlich der Schutzfunktion der Deckungssumme ermöglicht.

Eine weitere praxistaugliche Möglichkeit zur Erhöhung der Versicherungssumme ist soweit nicht ersichtlich. Eine deutliche Erhöhung wäre wohl ohnehin nur in Verbindung mit einer deutlichen Prämiensteigerung möglich. Eine Prämiensteigerung würde aber wiederum die Attraktivität der D&O-Versicherung mindern und wäre nicht im Interesse der Unternehmen als Versicherungsnehmer. Die Praxis muss also entweder akzeptieren, dass die Versicherungssumme bei Großschadensfällen von Großkonzernen häufig nicht ansatzweise ausreichend ist, um der Schutzfunktion der D&O-Versicherung gerecht zu werden, oder das Konzept völlig neu überdenken. Eine andere Frage ist die Verteilung der Versicherungssumme. Dies soll aber nicht Teil dieser Arbeit sein. In der Rechtslehre ist dazu bereits einiges an Diskussion zu finden.[899] Gleiches gilt für die Einführung einer gesetzlichen oder statutarischen Haftungshöchstgrenze.[900]

---

899 Insbesondere *Peppersack*, Das Kürzungs- und Verteilungsverfahren in der D&O-Versicherung, m.w.N.; vgl. auch *Grooterhorst/Looman*, r+s 2014, 157; *Lange*, VersR 2014, 1413.

900 Eine ausführliche Aufarbeitung der Disskussion zur Einführung einer Haftungshöchstgrenze findet sich in der Dissertation von *Dose*, Aktionärsklage, D&O-Versicherung und Vorstandshandeln, S. 308 ff. m.w.N.

X. Zehntes Kapitel: D&O-Versicherung: Ja oder Nein?

Die zunehmende Zahl an Großschadensfällen, die nicht mehr über D&O-Versicherungen abgedeckt werden können und die aufgezeigten Mängel von D&O-Versicherungen werfen die Frage auf, ob eine D&O-Versicherung überhaupt sinnvoll ist.

1. Argumente gegen D&O-Deckung

Es wird durchaus die Meinung vertreten, dass eine bestehende D&O-Versicherung erst den Anreiz für die Geltendmachung der Schadensersatzansprüche gibt. Dieser Ansicht kann insofern zugestimmt werden, dass eine Klage aufgrund höherer Erfolgsaussichten eher erwogen wird, wenn eine D&O-Versicherung vorliegt. Erfahrungsgemäß ist sogar die Justiz bei bestehenden Versicherungen eher bereit der Klage stattzugeben, als wenn eine solche fehlt.[901] Die erhöhte Klagebereitschaft kann jedoch gleichzeitig zu einer erhöhten Managerdisziplinierung führen, weil die Manager tunlichst versuchen werden eine Klage gegen sie zu vermeiden. Außerdem wird durch die besseren Erfolgsaussichten einer Klage, das Interesse der Aktionäre an der sorgfältigeren Überwachung gesteigert. Diese Steigerung der Sorgfaltsbereitschaft und zusätzlichen Überwachung kann also wiederum als positives Argument für den Abschluss einer D&O-Versicherung sprechen.[902]

Außerdem wird die D&O-Versicherung kritisiert, weil aus der Praxis zunehmend negative Erfahrungen laut werden über Deckungslücken sowie bei entstandenen Schäden eine für die Gesellschaften nachteilige Ausgleichspraxis durch die D&O-Versicherer.[903] Ein weiteres Argument der D&O-Kritiker gegen die D&O-Versicherung ist die Höhe der Versicherungsprämie. Auch wenn die D&O-Sparte seit Jahren tief in den roten Zahlen stehen soll[904] und die

---

901 Vgl. *Sieg*, in: Krieger/Schneider, Handbuch Managerhaftung, Rn 18.60 f.; *Paetzmann*, ZVersWiss 2008, 177, 188; *Doralt*, ZGR 2019, 996, 1010 nutzt dafür den Ausdruck „Deep pockets".

902 So *Paetzmann*, ZVersWiss 2008, 177, 188 f., der zudem geltend macht, dass der D&O-Versicherer als weiterer „Überwachungsträger" hinzukommt und insbesondere ausführliche Risikoprüfungen durchführt; dagegen stimmt *Sieg*, in: Krieger/Schneider, Handbuch Managerhaftung, Rn 18.60 f. weitestgehend der These zu, dass das Bestehen einer D&O-Versicherung „allenfalls die Höhe" des Schadensersatzanspruchs, „nicht aber die Entscheidung über das „ob" einer Inanspruchnahme" beeinflusst.

903 *Seibt/Saame*, AG 2006, 901; *Wagner*, ZHR 178, 227, 235 ff.

904 Vgl. *Meyer*, VersicherungsJournal v. 02.02.2018, https://www.versicherungsjournal.de/versicherungen-und-finanzen/praemie-fuer-d-und-o-versicherung-soll-verzehnfacht-werden-131300.php; dazu näher in Kapitel B. IX. 1. e. der Arbeit.

Versicherungsprämie individuell an die jeweiligen Kriterien der Gesellschaft angepasst wird, so kann die Prämie bei Großkonzernen durchaus sechsstellige Beträge erreichen.[905]

Kritik wird insbesondere an den Versicherungsbedingungen geübt, da diese den Deckungsschutz häufig durch Ausschlüsse einschränken. Dazu gehört insbesondere der Ausschluss bei „wissentlicher Pflichtverletzung“, welcher in der Praxis für die Organmitglieder besonders gefährlich sein kann. Zwar muss der Versicherer die wissentliche Pflichtverletzung des Organmitglieds beweisen, allerdings kommt es hier zu Beweiserleichterungen zum Beispiel nach dem Grundsatz des Indizienbeweises.[906] Die Gefahr des kompletten Verlustes der D&O-Deckung ist durch die Rücktritts- und Kündigungsmöglichkeiten der Versicherer gegeben. Zu den Rücktritts- und Kündigungsgründen gehören nicht nur die Aufklärungs- und Anzeigepflichten, sondern unter anderem auch die Kooperations- und Schadensminderungspflichten.[907]

Zunehmend lässt sich ein Trend der restriktiven Zahlungswilligkeit der Versicherer und der komplizierteren Schadensabwicklung erkennen. Die D&O-Versicherer versuchen immer häufiger den Vertrag wegen arglistiger Täuschung anzufechten oder die Zahlung durch Rücktritt beziehungsweise Kündigung des Versicherungsvertrags zu verhindern.[908] Außerdem kann das Prozessführungsrecht des Versicherers im Rahmen des Abwehrschutzes des Organmitglieds zu Interessenkonflikten führen, wenn beispielsweise der vom Versicherer beauftragte Anwalt Kenntnis von den Ausschlusstatbeständen hat und vorrangig die Interessen seines Auftraggebers verfolgt. Überhaupt wird die freie Anwaltswahl des Organmitglieds häufig in den Versicherungsbedingungen zumindest durch ein Widerspruchsrecht des Versicherers eingeschränkt. Das Anwaltshonorar führt häufig zu Streitigkeiten und kann bei Bestehen einer Angemessenheitsklausel je nach Höhe der Anwaltsvergütung überdies zu einer Verweigerung der Versicherungsleistung des Versicherers führen.[909]

---

905 Vgl. *Kolerus*, Geld Magazin 05/2015, 64, 65; vgl. *Seibt/Saame*, AG 2006, 901, insbesondere FN 1; die Prämie richtet sich nicht nur nach der Größe, sondern auch nach Kriterien wie Branche und Börsennotierung in den USA; vgl. *Kiethe*, BB 2003, 537.

906 *Seibt/Saame*, AG 2006, 901, 908 f.; *Kiethe*, BB 2003, 537, 541.

907 Dazu ausführlich *Seibt/Saame*, AG 2006, 901, 911 f.

908 So *Seibt/Saame*, AG 2006, 901, 911; vgl. auch *Wagner*, ZHR 178, 227, 249 zum Deckungsausschluss gem. § 103 VVG.

909 Vgl. *Kiethe*, BB 2003, 537, 540 f.; *Seibt/Saame*, AG 2006, 901, 911.

In der Literatur gibt es sogar durchaus Stimmen, welche die gesellschaftsfinanzierte D&O-Versicherung als „Systembruch" und „inkonsequent" im Hinblick auf die „Strenge der Vorstandshaftung" ansehen. Vorgeschlagen wird alternativ eine gesetzliche und unversicherbare Haftungshöchstgrenze. Argumentiert wird nicht nur damit, die Funktion der Organhaftung zu fördern, sondern eine Begrenzung soll vielmehr auch dem Schutz des Organs vor existenzvernichtender Haftung dienen.[910] Allerdings kommt es bei dieser Lösung zu dem Ergebnis, dass auch „nicht privilegierungsbedürftige Sachverhalte" von der Haftungsbegrenzung erfasst werden und das „Kriterium der Leistungsfähigkeit des Schuldners" völlig außen vor bleibt.[911] Damit würden letztlich die „pflichtwidrig handelnden Organmitglieder vor der von ihnen geschädigten Gesellschaft" geschützt „statt die geschädigte Gesellschaft vor ihren pflichtwidrige handelnden Organmitgliedern".[912]

2. Argumente für die D&O-Deckung

Auch wenn es berechtige Kritik an der D&O-Versicherung gibt, so überwiegt doch die Anzahl der D&O-Befürworter. Diese führen insbesondere den Zweck der D&O-Versicherung an. Zwar ist jener wiederum umstritten,[913] aber ein Nutzen der Versicherung ist in jedem Fall der Schutz der versicherten Manager vor persönlicher Haftung.[914] Eine Folge daraus ist, dass durch die Absicherung die unternehmerische Handlungsfreiheit der Organmitglieder gestärkt wird. Außerdem trägt die Absicherung dazu bei, qualifizierte und geeignete Manager für die Gesellschaft zu gewinnen und an sie zu binden. Das Fehlen einer D&O-Versicherung würde die Position einer Gesellschaft im Wettbewerb um die fähigsten Manager deutlich verschlechtern.[915]

Eine bestehende D&O-Versicherung mindert das Kreditrisiko der Gesellschaft, weil die Gesellschaft zumindest in Höhe der Deckungssumme bei

910 *Bayer/Scholz*, NZG 2014, 926 ff.; vgl. dazu auch *Wagner*, ZHR 178, 227 ff. und *Dose*, Aktionärsklage, D&O-Versicherung und Vorstandshandeln, S. 308 ff.

911 So auch *Habersack*, ZHR 177, 782, 803 zur gesetzlichen Haftungsbegrenzung; vgl. sogar kritisch zur satzungsmäßigen Haftungshöchstsumme *Fleischer*, ZIP 2014, 1304, 1314 f.

912 *Schöne/Petersen*, AG 2012, 700, 705.

913 Dazu ausführlich in Kapitel B. VI. der Arbeit.

914 So beispielsweise *Sieg*, in: Krieger/Schneider, Handbuch Managerhaftung, Rn 18.65.

915 *Seibt/Saame*, AG 2006, 901, 906; OLG München, VersR 2005, 540, 542; *Dreher*, ZHR 165, 293, 310; *Bastuck/Stelmaszczyk*, NZG 2011, 241, 245; *Notthof*, NJW 2003, 1350, 1354; *Sieg*, in: Krieger/Schneider, Handbuch Managerhaftung, Rn 18.66.

Pflichtverletzungen eines Organmitglieds zahlungsfähig bleibt. Dadurch steigert sich die Kreditwürdigkeit und das Ansehen des Unternehmens.[916] Das Unternehmen profitiert nicht nur durch eine bessere Kreditwürdigkeit, sondern auch durch die Sicherheit im Schadensfall durch einen Managerfehler einen solventen Zahlungsgegner zur Verfügung zu haben.[917]

Die D&O-Versicherung ist damit nicht nur für die Gesellschaft oder das Organmitglied von Nutzen, sondern sie bringt jeweils für beide wichtige Vorteile mit sich. Nicht vergessen werden darf die Tatsache, dass fast jedes DAX-Unternehmen eine D&O-Versicherung abgeschlossen hat und die Versicherung auch allgemein bei Großunternehmen als Marktstandard angesehen werden kann.[918]

3. Fazit

Die Kritik an der D&O-Versicherung spricht nicht eindeutig gegen die D&O-Versicherung, sondern ihr kann durch eine individuelle Vertragsgestaltung begegnet werden. Die problematischen Versicherungsbedingungen können im Rahmen der Vertragsverhandlungen gestrichen oder zumindest entsprechend modifiziert werden.[919] Auf das Problem der Deckungslücken und die möglichen Lösungsansätze wurde ausführlich in dem vorherigen Kapitel eingegangen.[920]

Zu überlegen wäre eine Vorbeugung der Schadensfälle durch optimale Compliance statt dem Abschluss einer D&O-Versicherung. Allerdings dient ein hinreichendes Compliance-System zwar der Schadensprävention und Risikokontrolle,[921] bei Verletzungen der Compliance-Pflichten greift die D&O-Versicherung jedoch oftmals überhaupt nicht.[922] Außerdem betrifft Compliance

---

916 Vgl. *Lange*, DStR 2002, 1626, 1631; *Notthof*, NJW 2003, 1350, 1354; *Seibt/Saame*, AG 2006, 901, 906.

917 *Habersack*, MüKo AktG, § 113 Rn 16 m.w.N; *Ihlas*, D&O, S. 595 m.w.N.; *Sieg*, in: Krieger/Schneider, Handbuch Managerhaftung, Rn 18.66.

918 *Sieg*, in: Krieger/Schneider, Handbuch Managerhaftung, Rn 18.65; *Bachmann*, in: Kremer/ Lutter/Werder/Bachmann, DCGK, Rn 672.

919 So auch *Kiethe*, BB 2003, 537, 542; *Seibt/Saame*, AG 2006, 901, 912 f.

920 Siehe Kapitel B. IX. der Arbeit.

921 LG München I, NZG 2014, 345 ff.; *Fleischer*, NZG 2014, 321, 322; *Seibt/Cziupka*, AG 2015, 93, 94; *Blassl*, CCZ 2017, 37 und *Hoffmann/Schieffer*, NZG 2017, 401 sehen unter anderem einen Zusammenhang des Dieselskandals und der steigenden Nachfrage rund um Compliance.

922 Vgl. *Hoffmann/Schieffer*, NZG 2017, 401, 404; zur Absicherung des Compliance-Officers durch die D&O-Versicherung *Koch*, ZRFC 2016, 135 f. und *Held*, CCZ 2009, 231, 232 f.

vorwiegend den Zeitraum vor der Entstehung des Schadens, während die D&O-Versicherung hauptsächlich ab dem Zeitpunkt des Schadensfalls wichtig wird. Insofern stehen Compliance und D&O-Versicherung nicht in Konkurrenz zueinander, sondern ergänzen sich gegenseitig. Daher führt gerade das Zusammenspiel von Prävention durch ein umfangreiches Compliance-System und Schadensregulierung durch eine bestehende D&O-Versicherung zur größtmöglichen Sicherheit für Gesellschaft und Organmitglied.

Seibt/Saame gehen sogar soweit festzustellen, dass die Unternehmensleitung zur detaillierten Prüfung der Vor- und Nachteile einer D&O-Versicherung orientiert allein am Gesellschaftsinteresse verpflichtet ist. Erst wenn diese Ermittlung, bei der die ernsthaften Bemühungen um eine bestmögliche Versicherung im Vordergrund stehen muss, ein Überwiegen der Gründe gegen den Abschluss einer D&O-Versicherung ergeben und diese nachvollziehbar dokumentiert wurden, ist „ein Sorgfaltspflichtverstoß wegen unzureichenden Risikomanagements“ ausgeschlossen.[923]

Im Ergebnis kann der Wert der D&O-Versicherung nicht angezweifelt werden. Die Versicherungsmöglichkeit konnte sich schnell am Markt etablieren und besteht seitdem fast flächendeckend für die großen Kapitalgesellschaften. Durch die ständige Weiterentwicklung der Versicherungsbedingungen wird versucht, Problemfeldern und Interessenkonflikten unmittelbar entgegenzuwirken. Die Vorteile aller Beteiligten liegen auf der Hand. Das Organ wird vor einer existenzvernichtenden Haftung geschützt, wodurch die Gesellschaft attraktiver für qualifizierte Manager wird. Für die Gesellschaft besteht die Sicherheit eines solventen Anspruchsgegners bei Gesellschaftsschäden. Damit kann die Frage, ob eine D&O-Versicherung überhaupt sinnvoll ist, nur mit einem „Ja“ beantwortet werden.

923 *Seibt/Saame*, AG 2006, 901, 912 f.

C. Endfazit

Der Titel dieser Arbeit stellt den Oberbegriff dar, unter den der Inhalt der Arbeit zusammengefasst werden kann. Dieser wurde so gewählt, weil im Rahmen der Managerhaftung bereits sehr vieles rund um den Vorstand behandelt und diskutiert wurde, während der Aufsichtsrat weitestgehend außen vor bleibt. Dies gilt auch für den Bereich der D&O-Versicherungen. Dass es aber reichlich offene Fragen, reges Interesse, aber wenig wissenschaftliche Untersuchungen bezüglich der D&O-Versicherung des Aufsichtsrats gibt, zeigt die steigende Aufsatzliteratur in diesem Bereich, das Interesse der großen D&O-Versicherer an dieser Arbeit und die zunehmende Haftungsgefahr des Aufsichtsrats durch die Aufwertung seiner Position sowie den zunehmenden Rückgriff auf die Mitglieder des Aufsichtsrats.

Der Haftungsgefahr kann nur mit einem Versicherungsschutz für den Aufsichtsrat begegnet werden, der so umfassend und sicher wie sinnvoll und möglich ist. Dazu soll die vorliegende Arbeit durch eine Aufarbeitung der Risiken sowie der ungeklärten Fragen sensibilisieren. Für die Beantwortung der Fragen wurden mögliche Lösungen und Reformvorschläge erarbeitet. Dazu gehört die Streitverkündungsvereinbarung als zusätzlicher Trigger der TTT-Policy[924], die Empfehlung zur Unabhängigkeit des D&O-Versicherungsschutzes von Vorstand und Aufsichtsrat beispielsweise durch die TTT-Policy[925] und die Verpflichtung zum Selbstbehalt des Aufsichtsrats mit höhenmäßiger Anpassung[926].

Als Ausblick lässt sich festhalten, dass die aufgezeigten Praxisentwicklungen für einen Wandel hinsichtlich der Importanz der D&O-Versicherung des Aufsichtsrats sprechen. Die Bedeutung eines umfassenden und starken Versicherungsschutzes entwickelt sich parallel zur steigenden Bedeutung und Haftungsgefahr für den Aufsichtsrat. Den Gesellschaften bleibt zu raten, sich um einen ausreichenden Versicherungsschutz ihrer Aufsichtsräte zu bemühen, um die Attraktivität ihrer Aufsichtsratspositionen zu steigern und dadurch die Positionen mit Topmanagern besetzen zu können. Gegenüber den Aufsichtsräten selbst ist die Empfehlung auszusprechen, rechtzeitig einen umfassenden Versicherungsschutz abzuschließen, um sich und das eigene Vermögen so gut wie möglich vor eventuellen Risiken abzuschirmen. Den D&O-Versicherern könnte

924 Siehe Kapitel B. IV. 4. d. nn. der Arbeit.
925 Siehe Kapitel B. IV. 4. d. ll der Arbeit.
926 Siehe Kapitel B. VIII. 2. f. cc. der Arbeit.

diese Entwicklung insofern zu Gute kommen, als dass sich die Einnahmen durch zusätzliche Versicherungen der Aufsichtsräte erhöhen könnten. Es bleibt aber abzuwarten, wie schnell, in welchem Umfang oder ob sich überhaupt die D&O-Versicherung des Aufsichtsrats grundlegend und flächendeckend ändern wird. Das Befolgen der hier nahegelegten Empfehlungen und Ratschläge könnte aber für die Mehrheit der Beteiligten von Vorteil sein.

Was den Dieselskandal angeht, so wurden die grundlegenden Problematiken rund um den VW Konzern aufgezeigt. Die Verbindung von VW und Porsche sowie die Struktur als Familienunternehmen, insbesondere innerhalb der Organe, könnten zumindest teilweise für die Schwierigkeiten des Konzerns mitverantwortlich sein. Dadurch wird die Bedeutung der Neutralität von Aufsichtsrat und Vorstand verdeutlicht. Im Rahmen der Arbeit wurde herausgearbeitet, dass diese Neutralität durch ein geeignetes D&O-Versicherungsmodell unterstützt werden kann. Die persönliche Haftung der Organe des VW Konzerns und damit die mögliche Inanspruchnahme der D&O-Versicherung bleibt abzuwarten.

D. Zusammenfassung in Thesen

Abschließend sollen die Ergebnisse in Thesen zusammengefasst werden.

1. Im Bereich der Organhaftung holt das Haftungsrisiko des Aufsichtsrats langsam, aber sicher das Risiko des Vorstands ein. Jede Pflichtverletzung des Vorstands kann eine potentielle Pflichtverletzung des Aufsichtsrats darstellen. Durch ein Mehr an Anspruchsgegnern versuchen geschädigte Gesellschaften oder Gläubiger den höchstmöglichen Regress zu erzielen. Hinzu kommt, dass die Außenhaftung schon längst keine Ausnahme mehr darstellt[927] und durch die aktuelle Entscheidung des BGH zum „Verjährungskarussell" die Durchsetzbarkeit des gesellschaftlichen Schadensersatzanspruchs gegen das Aufsichtsratsmitglied quasi verlängert wird[928].
2. Vor dem Hintergrund steigender Haftungsrisiken kommt der möglichst effektiven und konfliktfreien Haftungsbegrenzung durch die D&O-Versicherung immer mehr Bedeutung zu.
3. Die US-amerikanischen Wurzeln der heutigen D&O-Versicherung führen zu „Transfer-Problemen" durch die Unterschiede zwischen dem US-amerikanischen One-Tier Board System und dem deutschen Two-Tier Board System. Bei der bisher üblichen Unternehmensversicherung von Vorstand und Aufsichtsrat steht den Organen nur eine gemeinsame Deckungssumme zur Verfügung, wodurch die Unabhängigkeit des Aufsichtsrats gefährdet sein kann, wenn der Aufsichtsrat sich durch die Anspruchserhebung selbst einem Haftungsrisiko aussetzt. Eine mögliche Schutzlosigkeit aufgrund der Erschöpfung der Deckungssumme durch das vorangegangene Verfahren gegen den Vorstand und die Gefahr einer Streitverkündung des Vorstands gegen den Aufsichtsrat werfen die Frage auf, ob eine Unabhängigkeit der Versicherungen nicht die bessere Lösung darstellt.[929]
4. Anstatt oder zusätzlich zur Unternehmenspolice kann als für das Organmitglied sichere, aber teure Möglichkeit eine Individualpolice abgeschlossen werden.[930] Die strikte Trennung von Vorstands- und Aufsichtsratsversicherung im Rahmen des Twin-Tower Modells ist aufgrund von deutlicher Prämiensteigerung, Aufteilung der Deckungssumme und komplizierter

927 Siehe Kapitel B. I. 2. a. der Arbeit.
928 Siehe Kapitel B. I. 1. k. bb. der Arbeit.
929 Siehe Kapitel B. IV. 2. der Arbeit.
930 Siehe Kapitel B. IV. 4. a. der Arbeit.

Schadensabwicklung wegen Zuwachses an Versicherern wenig praktikabel.[931] Mit der Trennung der Deckungssumme durch ein gesondertes Sublimit für den Aufsichtsrat geht die Gefahr einher, dass der Geschädigte gleichzeitig gegen beide Organe vorgeht, um die gesamte Deckungssumme abschöpfen zu können.[932] Empfohlen werden kann dagegen die TTT-Policy als Zusatz zur Unternehmenspolice, welche genau den „Transfer-Problemen" entgegenwirkt und somit die Unabhängigkeit sowie den Versicherungsschutz des Aufsichtsrats stärkt. In der Praxis konnte sich diese (neue) Versicherung aus unterschiedlichen Gründen (noch) nicht durchsetzen.[933]

5. Regelmäßig kommt es erst nach Ausscheiden des Organmitglieds zu einer Haftung. Da das Mitglied erst einen Einsichtnahmeanspruch hat, wenn es tatsächlich in Anspruch genommen wird, ist die stetige Sicherung einer eigenen Dokumentationsgrundlage seiner Tätigkeit zur möglichen zukünftigen Verteidigung zu raten.[934] Zusätzlich kann das Organmitglied nach seinem Ausscheiden keinen Einfluss mehr auf seine Versicherung nehmen, sodass ein sicherer Haftungsschutz nicht ohne weiteres gewährleistet ist. Zur Schließung von Deckungslücken wurde daher eine spezielle Nebenversicherung für ausgeschiedene Organmitglieder entwickelt, welche die Absicherung für eine gesonderte Vertragslaufzeit mit einer separaten Deckungssumme verspricht.[935] Der Abschluss einer solchen Versicherung ist zu empfehlen, um einen umfassenden Versicherungsschutz nach Ausscheiden des Managers zu gewährleisten.
6. Die Frage der Abschlusskompetenz der D&O-Versicherung bedarf einer höchstrichterlichen oder gesetzlichen Klärung. Bis dahin könnte die Trennung der Versicherungen von Vorstand und Aufsichtsrat zu einer einfacheren Lösung führen, indem der Aufsichtsrat, gestützt auf § 87 Abs. 1 AktG, die Abschlusskompetenz der D&O-Versicherung des Vorstands und die Hauptversammlung nach § 113 Abs. 1 S. 2 AktG die Abschlusskompetenz der D&O-Versicherung des Aufsichtsrats erhält. Bleibt es bei dem Abschluss der üblichen Unternehmenspolice, so sollten sicherheitshalber alle Organe beteiligt werden, damit der Vorstand nicht die alleinige Entscheidungsmacht

931 Siehe Kapitel B. IV. 4. b. der Arbeit.
932 Siehe Kapitel B. IV. 4. c. der Arbeit.
933 Siehe Kapitel B. IV. 4. d. der Arbeit.
934 Siehe Kapitel B. V. 1. der Arbeit.
935 Siehe Kapitel B. V. 2. der Arbeit.

hat, sondern das Mitwirken von Aufsichtsrat und Hauptversammlung die Neutralität gewährleisten kann.[936]

7. Tritt das Organmitglied seinen Freistellungsanspruch gegen den Versicherer an die Gesellschaft ab, so kann die Gesellschaft den Versicherer unmittelbar auf Zahlung in Anspruch nehmen.[937] Für die Geltendmachung des abgetretenen Anspruchs sollte die doppelte Zuständigkeit von Vorstand und Aufsichtsrat als neutralste und funktionalste Option gewählt werden.[938] Möglich ist die Abtretung an Erfüllung statt oder erfüllungshalber, wobei die Wahl der Abtretungsform unterschiedliche Konsequenzen und Vorteile für die Beteiligten hat. Ein Kompromiss kann mithilfe von Vereinbarungen durch Vertrag oder Versicherungsbedingungen erzielt werden.[939]
8. Im Vergleich zu dem Selbstbehalt des Vorstands ist der Selbstbehalt des Aufsichtsrats nach seiner Streichung aus dem DCGK im Rahmen der Kodexreform 2019 weder empfohlen noch gesetzlich festgeschrieben. Auf der einen Seite die Anforderungen an den Aufsichtsrat durch dessen Professionalisierung stetig zu erhöhen, jedoch auf der anderen Seite die Regulierung durch den Selbstbehalt für nicht erforderlich zu halten, ist keine überzeugende Herangehensweise des Gesetzgebers. Der Sinn und Zweck des Selbstbehalts, ein vollständiges Unterlaufen der Verhaltenssteuerung der Organhaftung durch den D&O-Versicherungsschutz zu verhindern, kann gleichermaßen auf den Aufsichtsrat übertragen werden. Im Ergebnis sprechen daher viele gute Gründe für die Einführung eines normierten Selbstbehalts des Aufsichtsrats, weshalb auf den hier erarbeiteten Reformvorschlag verwiesen wird.[940]
9. Die Haftungssumme bei Großschadensfällen ist häufig so hoch, dass die Versicherungssumme nicht mehr ansatzweise ausreicht. Ein Hauptgrund dafür ist die Anrechnung der Abwehrkosten auf die Deckungssumme.[941] Daher sollte versucht werden, die Limitierung der Kostenanrechnung durch Sublimits oder die Vereinbarung einer gesonderten Versicherungssumme für die Rechtsabwehr zu erreichen. Zwar führt dies nicht zu einer höheren

936 Siehe Kapitel VI. 3. der Arbeit.
937 Siehe Kapitel VII. 2. der Arbeit.
938 Siehe Kapitel VII. 4. der Arbeit.
939 Siehe Kapitel VII. 11. der Arbeit; zu den unterschiedlichen Konsequenzen insbesondere der noch offenen Rechtsfragen und der dazu erarbeiteten Lösungsansätze siehe Kapitel VII. 5.–10. der Arbeit.
940 Siehe Kapitel VIII. 2. f. der Arbeit.
941 Siehe Kapitel IX. 2. der Arbeit.

Versicherungssumme, dafür aber zur Begrenzung der Deckungssummenerschöpfung. Gemeinsam mit der Kombination von Versicherungskonsortien und Exzedentenversicherungen wird damit zur Verbesserung des Versicherungsschutzes von Organmitgliedern beigetragen.

10. Alles in allem hat die D&O-Versicherung trotz der zahlreichen Kritik nicht an Bedeutung verloren. Ganz im Gegenteil ist ein möglichst umfangreicher und konfliktfreier Versicherungsschutz für Manager im Zeitalter der Großschadensfälle und Wirtschaftsskandale, wie dem Dieselskandal, wichtiger denn je. Dies gilt insbesondere für die inzwischen immer einflussreichere und damit gleichzeitig riskantere Position eines Aufsichtsratsmitglieds. Der Wandel hin zum Fokus auf den Aufsichtsrat neben dem Vorstand zeigt sich gleichermaßen in der Praxis und der Rechtslehre.

E. Abkürzungsverzeichnis

In das Abkürzungsverzeichnis wurden nur solche Abkürzungen aufgenommen, die nicht allgemein bekannt sind und sich nicht aus *Hildebert Kirchner*, Abkürzungsverzeichnis der Rechtssprache, 9. Auflage, Berlin/Boston 2018, ergeben.

AGCS	Allianz Global Corporate & Speciality SE
AVB	Allgemeine Versicherungsbedingungen
AVB-AVG	Allgemeinen Versicherungsbedingungen für die Vermögensschaden-Haftpflichtversicherung von Aufsichtsräten, Vorständen und Geschäftsführern
ARAG-Entscheidung	ARAG/Garmenbeck-Entscheidung
BT-Drs.	Bundestags-Drucksache
CEO	Chief Executive Officer
D&O	Directors' and Officers' Liability Insurance
DAX	Deutscher Aktienindex
DCGK	Deutscher Corporate Governance Kodex
DVS	Die Versicherungspraxis
FAZ	Frankfurter Allgemeine Zeitung
GDV	Gesamtverband der Deutschen Versicherungswirtschaft
HAVE/REAS	Haftung und Versicherung/ Responsabilité et Assurance
LTO	Legal Tribune Online
M.B.C.A.	Model Business Corporation Act
Mich.Bus & Entrepreneurial L.Rev.	Michigan Business & Entrepreneurial Law Review
R.M.B.C.A.	Revised Model Business Corporation Act
SEC	Securities Exchange Comission
SZ	Süddeutsche Zeitung
TP/IK	Towers Perrin/Ihlas&Köberich
TTT-Policy	Two-Tier Trigger Policy
UMAG	Gesetz zur Unternehmensintegrität und Modernisierung des Anfechtungsrechts

VorstAG	Gesetz zur Angemessenheit der Vorstandsvergütung
VW	Volkswagen
VW	Versicherungswirtschaft
Ziff.	Ziffer

F. Literaturverzeichnis

Albers, Joachim: Der Pflicht-Selbstbehalt im Rahmen der D&O-Versicherung – Überlegungen zur Umsetzung in der Praxis, CCZ 2009, S. 222–226.

Andres, Dirk/Leithaus, Rolf/Dahl, Michael: Insolvenzordnung, Kommentar, 4. Auflage, München 2018; zitiert: *Bearbeiter*, in: Andres/Leithaus, InsO.

Armbrüster, Christian: Interessenkonflikte in der D&O-Versicherung, NJW 2016, S. 897–901.

Armbrüster, Christian: Neues vom BGH zur D&O-Versicherung, NJW 2016, S. 2155–2158.

Armbrüster, Christian: Prozessuale Besonderheiten in der Haftpflichtversicherung, r+s 2010, S. 441–458.

Armbrüster, Christian: Verteilung nicht ausreichender Versicherungssummen in D&O-Innenhaftungsfällen, VersR 2014, S. 1–8.

Arnim, Moritz von: D&O-Versicherung und öffentliche Hand – Rechtliche Zulässigkeit und Ausgestaltung des Versicherungsschutzes bei juristischen Personen des öffentlichen Rechts und bei privatrechtlich organisierten Eigen- und Beteiligungsgesellschaften, Karlsruhe 2018.

Bachmann, Gregor: „Keine Haftung des Vorstands für vertretbare Fehlentscheidungen“, BB-Kommentar zu LG Düsseldorf, Urteil vom 25.04.2014 – 39 O 36/11, BB 2014, S. 2388.

Bastuck, Burkhard: Enthaftung des Managements. Coporate Indemnification im amerikanischen und deutschen Recht, Köln/Berlin/Bonn/München 1986.

Bastuck, Burkhard/Stelmaszczyk, Peter: Gestaltung des D&O-Versicherungsschutzes in M&O-Transaktionen, NZG 2011, S. 241–248.

Baumann, Horst: Die Problematik der Abtretung von Freistellungsansprüchen in der D&O-Versicherung – insbesondere an die geschädigte Versicherungsnehmerin – Zugleich Grundsatzbetrachtungen zu § 108 Abs. 2 VVG –, r+s 2011, S. 229–235.

Baumann, Horst: Die Überwindung des Trennungsprinzips durch das Verbot des Abtretungsverbots in der Haftpflichtversicherung, VersR 2010, S. 948–992.

Baumbach, Adolf, Hopt, Klaus J./Kumpan, Christoph/Merkt, Hanno/Roth, Markus: Beck´sche Kurzkommentare Handelsgesetzbuch, 38. Auflage, München 2018; zitiert: *Bearbeiter*, in: Baumbach/Hopt, HGB.

Baumeier, Karin: Die (fehlende) Rechtsprechung und ihre Auswirkungen auf den D&O-Versicherungsschutz, DVS 7/2018, S. 6–8.

Baums, Theodor: Managerhaftung und Verjährungsfrist, Institute for Law and Finance, Working Paper Series No. 119, 07/10.

Bayer, Walter/Scholz, Philipp: Haftungsbegrenzung und D&O-Versicherung im Recht der aktienrechtlichen Organhaftung – Grundsatzüberlegungen zum 70. DJT 2014, NZG 2014, S. 926–934.

Beckmann, Michael/Matusche-Beckmann, Annemarie (Hrsg.): Versicherungsrechts-Handbuch, 3. Auflage, München 2015; zitiert: *Bearbeiter*, in: Beckmann/Matusche-Beckmann, VersR-Hdb.

Beck´scher Online Kommentar HGB, hrsg. v. *Häublein, Martin/Hoffmann-Theinert*: 23. Edition, München 2019; *Bearbeiter*, in: BeckOK HGB.

Bergwitz, Christoph: Zurückbehalten von Geschäftsunterlagen – Wahrnehmung berechtigter Interessen oder Kündigungsgrund?, NZA 2018, S. 333–338.

Berliner Kommentar zum Versicherungsvertragsgesetz, hrsg. v. *Honsell, Heinrich*: Berlin 1999; zitiert: *Bearbeiter*, BK, VVG.

Berner, Olaf/Wettich, Carsten: D&O-Versicherung: Stolpersteine für den Aufsichtsrat im Haftungsfall, BOARD 3/2018, S. 96–99.

Bilir, Zafer: Die Vielfalt der D&O-Versicherungen, BOARD 06/2012, S. 232–236.

Blassl, Johannes S.: Compliance-Fragen in M&A-Prozessen – Zur Legalitätsprüfung bei Unternehmenstransaktionen und Regressansprüchen bei Unternehmensgeldbußen, CCZ 2017, S. 37–43.

Böttcher, Lars: Direktanspruch gegen den D&O-Versicherer – Neue Spielregeln im Managerhaftungsprozess?, NZG 2008, S. 645–650.

Bonn, Christian: D&O-Versicherung und Eigenschadendeckung, Karlsruhe 2017.

Bräuer, Jaqueline: Das anwaltliche Mandat in D&O-Angelegenheiten – selten unkompliziert – Bei Annahme und Abwicklung gibt es Fallen vom Berufs- bis zum Versicherungsrecht, AnwBl 2016, S. 258–260.

Brinkmann, Moritz: Die prozessualen Konsequenzen der Abtretung des Freistellungsanspruchs aus einer D&O-Versicherung, ZIP 2017, S. 301–309.

Cyrus, Rolf: Neue Entwicklungen in der D&O-Versicherung, NZG 2018, S. 7–14.

Daftari, Bijan/Franzen, Nicole: Industrieversicherung: Ex-Vorstände am Pranger – Unterschützte Risiken in der D&O-Versicherung, VW 5/2011, S. 340–343.

Danwerth, Christopher: Analogie und teleologische Reduktion – zum Verhältnis zweier scheinbar ungleicher Schwestern, ZfPW 2017, S. 230–249.

Dietz-Vellmer, Fabian: Organhaftungsansprüche in der Aktiengesellschaft: Anforderungen an Verzicht oder Vergleich durch die Gesellschaft, NZG 2011, S. 248–254.

Diller, Martin: Berufshaftpflichtversicherung der Rechtsanwälte, Kommentar zu den allgemeinen Versicherungsbedingungen, 2. Auflage, München 2017; zitiert: *Bearbeiter*, in: AVB-RSW – Kommentar.

Dogan, Sezer: Ad-hoc-Publizitätshaftung, Baden-Baden 2004.

Doralt, Walter: Organhaftung und D&O-Versicherung, – Jüngere Entwicklungen und aktuelle Gestaltungsfragen –, ZGR 2019, S. 996–1049.

Dose, Michael: Aktionärsklage, D&O-Versicherung und Vorstandshandeln – Ein Beitrag zur Reform der aktienrechtlichen Organhaftung, Wiesbaden 2019.

Drave, Christian: Exzedentenversicherung: Herausforderung bei Gestaltung und Schadenregulierung, DVS 7/2018, S. 35–37.

Dreher, Meinrad: Das Two-Tower-Modell in der D&O-Versicherung, in: Siekmann, Helmut in Gemeinschaft mit Cahn, Andreas/Florstedt, Tim/Langenbucher, Katja/Redenius-Hövermann, Julia/Tröger, Tobias/Segna, Ulrich (Hrsg.): Festschrift für Theodor Baums zum siebzigsten Geburtstag, Band I, Tübingen 2017, S. 325–338; zitiert: *Dreher*, FS Baums 2017.

Dreher, Meinrad: Die selbstbeteiligungslose D&O-Versicherung in der Aktiengesellschaft, AG 2008, S. 429–438.

Dreher, Meinrad: Der Abschluss von D&O-Versicherungen und die aktienrechtliche Zuständigkeitsordnung, ZHR 165 (2001), S. 293–323.

Dreher, Meinrad/Lange, Martin: Die Mitversicherung – Die bürgerlichen, versicherungsrechtlichen- und gesellschaftsrechtlichen Grundlagen –, VersR 2005, S. 717–726.

Dreher, Meinrad/Stefan, Thomas: Die D&O-Versicherung nach der VVG-Novelle 2008, ZGR 2009, S. 31–73.

Düppe, Claus: Manager für Manager – Feedback zu: Titelreport „Aufsichtsräte im Blick“, VW 8/2014, S. 22, VW 10/2014, S. 121.

Fassbach, Burkhard: Die D&O-Versicherung in der Aufsichtsratspraxis, BOARD 4/2014, S. 156–161.

Fassbach, Burkhard: Deckungskonzepte für eine Aufsichtsrats-D&O-Versicherung, Der Aufsichtsrat 02/2013, S. 26–28.

Fassbach, Burkhard/Wettich, Carsten: Der Aufsichtsrat: Überwachungsaufgabe, persönliche Haftung und D&O-Versicherung, KSzW 2016, S. 269–281.

Fassbach, Burkhard/Wettich, Carsten: Die D&O-Versicherung in der Hauptversammlung, GWR 2016, S. 199–201.

Fassbach, Burkhard/Hülsberg, Frank: Die D&O-Versicherung im Konfliktpotential des Two-Tier-Board-Systems, CB 5-6/2018, S. 186–188.

Ferck, Claus Christian: Der Selbstbehalt in der D&O-Versicherung für Organmitglieder von Aktiengesellschaften, Hamburg 2007.

Fleischer, Holger: Gesellschaftsrechtliche Zeitgeschichte im Fallformat, NZG 2016, S. 241–250.

Fleischer, Holger: Vergleiche über Organhaftungs-, Einlage- und Drittansprüche der Aktiengesellschaft, AG 2015, S. 133–150.

Fleischer, Holger: Das Gesetz zur Angemessenheit der Vorstandsvergütung (VorstAG), NZG 2009, 801–806.

Fleischer, Holger: Aktienrechtliche Compliance-Pflichten im Praxistest: Das Siemens/Neubürger-Urteil des LG München I, NZG 2014, S. 321–329.

Fleischer, Holger: Ruinöse Managerhaftung: Reaktionsmöglichkeiten de lege lata und de lege ferenda, ZIP 2014, S. 1305–1316.

Franz, Einiko: Der gesetzliche Selbstbehalt in der D&O-Versicherung nach dem VorstAG – Wie weit geht das Einschussloch in der Schutzweste der Manager?, DB 2009, S. 2764–2773.

Franz, Einiko: Aktuelle Compliance-Fragen zur D&O-Versicherung (Teil 2) – Insbesondere Zuständigkeiten und Selbstbehalt(sversicherung) –, DB 2011, S. 2019–2025.

Freund, Stefan: Brennpunkte der Organhaftung – Anmerkungen aus der Praxis zur organrechtlichen Innenhaftung, NZG 2015, S. 1419–1424.

Freund, Stefan: Starke Aufsichtsräte in der Organhaftung, NZG 2018, S. 1361–1368

Fries, Martin: Staatsexamen für Roboteranwälte? Optionen für die Regulierung von Legal-Tech-Dienstleistern, ZRP 2018, S. 161–166.

Fuhrmann, Lambertus/Linnerz, Markus/Pohlmann, Andreas (Hrsg.): Kommentar – Deutscher Corporate Governance Kodex, Frankfurt 2016; zitiert: *Bearbeiter*, in: Fuhrmann/Linnerz/Pohlmann, DCGK.

Gädtke, Thomas/Wax, Thomas: Konzepte zur Versicherung des D&O-Selbstbehalts – Eine kritische Bestandsaufnahme, AG 2010, S. 851–867.

Gomes Ramos, Maria Elisabete: Corporate Indemnification – Experiences in USA and Developments in Germany, Italy and Portugal, ECFR 2017, S. 723–774.

Grieger, Manfred/Gutzmann, Ulrike/Schlinkert, Dirk: Volkswagen Chronik – Der Weg zum Global Player, Wolfsburg 2008.

Grooterhorst, Johannes/Loomann, Jörg: Rechtsfolgen der Abtretung des Freistellungsanspruchs gegen den Versicherer im Rahmen der D&O-Versicherung, NZG 2015, S. 215–221.f

Grooterhorst, Johannes/Loomann, Jörg: Kostentragung des Versicherers bei (teilweiser) Erschöpfung der VersSumme in der D&O-Versicherung, r+s 2014, S. 157–163.

Großkommentar zum Aktiengesetz, hrsg. v. *Hirte, Heribert/Mülbert, Peter O./Roth, Markus*: Band 4, Teilband 2, 5. Auflage, Berlin/München/Boston 2015; zitiert: *Bearbeiter*, in: Großkomm AktG.

Großkommentar zum Aktiengesetz, hrsg. v. *Hirte, Heribert/Mülbert, Peter O./Roth, Markus*: Band 5, 6. Auflage, Berlin/München/Boston 2019; zitiert: *Bearbeiter*, in: Großkomm AktG, 2019.

Großkommentar zum Versicherungsvertragsgesetz, hrsg. v. *Baumann, Horst/Beckmann, Roland Michael/Johannsen, Katharina/Johannsen, Ralf/Koch, Robert*: 9. Auflage, Band 3, Berlin 2010; zitiert: *Bearbeiter*, in: Großkomm VVG.

Großkommentar zum Versicherungsvertragsgesetz, hrsg. v. *Baumann, Horst/Beckmann, Roland Michael/Johannsen, Katharina/Johannsen, Ralf/Koch, Robert*: 9. Auflage, Band 4, Berlin/Boston 2013; zitiert: *Bearbeiter*, in: Großkomm VVG.

Grote, Joachim/Schneider, Christian: VVG 2008: Das neue Versicherungsrecht, BB 2007, S. 2689–2702

Gruber, Michael/Wax, Thomas: Wer ist für den Abschluss der D&O-Versicherung zuständig?, WBL 24 (2010), S. 169–176.

Günther, Christoph: Schadensersatz und Prozesskosten in den USA – Freier Markt treibt Anwaltskosten in die Höhe – Fonds für Opfer der Terroranschläge, VW 1/2002, S. 13–15.

Haarmann, Wilhelm/Weiß, Michael: Reformbedarf bei der aktienrechtlichen Organhaftung, BB 2014, S. 2115–2125.

Habersack, Mathias: Perspektiven der aktienrechtlichen Organhaftung, ZHR 177 (2013), S. 728–806.

Häcker, Birke: Das englische Common Law – Eine Einführung, JuS 2014, 872–876.

Halm, Wolfgang E./Engelbrecht, Andreas/Krahe, Frank (Hrsg.): Handbuch des Fachanwalts Versicherungsrecht, 4. Auflage, Köln 2015; zitiert: *Bearbeiter*, in: Halm/Engelbrecht/Krahe, Handbuch des Fachanwalts Versicherungsrecht.

Happ, Wilhelm/Groß, Wolfgang: Aktienrecht Handbuch – Mustertexte – Kommentar, 4. Auflage, Köln 2015; zitiert: *Bearbeiter*, in: Happ/Groß, AktR.

Harbarth, Stephan/Jaspers, Philipp: Verlängerung der Verjährung von Organhaftungsansprüchen durch das Restrukturierungsgesetz, NZG 2011, S. 368–376.

Harzenetter, Tobias: Abtretung des Freistellungsanspruchs aus einer D&O-Versicherung nach den BGH-Urteilen vom 13.04.2016.

Hasselbach, Kai: Überwachungs- und Beratungspflichten des Aufsichtsrats in der Krise, NZG 2012, S. 41–48.

Hasselbach, Kai: Der Verzicht auf Schadensersatzansprüche gegen Organmitglieder, DB 2010, S. 2037–2044.

Hauschka, Christoph E./Moosmayer, Klaus/Lösler, Thomas (Hrsg.): Coporate Compliance – Handbuch der Haftungsvermeidung im Unternehmen, 3. Auflage, München 2016; zitiert: *Bearbeiter*, in: Hauschka/Moosmayer/Lösler, Corporate Compliance.

Hecker, Andreas: Die aktuellen Änderungen des Deutschen Corporate Governance Codex im Überblick, BB 2009, S. 1654–1658.

Heidebach, Martin: ZUR AMTSHAFTUNG DER LÄNDER FÜR IHRE LANDESBANKEN? – Haften die Länder den Landesbanken aus § 839 BGB i.V.m. Art. 34 GG für das Fehlverhalten der von ihnen entsandten Mitglieder der Aufsichtsgremien?, Die Verwaltung 2014, S. 493–520.

Heidmeier, Friederike: Die Gesellschaftsformen des US-amerikanischen Rechts, IWB 4/2003, S. 169–186.

Held, Franz: Die Garantenpflicht des Compliance Officers und die D&O-Versicherung als „Allheilmittel", CCZ 2009, S. 231–233.

Hellgardt, Alexander/Hoger, Andreas: Transatlantische Konvergenz der Aktionärsrechte – Systemvergleich und neuere Entwicklungen, ZGR 2011, S. 38–82.

Hemeling, Peter: Neuere Entwicklungen in der D&O-Versicherung, in: Krieger, Gerd/Lutter, Marcus/Schmidt, Karsten (Hrsg.): Festschrift für Michael Hoffmann-Becking zum 70. Geburtstag, München 2013, S. 491–510; zitiert: *Hemeling*, FS Hoffmann-Becking 2013.

Hendricks, Michael: D&O-Selbstbehaltsversicherung stößt auf rege Nachfrage – Replik zu VW 5/2003, VW 6/2003, S. 452.

Hendricks, Michael: „Umdeckungslücken" in der D&O-Versicherung, CCZ 2008, S. 64–66.

Hendricks, Michael: D&O-Versicherung auf eigene Rechnung, DVS 6/2016, S. 20–22.

Henssler, Martin/Strohn, Lutz (Hrsg.): Beck'sche Kurzkommentare Gesellschaftsrecht, Aktiengesetz, 4. Auflage, München 2019; zitiert: *Bearbeiter*, in: Henssler/Strohn, GesellschaftsR, AktG.

Hoffmann, Gunter M.: Existenzvernichtende Haftung von Vorständen und Aufsichtsräten?, NJW2012, S. 1393–1399.

Hoffmann-Becking, Michael (Hrsg.): Münchener Handbuch des Gesellschaftsrecht, Band 4, Aktienrecht, 4. Auflage, München 2015; zitiert: *Bearbeiter*, Münch. Hdb. GsR, IV.

Hoffmann-Becking, Michael: Sinn und Unsinn der D&O-Versicherung, ZHR 181 (2017), S. 737–745.

Hoppe, Alexander: Die Streitverkündung als Instrument gesellschaftsrechtlicher Prozessführung, Baden-Baden 2017.

Hölters, Wolfgang (Hrsg.): Aktiengesetz Kommentar, 3. Auflage, München 2017; zitiert: *Bearbeiter*, in: Hölters, AktG.

Höra, Knut (Hrsg.): Münchener Anwaltshandbuch Versicherungsrecht, 4. Auflage, München 2017; zitiert: *Bearbeiter*, in: Höra, Münchener Anwaltshandbuch Versicherungsrecht.

Hösker, Carsten: Die Pflichten des Versicherers gegenüber dem VN nach Abtretung des Haftpflichtversicherungsanspruchs an den Geschädigten, VersR 2013, S. 952–962

Hüffer, Uwe (Hrsg.): Kommentar zum Aktiengesetz, 13. Auflage, München 2018; zitiert: *Bearbeiter*, in: Hüffer/Koch, AktG.

Ihlas, Horst: Die vom Manager selbst bezahlte D&O-Police ist eine Fata-Morgana – Erste AVB zum Zwangs-Selbstbehalt, VW 17/2009, S. 1360.

Ihlas, Horst: D&O – Directors and Officers Liability, Berlin 2009.

Ihlas, Horst: Organhaftung und Haftpflichtversicherung, Berlin 1997.

Kästner, Karin: Aktienrechtliche Probleme der D&O-Versicherung, AG 2000, S. 113–122.

Kindler, Alexander: Der amerikanische Aufsichtsrat – Der Funktionswandel des Board of Directors großer Aktiengesellschaften in den USA.

Kiethe, Kurt: Persönliche Haftung von Organen der AG und der GmbH – Risikovermeidung durch D&O-Versicherung?, BB 2003, S. 537–542.

Klett, Barbara/Bielmann, Yves: Die Streitverkündungsklage – Fluch oder Segen?, HAVE/REAS 4/2013, S. 310–318.

Knöfel, Oliver L.: D&O-Exzedentendeckungen, VersR 2018, S. 513–512.

Koch, Robert: Einführung eines obligatorischen Selbstbehalts in der D&O-Versicherung durch das VorstAG, AG 2009, S. 637–646

Koch, Robert: Abtretung des Freistellungsanspruchs in D&O-Innenhaftungsfällen, VersR 2016, S. 765–768.

Koch, Robert: VVG-Reform: Zu den Folgen der Untersagung des Anerkenntnis- und Abtretungsverbots in der Haftpflichtversicherung, in: Bergeest, Volker-Joachim/Labes, Hubertus W. (Hrsg.): Liber amicorum für Gerrit Winter, Karlsruhe 2007, S. 345–365; zitiert: *Koch*, FS Winter, 345, 363 f.

Koch, Rebecca Julia: Der Compliance-Officer und die D&O-Versicherung – Was ist zu beachten?, ZRFC 2016, S. 135–139.

Kocher, Dirk/Falkenhausen, Joachim Freiherr von: Streitverkündung und Interessenkonflikte im Organhaftungsprozess, AG 2016, S. 848–853.

Köberich, Harald/Heilmann, Jörg: "Irrlichter" in der deutschen D&O-Versicherungslandschaft, DVS 6/2016, S. 12–15.

Kölner Kommentar zum Aktiengesetz, hrsg. v. *Zöllner, Wolfgang/Noack, Ulrich/Mertens, Hans-Joachim/Cahn, Andreas*: Band 2/1, 3. Auflage, Köln 2010; zitiert: *Bearbeiter*, Kölner Kommentar, AktG.

Kölner Kommentar zum Aktiengesetz, hrsg. v. *Zöllner, Wolfgang/Noack, Ulrich/Mertens, Hans-Joachim/Cahn, Andreas*: Band 2/2, 3. Auflage, Köln 2013; zitiert: *Bearbeiter*, Kölner Kommentar, AktG.

Kolerus, Harald: In die Pflicht genommen, Geld Magazin v. 13.05.2019, Heft 05/2019, S. 64–65.

Kopp, Fridtjof: Der Regress unter Mitbürgen bei geleisteten Teilzahlungen (§§ 774 Abs. 2, 426 Abs. 1 und 2 BGB), JR 2016, S. 347–356.

Kordes, Tobias: D&O-Versicherung: Zusammentreffen von wissentlicher Pflichtverletzung und weiteren fahrlässigen Pflichtverletzungen, r+s 2019, S. 307–311.

Kort, Michael: Entlastung der Organmitglieder einer Holding und „Dieselthematik" – Auskunftsrecht, Risikofrüherkennung und Compliance, NZG 2018, S. 641–648.

Kort, Michael: Voraussetzungen der Zulässigkeit einer D&O-Versicherung von Organmitgliedern, DStR 2006, S. 799–804.

Krause, Hartmut: Von „goldenen Aktien", dem VW-Gesetz und der Übernahmerichtlinie, NJW 2002, S. 2747–2751.

Kremer, Thomas/Bachmann, Gregor/Lutter, Marcus/Werder, Alexander von/Ringleb, Henrik-Michael (Hrsg.): Deutscher Coporate Governance Kodex – Kodex-Kommentar, 7. Auflage, München 2018, zitiert: *Bearbeiter* in: Kremer/Bachmann/Lutter/v. Werder, DCGK.

Kretschmer, Thorsten: Reichweite und Wirksamkeit von Führungsklauseln in der D&O-Versicherung, VersR 2008, S. 33–41.

Krieger, Gerd/Schneider, Uwe (Hrsg.): Handbuch Managerhaftung, 3. Auflage, Köln 2017; zitiert: *Bearbeiter*, in: Krieger/Schneider, Handbuch Managerhaftung, Rn 18.55.

Krüger, Anja/Rahlmeyer, Niklas: Die Streitverkündung im Zivilprozess, JA 2014, S. 202–207.

Lange, Martin/Dreher, Meinrad: Der Führende in der Mitversicherung, VersR 2008, S. 289–297.

Lange Oliver: D&O-Versicherung und Managerhaftung, München 2014.

Lange, Oliver: Der Direktanspruch gegen den Haftpflichtversicherer (am Beispiel der D&O-Versicherung), r+s 2011, S. 185–198.

Lange, Oliver: Die D&O-Selbstbehalt-Versicherung, r+s 2010, S. 92–100.

Lange, Oliver: Die Company-Reimbursement-Klausel in der D&O-Versicherung, VersR 2011, S. 429–439.

Lange, Oliver: Die verbrauchte Versicherungssumme in der D&O-Versicherung, VersR 2014, S. 1413–1426.

Lange, Oliver: Praxisfragen der D&O-Versicherung (Teil I), DStR 2002, S. 1626–1631.

Langheid, Theo: Die Reform des Versicherungsvertragsgesetzes – 2. Teil: Die einzelnen Versicherungssparten, NJW 2007, S. 865–869.

Langheid, Theo: Nach der Reform: Neue Entwicklungen in der Haftpflichtversicherung, VersR 2009, S. 1043–1046.

Langheid, Theo: Tücken in den 100 ff. VVG-RegE, VersR 2007, S. 865–869.

Langheid, Thoe/Joachim, Grote: Deckungsfragen in der D&O-Versicherung, VersR 2005, S. 1165–1175.

Langheid, Theo/Rixecker, Roland/Gal, Jens/Grote, Joachim/Muschner, Jens (Hrsg.): Versicherungsvertragsgesetz Kommentar, 6. Auflage, München 2019; zitiert: *Bearbeiter*, in: Langheid/Rixecker, VVG.

Lansch, Rita: Führungskräfte im Visier: Versicherer fürchten D&O-SB-Kumule, VW 21/2010, S. 1518.

Leible, Stefan/Reichert, Jochem (Hrsg.): Münchener Handbuch des Gesellschaftsrecht, Band 6, Internationales Gesellschaftsrecht, Grenzüberschreitende Umwandlungen, 4. Auflage, München 2013; zitiert: *Bearbeiter*, Münch. Hdb. GsR, VI.

Lieder, Jan: Unternehmerische Entscheidungen des Aufsichtsrats, ZGR 2018, S. 523–583.

Lohr, Martin: Die Beschränkung der Innenhaftung des GmbH-GF, NZG 2000, S. 1204–1213.

Looschelders, Dirk/Pohlmann, Petra (Hrsg.): Versicherungsvertragsgesetz Kommentar, 3. Auflage, Köln 2017; zitiert: *Bearbeiter*, in: Looschelders/Pohlmann, VVG.

Loritz, Karl-Georg/Wagner, Klaus-R: Haftung von Vorständen und Aufsichtsräten, DStR 2012, S. 2189–2195.

Loritz, Karl-Georg/Hecker, Michael: Das Claims-made-Prinzip in der D&O-Versicherung und das deutsche AGB-Recht, VersR 2012, S. 384–393.

Luckey, Jan: Anmerkung zu OLG Dresden, Urteil vom 23. 2. 2010 – 9 U 2043/08, VersR 2011, S. 896.

Lutter, Marcus/Krieger, Gerd/Verse, Dirk A.: Rechte und Pflichten des Aufsichtsrats, 6. Auflage, Köln 2014.

Lutter, Marcus: Beraterverträge mit Aufsichtsratsmitgliedern, in: Aderhold, Lutz/ Grunewald, Barbara/Klingberg, Dietgard/Paefgen, Walter G. (Hrsg.): Festschrift für Harm Peter Westermann zum 70. Geburtstag, Köln 2008, S. 1171–1189; zitiert: *Lutter*, FS Westermann 2008.

Lutter, Marcus: Corporate Governance in Österreich und Deutschland, in: Kalss, Susanne/Nowotny, Christian/Schauer, Martin (Hrsg.): Festschrift für Peter Doralt zum 65. Geburtstag, Wien 2004, S. 377–389; zitiert: *Lutter*, FS Doralt 2004.

Lutter, Marcus: Der Aufsichtsrat: Kontrolleur oder Mit-Unternehmer?, in: Sadowski, Dieter (Hrsg.): Entrepeneurial Spirits, Festschrift für Horst Albach zum 70. Geburtstag, Wiesbaden 2001, S. 225–233; zitiert: *Lutter*, FS Albach 2001.

Lutter, Marcus: Professionalisierung des Aufsichtsrats, NJW 1995, S. 1133–1134.

Lutter, Marcus: Professionalisierung des Aufsichtsrats, DB 2009, S. 775–779.

Lutter, Marcus: Kodex guter Unternehmensführung und Vertrauenshaftung, in: Schweizer, Rainer J./Burkert, Herbert/Gasser, Urs (Hrsg.): Festschrift für Jean Nicolas Druey, Zürich/Basel/Genf 2002, S. 463–478; zitiert: *Lutter*, FS Druey 2002.

Lutter, Marcus/Drygala, Tim: Die besondere sachverständige Beratung des Aufsichtsrats durch seine Mitglieder, in: Habersack, Mathias/Homelhoff, Peter/ Hüffer, Uwe/Schmidt, Karsten (Hrsg.): Festschrift für Peter Ulmer zum 70. Geburtstag, Berlin 2003, S. 381–398; zitiert: *Lutter/Drygala*, FS Ulmer 2003.

Melot de Beauregard, Paul/Gleich, Christian: Aktuelle Problemfelder bei der D&O-Versicherung, NJW 2013, S. 824–829.

Merkt, Hanno: US-amerikanisches Gesellschaftsrecht, 3. Auflage, Frankfurt 2013.

Merkt, Hanno/Zimmermann, Jennifer: Die neue Musterfeststellungsklage: Eine erste Bewertung, VuR 2018, S. 363–373.

Mertens, Hans-Joachim: Schadensersatzhaftung des Aufsichtsrats bei Nichtbeachtung der Regeln des ARAG-Urteils über die Inanspruchnahme von Vorstandsmitgliedern?, in: Bitter, Georg/ Lutter, Marcus/ Priester, Hans-Joachim/ Schön, Wolfgang/Ulmer, Peter (Hrsg.): Festschrift für Karsten Schmidt zum 70. Geburtstag, Köln 2009; S. 1183–1195; zitiert: *Mertens*, FS K. Schmidt, 2009.

Mertens, Hans-Joachim: Bedarf der Abschluss einer D & O Versicherung durch die Aktiengesellschaft der Zustimmung der Hauptversammlung?, AG 2000, S. 447–452.

Mertens, Hans-Joachim: Rechtsfortbereinigung bei § 112 AktG?, in: Schneider, Uwe H./Hommelhoff, Peter/Schmidt, Karsten/Timm, Wolfram/Grunewald, Barbara/Drygala, Tim (Hrsg.): Festschrift für Marcus Lutter zum 70. Geburtstag, Köln 2000, S. 523–534; zitiert: *Mertens*, FS Lutter 2000.

Möhrle, Frauke: Gesellschaftsrechtliche Probleme der D&O-Versicherung, Köln/Berlin/München 2007.

Möllers, Thomas M. J.: Die juristische Aufarbeitung der Übernahmeschlacht VW-Porsche – ein Überblick, NZG 2014, S. 361–368.

Möritz, Daniel: Haftung des Managements und Drittschutz, Baden-Baden 2011.

Müller, Hans-Friedrich: Aufsichtsratsmandat und anwaltliche Tätigkeit, NZG 2002, S. 797–802.

Münchener Kommentar zum Aktiengesetz, hrsg. v. *Goette, Wulf/Habersack, Mathias*: Band 2, 5. Auflage, München 2019; zitiert: *Bearbeiter*, MüKo AktG.

Münchener Kommentar zur Insolvenzordnung, hrsg. v. *Kirchhof, Hans-Peter/ Eidenmüller, Horst/ Stürner, Rolf*: 3. Auflage, München 2013; zitiert: *Bearbeiter*, MüKo, InsO.

Münchener Kommentar zum Versicherungsvertragsgesetz, hrsg. v. *Langheid, Theo/Wandt, Manfred*: Band 2, 2. Auflage, München 2017; zitiert: *Bearbeiter*, in: Langheid/Wandt, MüKo VVG.

Münchener Kommentar zum Versicherungsvertragsgesetz, hrsg. v. *Langheid, Theo/Wandt, Manfred*: Band 3, 2. Auflage, München 2017; zitiert: *Bearbeiter*, in: Langheid/Wandt, MüKo VVG.

Münchener Kommentar zur Zivilprozessordnung mit Gerichtsverfassungsgesetz und Nebengesetzen, hrsg. v. *Rauscher, Thomas/Krüger, Wolfgang*: Band 1, 5. Auflage, München 2016; zitiert: *Bearbeiter*, in: MüKo ZPO.

Münchener Kommentar zum Bürgerlichen Gesetzbuch, hrsg. v. *Säcker, Franz Jürgen/Rixecker, Roland/ Oetker, Hartmut/Limpberg, Bettina*: 8. Auflage, Band 1, München 2018, zitiert: *Bearbeiter*, in: MüKo BGB.

Münchener Kommentar zum Bürgerlichen Gesetzbuch, hrsg. v. *Säcker, Franz Jürgen/Rixecker, Roland/ Oetker, Hartmut/Limpberg, Bettina*: 8. Auflage, Band 2, München 2019, zitiert: *Bearbeiter*, in: MüKo BGB.

Münchener Kommentar zum Bürgerlichen Gesetzbuch, hrsg. v. *Säcker, Franz Jürgen/Rixecker, Roland/ Oetker, Hartmut/Limpberg, Bettina*: 8. Auflage, Band 3, München 2019, zitiert: *Bearbeiter*, in: MüKo BGB.

Nazaruk, Lukas: Zur Prüfung des D&O-Versicherungsschutzes im Haftungsverfahren, Der Aufsichtsrat 07-08/2015, S. 101–103.

Notthoff, Martin: Rechtliche Fragestellungen im Zusammenhang mit dem Abschluss einer Director´s & Officer´s-Versicherung – Effektiver Schutz von

Vorständen und Aufsichträten gegen Haftungsrisiken, NJW 2003, S. 1350–1356.

Olbrich, Carola: Die D&O-Versicherung, 2. Auflage, Karlsruhe 2007.

Olbrich, Carola/Kassing, Daniel: Der Selbstbehalt in der D&O-Versicherung: Gesetzliche Neuregelung lässt viele Fragen offen, BB 2009, S. 1659–1662.

Otti, Michael: Versicherte Risiken und Umfang des Versicherungsschutzes in der D&O-Versicherung, Graz 2019.

Paetzmann, Karsten: „Insuring the Agents" – Managerdisziplinierung und Rolle der D&O-Versicherung als Instrument der Corporate Governance, ZVersWiss 2008, S. 177–197.

Palandt, Otto: Beck´sche Kurzkommentare Bürgerliches Gesetzbuch, 77. Auflage, München 2018; zitiert: *Bearbeiter*, in: Palandt.

Pammler, Sebastian: Die gesellschaftsfinanzierte D&O-Versicherung im Spannungsfeld des Aktienrechts, Berlin 2006.

Peltzer, Martin: Die deutsche D&O-Versicherung und ihr (noch operabler) Geburtsfehler, in: Aderhold, Lutz/Grunewald, Barbara/Klingberg, Dietgard/Paefgen, Walter G (Hrsg.): Festschrift für Harm Peter Westermann zum 70. Geburtstag, Köln 2008, S. 1257–1280; zitiert: *Peltzer*, FS Westermann 2008.

Peltzer, Martin: Konstruktions- und Handhabungsschwierigkeiten bei der D&O-Versicherung, NZG 2009, S. 970–975.

Peppersack, Daniel: Das Kürzungs- und Verteilungsverfahren in der D&O-Versicherung – Auswirkungen unzureichender Deckungssummen und deren Lösungsmöglichkeiten, Karlsruhe 2017.

Pfitzer, Norbert/Orth, Christian/Oser, Peter (Hrsg.): Deutscher Coporate Governance Kodex – Ein Handbuch für Unternehmensträger, 2. Auflage, Stuttgart 2005.

Prölss, Erich R./Prölss, Jürgen/Martin, Anton (Hrsg.): Beck´sche Kurzkommentare Versicherungsvertragsgesetz, 30. Auflage, München 2018; zitiert: *Bearbeiter*, in: Prölss/Martin, VVG.

Prütting, Hans/Gehrlein, Markus (Hrsg.): Zivilprozessordnung Kommentar, 10. Auflage, Köln 2018; zitiert: *Bearbeiter*, in: Prütting/Gehrlein, ZPO.

Rahlmeyer, Niklas/Fassbach, Burkhard: Vorstandshaftung und Prozessfinanzierung, GWR 2015, S. 331–336.

Reichard, Michael: Die Verschwiegenheitspflicht von Aufsichtsratsmitgliedern, GWR 2012, S. 72–74.

Reichert, Maximilian/Suchy, Oliver: Die Two-Tier Trigger Policy – Marketinginstrument oder zukunftsweisendes D&O-Deckungskonzept?, NZG 2017, S. 88–92.

Roth, Günter H./Wörle, Ulrike: Die Unabhängigkeit des Aufsichtsrats – Recht und Wirklichkeit, ZGR 2004, S. 565–630.

Rüffer, Wilfried/Halbach, Dirk/Schimikowski, Peter (Hrsg.): Versicherungsvertragsgesetz Handkommentar, 3. Auflage, Baden-Baden 2015; zitiert: *Bearbeiter*, in: Rüffer/Halbach/Schimikowski, VVG.

Saenger, Ingo (Hrsg.): Zivilprozessordnung – Handkommentar, 8. Auflage, Baden-Baden 2019; zitiert: *Bearbeiter*, in: Saenger, ZPO.

Schaloske, Henning: Das Vertragsrecht der sogenannten offenen Mitversicherung – Rechtsbeziehungen im Innen- und Außenverhältnis –, VersR 2007, S. 606–617.

Schaloske, Henning: Offene Mitversicherung und Kartellverbot – Wettbewerbsbeschränkung oder Wettbewerbsneutralität? –, VersR 2008, S. 734–743.

Schäfer, Peter Wilhelm: Nebenintervention und Streitverkündung – Von den römischen Quellen bis zum modernen Zivilprozeßrecht, Köln/Berlin/Bonn/München 1990.

Schenk, Kersten von: Handlungsbedarf bei der D&O-Versicherung, NZG 2015, S. 494–501.

Schenk, Kersten von (Hrsg.): Der Aufsichtsrat – §§ 95–116, 161, 170–172, 394 und 395 AktG – Kommentar, München 2015; zitiert: *Bearbeiter*, in: Semler/v. Schenk, Der Aufsichtsrat.

Schiessl, Maximilian: Leitungs- und Kontrollstrukturen im internationalen Wettbewerb – Dualistisches System und Mitbestimmung auf dem Prüfstand –, ZHR 167 (2003), S. 235–256.

Schilling, Jospeh: Interessenkonflikte bei D&O-Versicherungen – Die erhebliche Verschärfung der Anforderungen an Aufsichtsarbeit erfordert Handlungsbedarf, VW 8/2014, S. 22–23.

Schimansky, Herbert/Bunte, Hermann-Josef/Lwowski, Hans-Jürgen (Hrsg.): Bankrechts-Handbuch, Band I, 5. Auflage, München 2017; zitiert: *Bearbeiter*, in: Schimansky/Bunte/Lwowski, BankR Hdb I, § 109 Rn 141.

Schimikowski, Peter: Versicherungsvertragsrecht, 6. Auflage, München 2017.

Schimmer, Dieter: Die D&O-Versicherung und §§ 105 und 108 Abs. 2 VVG 2008 – kann die Versicherungsnehmerin „geschädigte" Dritte sein?, VersR 2008, S. 875–879.

Schmidt, Karsten/Lutter, Marcus (Hrsg.): Aktiengesetz Kommentar, 3. Auflage, Köln 2015; zitiert: *Bearbeiter*, in: Schmidt/Lutter, AktG, § 85.

Schmidt, Lena: Die Bedeutung des Model Business Corporation Act im US-amerikanischen Gesellschaftsrecht, RIW 2016, S. 718–729.

Schmuckermeier, Ulf: D&O-Versicherung als Firmenpolice oder Einzelpolice, ZfV 2018, S. 551–553.

Schneider, Mark C.: Volkswagen – Eine deutsche Geschichte, München/Berlin 2016.

Schnorbus, York/Klormann, Peter: Verzicht des Vorstands auf die Einrede der Verjährung nach § 93 VI AktG und die Verfolgungspflicht des Aufsichtsrats nach ARAG/Garmenbeck, NZG 2015, S. 938–945.

Schöne, Torsten/Petersen, Sabrina: Regressansprüche gegen (ehemalige) Vorstandsmitglieder – quo vadis?, AG 2012, S. 700–706

Schramm, Tanja/Wolf, Sylvia: Das Abtretungsverbot nach der VVG-Reform, r+s 2009, S. 358–361.

Schramm, Tanja: D&O-Haftungsfalle Insolvenz in Zeiten von Corona, AssCompact Mai 2020, S. 102–103.

Schüppen, Matthias/Schaub, Bernhard (Hrsg.): Münchener Anwaltshandbuch Aktienrecht, 3. Auflage, München 2018; zitiert: *Bearbeiter*, in: Schüppen/Schaub, Münchener Anwaltshandbuch Aktienrecht.

Schwacke, Peter: Juristische Methodik – mit Technik der Fallbearbeitung, 5. Auflage, Stuttgart 2011.

Schwaiger, Michael: Zivilprozess: Der richtige Umgang mit der Streitverkündung – Den Konflikt im Mehrpersonenverhältnis richtig austragen, AnwBl 12/2017, S. 1226–1228.

Schwedt, Kirstin: Anmerkung BGH, Urteil vom 8.11.2016 – VI ZR 200/15, NZG 2017, S. 756–757.

Schwintowski, Hans-Peter/Brömmelmeyer, Christoph (Hrsg.): Praxiskommentar zum Versicherungsvertragsgesetz, 2. Auflage, Münster 2011; zitiert: *Bearbeiter*, in: Schwintowski/Brömmelmeyer, VVG.

Seibt, Christoph H.: Fünf goldene Regeln für Vorstände – Wie Spitzenkräfte sich gegen die wachsende Macht der Aufsichtsräte wehren können, Manager Magazin 06/2018, S. 75.

Seibt, Christoph H./Saame, Carola: Geschäftsleiterpflichten bei der Entscheidung über D&O-Versicherungsschutz, AG 2006, S. 901–913.

Seibt, Christoph H.: Deutscher Corporate Governance Kodex und Entsprechens-Erklärung (§ 161 AktG-E), AG 2002, S. 249–259.

Seibt, Christoph H./Cziupka, Johannes: Rechtspflichten und Best Practices für Vorstands- und Aufsichtsratshandeln bei der Kapitalmarktrecht-Compliance, AG 2015, S. 93–109.

Selter, Wolfgang: Haftungsrisiken von Vorstandsmitgliedern bei fehlendem und bei Aufsichtsratsmitgliedern von vorhandenem Fachwissen, AG 2012, S. 11–20.

Sharpe, Nicola Faith: Volkswagen´s Bad Decisions & Harmful Emissions: How Poor Process Corrupted Codetermination in Germany´s Dual Board Structure, 7 Mich. Bus. & Entrepreneurial L. Rev. 49 (2017), S. 49–92.

Spindler, Gerhard: Vergütung und Abfindung von Vorstandsmitgliedern, DStR 2004, S. 36–45.

Spindler, Gerhard/Stilz, Eberhard (Hrsg.): Kommentar zum Aktiengesetz, Band 1, 4. Auflage, München 2019; zitiert: *Bearbeiter,* in: Spindler/Stilz, AktG.

Spindler, Gerhard/Stilz, Eberhard (Hrsg.): Kommentar zum Aktiengesetz, Band 2, 4. Auflage, München 2019; zitiert: *Bearbeiter,* in: Spindler/Stilz, AktG.

Stadler, Astrid: Musterfeststellungsklage im deutschen Verbraucherrecht?, VuR 2018, S. 83–89.

Staudinger, Ansgar/Richters, Patrick: D&O-Versicherung: Anforderungen an den Eintritt des Versicherungsfalls nach Abtretung des Freistellungsanspruchs, DB 2013, S. 2725–2728.

Strassner, Thomas: Die Vertretung der AG durch den Aufsichtsrat, Der Aufsichtsrat 04/2015, S. 52–54.

Teichler, Maximilian: Berufshaftpflichtversicherungen – Eine Untersuchung der Berufspflicht, ihrer Versicherung und deren Berziehung zueinander am Beispiel der Rechtsanwälte, Ärzte und Architekten in Deutschland, Frankfurt am Main 1985.

Terno, Wilfried: Wirksamkeit der Kostenanrechnungsklauseln, r+s 2013, S. 577–582.

Terno, Wilfried: Strukturen und Probleme der D&O-Versicherung, SpV 2014, S. 2–14.

Thomale, Chris: Kapitalmarktinformationshaftung ohne Vorstandswissen, NZG 2018, S. 1007–1013.

Thomas, Stefan: Haftpflichtrechtliche Verjährungsverlängerung und D&O-Deckung, AG 2016, S. 473–484.

Thümmel, Robert C.: Persönliche Haftung von Managern und Aufsichtsräten, 4. Auflage, Stuttgart 2008.

Thümmel, Robert C./Sparberg, Michael: Haftungsrisiken der Vorstände, Geschäftsführer, Aufsichtsräte und Beiräte sowie deren Vergleichbarkeit, DB 1995, S. 1013–1019.

Thüsing, Gregor/Traut, Johannes: Angemessener Selbstbehalt bei D&O-Versicherungen – Ein Blick auf die Neuerungen nach dem VorstAG, NZA 2010, S. 140–144.

Ullrich, Kristin: Beratungsverträge mit Aufsichtsratsmitgliedern – Konsequenzen der Entscheidung des BGH v. 10. 7. 2012 – II ZR 48/11 für GmbH –, GmbHR 2012, S. 1153–1160.

Ulmer, Peter: Strikte aktienrechtliche Organhaftung und D&O-Versicherung – zwei getrennte Welten?, in: Heldrich, Andreas/Koller, Ingo/Prössl, Jürgen/et. al. (Hrsg.): Festschrift für Claus-Wilhelm Canaris zum 70. Geburtstag, Band II, München 2007, S. 451–472; zitiert: *Ulmer*, FS Canaris 2007.

Ulmer, Peter: Literaturrezension zu Pammler, Die gesellschaftsfinanzierte D&O-Versicherung im Spannungsfeld des Aktienrechts, ZHR 171 (2007), S. 119–124.

van Kann, Jürgen: Zwingender Selbstbehalt bei der D&O-Versicherung – Gut gemeint, aber auch gut gemacht? – Änderungsbedarf an D&O-Versicherungen durch das VorStAG, NZG 2009, S. 1010–1013.

Vahlens Großes Auditing Lexikon, hsrg. v. *Freidank, Carls-Christian/Lachnit, Lauritz/Tesch, Jörg*, München 2007; zitiert: *Bearbeiter*; in: Vahlens Großes Auditing Lexikon.

Veith, Jürgen/Gräfe, Jürgen/Gebert, Yvonne (Hrsg.): Der Versicherungsprozess – Ansprüche und Verfahren – Praxishandbuch, 3. Auflage, München/Remagen/Köln/Baden-Baden 2016; zitiert: *Bearbeiter*, in: Veith/Gräfe/Gebert, Der Versicherungsprozess.

Vertragsrecht und AGB-Klauselwerke hrsg. v. *Westphalen, Friedrich Graf von/Thüsing, Gregor*, Werkstand: 43. Ergänzungslieferung April 2019, München 2019; zitiert: *Bearbeiter*, in: Vertragsrecht und AGB-Klauselwerke, Geschäftsführerverträge (Stand Juli 2012).

Vetter, Eberhard: Aktienrechtliche Probleme der D & O Versicherung, AG 2000, S. 453–458.

Wachter, Thomas (Hrsg.): Kommentar zum Aktiengesetz, 2. Auflage, Köln 2014; zitiert: *Bearbeiter*, in: Wachter, AktG.

Wagner, Gerhard: Organhaftung im Interesse der Verhaltenssteuerung – Skizze eines Haftungsregimes, ZHR 178 (2014), S. 227–281.

Wahlers, Henning W./Wolff, Nikolai: Individualabreden zur Verhinderung der drohenden Verjährung von Organhaftungsansprüchen bei der Aktiengesellschaft, AG 2011, S. 605–611.

Wansleben, Till: Vermeidung und Überlagerungen zwingenden Rechts durch Versicherungen: Vorstandsbinnenhaftung und D&O-Versicherung, Max

Planck Institute for Comparative and International Private Law Research Paper Series No. 15/25.

Warning, Susanne: Manager mit beschränkter Haftung – Die D&O-Versicherung im Rahmen der Corporate Governance, München/Mering 2016.

Wastl, Ulrich/Litzka, Philippe/Pusch, Martin: SEC-Ermittlungen in Deutschland – eine Umgehung rechtsstaatlicher Mindeststandards!, NStZ 2009, S. 68–74.

Weber-Rey, Daniela: Änderungen des Deutschen Corporate Governance Kodex 2009, WM 2009, S. 2255–2264.

Wellhöfer, Werner/Peltzer, Martin/Müller, Welf: Die Haftung von Vorstand Aufsichtsrat Wirtschaftsprüfer, München 2008.

Werber, Markus: Kostenanrechnungsklausel in der D&O-Versicherung, VersR 2014, S. 1157–1166.

Werder, Axel von/Talaulicar, Till: Kodex Report 2009: Die Akzeptanz der Empfehlungen und Anregungen des Deutschen Coporate Governance Kodex, DB 2009, S. 689–696.

Werder, Axel von/Talaulicar, Till: Kodex Report 2010: Die Akzeptanz der Empfehlungen und Anregungen des Deutschen Coporate Governance Kodex, DB 2010, S. 853–861.

Werder, Axel von/Danilov, Kyrill: Corporate Governance Kodex Report 2018: Kodexakzeptanz und Kodexanwendung, DB 2018, S. 1997–2008.

Werner, Rüdiger: Die Verjährungsverlängerung und ihre Auswirkungen auf die D&O-Versicherung, VersR 2016, S. 1352–1356.

Wettich, Carsten: Aktuelle Entwicklungen und Trends in der Hauptversammlungssaison 2015 und Ausblick auf 2016, AG 2015, S. 681–689.

Witt, Carl-Heinz: Der Dieselskandal und seine kauf- und deliktsrechtlichen Folgen, NJW 2017, S. 3681–3686.

Wollny, Paul: Die directors' and officers' liability insurance in den Vereinigten Staaten von Amerika (D&O-Versicherung) – Vorbild für eine Aufsichtsratshaftpflichtversicherung in Deutschland?, Frankfurt am Main 1993.

Yazicioglu, Emine/Reusch, Peter: Das Recht der Versicherungsvermittlung – Ein Vergleich des türkischen und des deutschen Rechtes, ZVersWiss 2017, S. 93–158.

Andere Publikationen:

Brauer, Matthias/Linz, Carsten: Viele Aufsichtsräte sind falsch besetzt, FAZ v. 20.05.2019, S. 16.

Budras, Corinna: VW verklagt sein Personal, FAZ v. 21.07.2019, S. 23.

Hendricks, Michael: Interview mit Handelsblatt, Wochenende 08./09./10.09. 2017, S. 22.

Lutter, Marcus: Eine Initiative der Koalition und der Landes-Justizminister gegen überhöhte Vorstandsbezüge und für effiziente Arbeit des Aufsichtsrats, Handelsblatt v. 05.05.2009, S. 8–9.

Towers Perrin/Ihlas&Köberich, Directors and Officers Liability, Erste D&O-Versicherungsstudie Deutschland 2007, Köln.

Votsmeier, Volker: Wolfsburger Schonfrist, Handelsblatt, Wochenende 08./09./10.09.2017, S. 22; zitiert: *Lutter* zitiert im Artikel von *Votsmeier*, Handelsblatt, Wochenende 08./09./10.09.2017, S. 22.

Internetquellen (letzter Abruf 20.05.2020):

Zeitungsartikel oder Pressemitteilungen ohne (zitierte) Autorennamen:

Becklink 2009825, VW-Aufsichtsrat prüft weiter Schadensersatzansprüche gegen Winterkorn, https://beck-online.beck.de/Dokument?vpath= bibdata%2Freddok%2Fbecklink%2F2009825.htm&anchor=Y-300-Z-BECKLINK-N-2009825.

FAZ v. 16.10.2018, Verbraucherschützer drängen Dieselbesitzer zur Klage gegen VW, https://www.faz.net/aktuell/finanzen/meine-finanzen/geld-ausgeben/diesel-skandal-dieselbesitzer-sollen-gegen-vw-klagen-15840693.html.

FAZ v. 15.03.2011, Bayern LB fordert Schadensersatz, https://www.faz.net/aktuell/wirtschaft/unternehmen/fruehere-verwaltungsratschefs-bayern-lb-fordert-schadenersatz-1609702.html.

FAZ v. 18.03.2016, Freispruch für Ex-Porsche-Chef Wiedeking, http://www.faz.net/aktuell/wirtschaft/freispruch-fuer-ex-porsche-chef-wendelin-wiedeking-holger-haerter-14132360.html.

FAZ v. 24.09.2019, Vorwurf der Marktmanipulation – Anklage gegen Volkswagen-Spitze, https://www.faz.net/aktuell/wirtschaft/auto-verkehr/anklage-gegen-volkswagen-spitze-wegen-marktmanipulation-16400567.html.

LeCura.de v. 04.05.2013, ALLIANZ Group zieht nach – D&O-Versicherung für beendete Mandate, https://www.lecura.de/index.php?option=com_k2&Itemid=562&id=114&lang=de&view=item.

Legal Tech Verzeichnis, Anwälte rechnen bei der Abgasaffäre mit Zehntausenden Klagen gegen VW, https://legal-tech-verzeichnis.de/anwaelte-rechnen-bei-der-abgasaffaere-mit-zehntausenden-klaegern-gegen-vw/.

LTO v. 25.01.2019, Vorsätzlich sittenwidrige Schädigung durch VW, https://www.lto.de/recht/nachrichten/n/olg-koeln-18u7018-dieselskandal-schadensersatz-vorsaetzliche-sittenwidrige-schaedigung-vw/.

LTO v. 21.02.2018, Konzern will Schadensersatz von Ex-Vorständen, https://www.lto.de/recht/kanzleien-unternehmen/k/konzern-will-schadensersatz-von-ex-vorstaenden/.

LTO v. 20.05.2020, Verfahren vor dem LG Braunschweig soll eingestellt werden – VW-Spitze vermeidet Strafprozess im Dieselskandal, https://www.lto.de/recht/kanzleien-unternehmen/k/lg-braunschweig-strafprozess-volkswagen-dieselskandal-herbert-diess-hans-dieter-poetsch-einstellung-auflagen-marktmanipulation-aktienkurs/.

myRight, Kritik an Musterfeststellungsklage: Vom Schummel-Diesel zur Mogel-Klage https://blog.myright.de/abgasskandal/kritik-an-musterfeststellungsklage-vom-schummel-diesel-zur-mogel-klage/.

Pressemitteilung des OLG Braunschweig v. 30.04.2020, https://oberlandesgericht-braunschweig.niedersachsen.de/startseite/aktuelles/presseinformationen/ende-eines-mammutprozesses-verbraucherzentrale-bundesverband-e-v-nimmt-musterfeststellungsklage-zuruck-187945.html.

Pressemitteilung des LG Braunschweig v. 20.05.2020, https://landgericht-braunschweig.niedersachsen.de/aktuelles/verdacht-der-marktmanipulation-strafverfahren-gegen-potsch-und-dr-diess-im-zwischenverfahren-eingestellt-188552.html

Spiegel Online v. 03.01.2017, Erste Musterklage in Deutschland bringt VW in Klemme, http://www.spiegel.de/wirtschaft/unternehmen/volkswagen-erste-musterklage-in-abgasaffaere-bringt-vw-in-die-klemme-a-1128382.html.

Spiegel Online v. 14.06.2011, Immobiliengigant Gagfah klagt zurück, http://www.spiegel.de/wirtschaft/unternehmen/rechtsstreit-mit-dresden-immobiliengigant-gagfah-klagt-zurueck-a-768319.html.

Spiegel Online v. 02.02.2014, Hedgefonds verklagt Piëch und Porsche auf Schadensersatz in Milliardenhöhe, http://www.spiegel.de/wirtschaft/unternehmen/vw-porsche-piech-und-porsche-auf-schadensersatz-verklagt-a-950605.html.

Stuttgarter-Zeitung.de v. 06.01.2012, Investoren fordern Schadensersatz von Wulff, https://www.stuttgarter-zeitung.de/inhalt.ex-vw-aufsichtsrat-investoren-fordern-schadensersatz-von-wulff.8d2f0cd5-446a-4e46-b850-69bebeea519c.html.

Versicherungspraxis24 v. 28.05.2013, Aktuelles – AGCS ergänzt D&O-Versicherung um “Nebenpolice“, https://www.versicherungspraxis24.de/

aktuelles/aktuelle-news/?user_aktuelles_pi1%5Baid%5D=270487&cHash=2025d4711a31b642861a650de7179f5a.

WirtschaftsWoche v. 26.11.2018, Das sind die juristischen Fronten von VW, https://www.wiwo.de/unternehmen/auto/dieselgate-das-sind-die-juristischen-fronten-von-vw/23682966.html.

Zeit v. 25.09.2019, Volkswagen-Aufsichtsrat unterstützt Pötsch und Diess, https://www.zeit.de/wirtschaft/unternehmen/2019-09/vw-volkswagen-herbert-diess-hans-dieter-poetsch-marktmanipulation.

Zeitungsartikel mit Autorennamen:

Freiberger, Harald/Fromme, Herbert/Hagen, Patrick: Rettungsring für die Chefs, SZ v. 04.03.2019, https://www.sueddeutsche.de/wirtschaft/d-o-policen-rettungsring-fuer-die-chefs-1.4353735.

Gerhard, Saskia/Breitinger, Matthias: Was wir über den Abgasskandal wissen, ZEIT Online v. 21.09.2015, https://www.zeit.de/wirtschaft/2015-09/vw-abgase-manipulation-faq.

Hägler, Max/Slavik, Angelika: Was Piëchs Tod für VW bedeutet, SZ v. 27.08.2019, https://www.sueddeutsche.de/wirtschaft/piech-vw-erbe-1.4577719.

Hagen, Patrick: Amon: „Versicherer haben deutlich Blut gelassen", Versicherungsmonitor v. 04.03.2019, https://versicherungsmonitor.de/2019/03/04/armon-versicherer-haben-deutlich-blut-gelassen/.

Hank, Rainer/Meck, Georg: Das abrupte Ende einer Patriarchenkarriere, FAZ v. 26.08.2019, https://www.faz.net/aktuell/wirtschaft/unternehmen/ferdinand-piech-im-portraet-das-abrupte-ende-einer-patriarchenkarriere-13559619.html.

Hendricks, Michael: Der Deckungsvergleich und Breuers Rettung, Versicherungsmonitor v. 18.04.2016, https://versicherungsmonitor.de/2016/04/18/der-do-deckungsvergleich-und-breuers-rettung/.

Hendricks, Michael: Dieselgate: Viele offene Fragen, Versicherungsmonitor v. 14.03.2016, https://versicherungsmonitor.de/2016/03/14/dieselgate-viele-offene-fragen/.

Jahn, Joachim: Staatsanwalt stellt Ermittlungen gegen Porsche-Aufsichtsrat ein, FAZ v. 13.08.2015, http://www.faz.net/aktuell/wirtschaft/unternehmen/ermittlungen-gegen-gesamten-porsche-aufsichtsrat-eingestellt-13749394.html.

Leitel, Kerstin: „Manager werden persönliche Versicherungen abschließen", Handelsblatt v. 01.10.2015, https://www.handelsblatt.com/finanzen/banken-versicherungen/vw-und-die-haftung-manager-werden-persoenliche-versicherungen-abschliessen/12395668.html?ticket=ST-745125-AZhbkIrpASuijkYmCX96-ap2.

Lorenz, Pia: LG Oldenburg verwertet TV-Aussage von VW-Chef, LTO v. 09.07.2019, https://www.lto.de/recht/hintergruende/h/lg-oldenburg-beschluss-abgasskandal-sekundaere-beweislast-substantiiert-bestreiten-betrug-herbert-diess-markus-lanz/.

Marquardt, Cornelia: Wer haftet im Schadensfall?, WirtschaftsWoche v. 21. 10. 2015, https://www.wiwo.de/erfolg/management/managerhaftung-wer-haftet-im-schadensfall/12478404.html.

Menzel, Stefan: Chefs in Wolfsburg können aufatmen, Handelsblatt v. 12.01.2017, https://www.handelsblatt.com/unternehmen/industrie/volkswagen-und-dieselgate-chefs-in-wolfsburg-koennen-aufatmen/19243196.html.

Meyer, Claus-Peter: Prämie für D&O-Versicherer soll verzehnfacht werden, VersicherungsJournal v. 02.02.2018, https://www.versicherungsjournal.de/versicherungen-und-finanzen/praemie-fuer-d-und-o-versicherung-soll-verzehnfacht-werden-131300.php.

Neuscheler, Tillmann: Der moderne Aufsichtsrat, FAZ v. 30.08.2019, https://www.faz.net/aktuell/wirtschaft/moderner-aufsichtsrat-fehler-von-mandatstraeger-schaedigt-den-ruf-16358595.html?premium=0x13ddec66e3a1fd22a12403fe0ec8eeea&GEPC=s5.

Raet, Tobias: Nicht den Falschen guillotinieren, LTO v. 24. 05. 2016, https://www.lto.de/recht/hintergruende/h/vw-abgasaffaere-haftung-vorstand-dieselgate-verantwortung.

Sackmann, Christoph: Patriarch stirbt mit 82 – Seine Aktien, seine Macht, sein Erbe: Wie es mit dem Piëch-Clan weitergeht, Focus v. 30.08.2019, https://www.focus.de/finanzen/boerse/ehemaliger-vw-chef-gestorben-seine-aktien-seine-macht-sein-erbe-wie-es-mit-dem-piech-clan-weitergeht_id_11075215.html.

Schmidt-Kasparek, Uwe: Managerhaftpflicht: Jahrelange Prämiensteigerung erwartet, VersicherungsJournal v. 23.01.2020, https://www.versicherungsjournal.de/markt-und-politik/managerhaftpflicht-jahrelange-praemiensteigerungen-erwartet-137786.php.

Seiwert, Martin: Was wusste Wulff?, WirtschaftsWoche v. 06.01.2012, https://www.wiwo.de/politik/deutschland/volkswagen-was-wusste-wulff/6021414.html.

Seulen, Günter: Unwissen schützt den VW-Vorstand nicht, Managermagazin v. 25.09.2015, http://www.manager-magazin.de/unternehmen/autoindustrie/abgasskandal-warum-der-vw-vorstand-haftbar-ist-a-1054753.html.

Tödtmann, Claudia: Die verlorene Ehre der Aufsichtsräte, Management-Blog der Wirtschaftswoche v. 03.06.2013, https://blog.wiwo.de/management/2013/07/03/die-verlorene-ehre-der-aufsichtsrate/.

Andere Veröffentlichungen:

Allianz Global Corporate & Specialty, Introduction to D&O-Insurance 2010, S. 9, abrufbar über die Homepage: https://www.agcs.allianz.com/news-and-insights/reports/introduction-to-d-o-insurance.html.

Beier-Thomas, Armin: Vortrag Gebrüder Krose bei der Arbeitstagung des bfv in Münster, 27.03.2014, Checkliste: D&O-Zusatzdeckung für den Aufsichtsrat, abrufbar über die Homepage: https://www.krose.de/38-0-Aktuell.html.

Cavignac, Jeffrey: A Brief Primer on D&O and Why You Need Side A Excess, 04.09.2014, abrufbar über die Homepage der US-amerikanischen Insurance Broker Cavignac & Associates: http://www.cavignac.com/2014/09/a-brief-primer-on-do-and-why-you-need-side-a-excess/.

D&O-Statistik des GDV, https://www.gdv.de/de/zahlen-und-fakten/versicherungsbereiche/directors-and-officers--d-o--36526#0.

DCGK v. 26.02.2002, abrufbar über das Webarchiv der Homepage des DCGK: https://dcgk.de/de/kodex/archiv.html.

DCGK v. 06.06.2008, abrufbar über das Webarchiv der Homepage des DCGK: https://dcgk.de/de/kodex/archiv.html.

Erklärung des Vorstands und des Aufsichtsrats der Volkswagen AG zu den Empfehlungen der „Regierungskommission Deutscher Coporate Governance Kodex" gemäß § 161 AktG, November 2018, abrufbar über die Homepage: https://www.volkswagenag.com/de/InvestorRelations/corporate-governance/declaration-of-conformity.html.

Erklärung zur Arbeitsweise von Vorstand und Aufsichtsrat der Volkswagen AG, abrufbar über die Homepage: https://www.volkswagenag.com/de/InvestorRelations/corporate-governance/WP.html.

Erklärung zu Ausschüssen des Aufsichtsrats der Volkswagen AG, abrufbar über die Homepage: https://www.volkswagenag.com/de/InvestorRelations/corporate-governance/AR/Committees_Supervisory_Board.html.

Erklärung von Vorstand und Aufsichtsrat der Daimler AG gemäß § 161 AktG zum Deutschen Coporate Governance Kodex, Dezember 2018, abrufbar über die Homepage: https://www.daimler.com/konzern/corporate-governance/erklaerungen/.

Entsprechenserklärung, Schaltbau Holding AG, Dezember 2017, https://schaltbaugroup.com/de/investor-relations/corporate-governance/entsprechenserklaerung/.

Entsprechenserklärung, ADVA Optical Networking SE, November 2018, abrufbar über die Homepage: https://www.advaoptical.com/de-de/about-us/investors/corporate-governance/declaration-on-corporate-governance-pursuant-to-section-289f-and-section-315d/declaration-of-compliance.

Entsprechenserklärung des Aufsichtsrats und des Vorstands nach § 161 Aktiengesetz zum Deutschen Corporate Governance Kodex, ElringKlinger AG, Dezember 2018, abrufbar über die Homepage: https://www.elringklinger.de/de/unternehmen/corporate-governance/entsprechenserklaerung/2018.

Entsprechenserklärung zum Deutschen Coporate Governance Kodex, Koenig & Bauer AG, Februar 2019, abrufbar über die Homepage: https://www.koenig-bauer.com/de/investor-relations/corporate-governance/entsprechenserklaerung/.

Entsprechenserklärung zum Deutschen Coporate Governance Kodex, Koenig & Bauer AG, Februar 2016, abrufbar über die Homepage: https://www.koenig-bauer.com/de/investor-relations/corporate-governance/entsprechenserklaerung/.

Entsprechenserklärung von Vorstand und Aufsichtsrat nach § 161 AktG, November 2018, ORBIS AG, abrufbar über die Homepage: https://www.orbis.de/de/unternehmen/investor-relations/corporate-governance-kodex/2018.html.

Entwurf des DCGK v. 25.10.2018, abrufbar über das Webarchiv der Homepage des DCGK: https://www.dcgk.de/de/konsultationen/archiv/konsultation-2019.html.

Einladung der Siemens AG zur Hauptversammlung 2010, S. 89, abrufbar über das Hauptversammlungs-Archiv: https://new.siemens.com/global/de/unternehmen/investor-relations/hauptversammlung.html.

Fassbach, Burkhard: Vortrag an der juristischen Fakultät der Heinrich-Heine-Universität Düsseldorf, 11.11.2014, Forum Unternehmensrecht, Die Organhaftung und ihre Versicherung – Shareholder Activist: Eine neue Figur auf dem D&O-Schachbrett in Deutschland, abrufbar über die Homepage: http://iur.duslaw.de/vortrags-veranstaltungen/forum-unternehmensrecht/bericht-11112014.html.

Goette, Wulf: Stellungnahme zum Fraktionsentwurf eines Gesetzes zur Angemessenheit der Vorstandsvergütung (VorstAG) für den Deutschen Bundestag in der Sitzung des Rechtsausschusses am 25.05.2009, abrufbar über das Webarchiv des Bundestags: https://www.bundestag.de/ausschuesse/a06_Recht/webarchiv-inhalt-539700.

Hendricks & Partner Bedingungen HPTTT 2013© Stand 01.14| Version Zurich.

Hendricks & Partner Bedingungen HPDO 2018© 08.17 | Version DUAL.

Hirte, Heribert: Stellungnahme zum Fraktionsentwurf eines Gesetzes zur Angemessenheit der Vorstandsvergütung (VorstAG) für den Deutschen Bundestag in der Sitzung des Rechtsausschusses am 25.05.2009, abrufbar über das Webarchiv des Bundestags: https://www.bundestag.de/ausschuesse/a06_Recht/webarchiv-inhalt-539700.

Ihlas, Horst: D&O-Versicherung: Produkte, Markt, Erwartungen und Zufriedenheit, S. 51–57, hrsg. v. E & S Rückversicherung AG, 2007, abrufbar über die Homepage: https://www.dr-ihlas.com/referenzen/.

Kremer, Thomas: Stellungnahme zum Fraktionsentwurf eines Gesetzes zur Angemessenheit der Vorstandsvergütung (VorstAG) für den Deutschen Bundestag in der Sitzung des Rechtsausschusses am 25.05.2009, abrufbar über das Webarchiv des Bundestags: https://www.bundestag.de/ausschuesse/a06_Recht/webarchiv-inhalt-539700.

Statement of Facts von VW veröffentlicht von dem US-Justizministerium, abrufbar über die Seite des US-Justizministeriums als „VW AG Plea Agreement“, https://www.justice.gov/opa/pr/volkswagen-ag-agrees-plead-guilty-and-pay-43-billion-criminal-and-civil-penalties-six.

Tesarczyk, Walter: Stellungnahme zum Fraktionsentwurf eines Gesetzes zur Angemessenheit der Vorstandsvergütung (VorstAG) für den Deutschen Bundestag in der Sitzung des Rechtsausschusses am 25.05.2009, abrufbar über das Webarchiv des Bundestags: https://www.bundestag.de/ausschuesse/a06_Recht/webarchiv-inhalt-539700.

Thüsing, Gregor: Stellungnahme zum Fraktionsentwurf eines Gesetzes zur Angemessenheit der Vorstandsvergütung (VorstAG) für den Deutschen Bundestag in der Sitzung des Rechtsausschusses am 25.05.2009, abrufbar über das Webarchiv des Bundestags: https://www.bundestag.de/ausschuesse/a06_Recht/webarchiv-inhalt-539700.

Versicherungsbedingungen Allianz Protect D&O-Select, AGCS, Version: 15.04.2013.

Versicherungsbedingungen AXA XL D&O Complete Plus, AXA XL, Version: 2018.

G. Anhang

www.ingramcontent.com/pod-product-compliance
Ingram Content Group UK Ltd.
Pitfield, Milton Keynes, MK11 3LW, UK
UKHW021846290926
8980IPUK00005B/682

9 783631 831229